信息论思维

互联网时代的生存法则

周锚◎著

Information Theory

中国发展出版社
CHINA DEVELOPMENT PRESS

图书在版编目（CIP）数据

信息论思维：互联网时代的生存法则 / 周锚著. —北京: 中国发展出版社，2014.7

ISBN 978-7-5177-0174-3

Ⅰ. ①信… Ⅱ. ①周… Ⅲ. ①信息论 Ⅳ. ①G20

中国版本图书馆CIP数据核字（2014）第118479号

书　　名： 信息论思维：互联网时代的生存法则
著作责任者： 周　锚
出 版 发 行： 中国发展出版社
（北京市西城区百万庄大街16号8层　100037）
标 准 书 号： ISBN 978-7-5177-0174-3
经　销　者： 各地新华书店
印　刷　者： 北京明恒达印务有限公司
开　　　本： 720mm × 960mm　1/16
印　　　张： 16.75
字　　　数： 230千字
版　　　次： 2014年7月第1次版
印　　　次： 2014年7月第1次印刷
定　　　价： 40.00 元

联 系 电 话：（010）68990625　68990692
购 书 热 线：（010）84604601　84604602
网 络 订 购： http://zgfzcbs. tmall. com//
网 购 电 话：（010）88333349　68990639
本 社 网 址： http://www.develpress. com. cn
电 子 邮 件： lijian2025@163. com

自 序

五年前离开商战一线后，我一直在思考从事了差不多50年的信息技术工作，是否能够提炼出来一些经验、方法、技巧，甚至理论，能否通过总结过去来指导未来的学习研究工作，是不是还可以帮助自己更深刻地认识世界，甚至改进人的行为意识呢？因为，信息技术中的核心课题之一通信（communication）与管理中的沟通其实都是一回事儿，英文中是同一个词，应该有所关联，或有共通之处。

基于这样的思考，我翻阅了大量关于“信息”、“信息技术”、“信息学”或“信息论”，包括“信息哲学”的书籍、著作、论文。延伸阅读还涉及西方近代科技发展史、相关人物传记。学科也广泛延伸至心理学、生理学、生物学、哲学、数学、语言文字、中西文化对比等学科，中文的、英文的不一而足。“做学问”真非易事，这是我的又一次感叹。

学习研究过程中的发现，让我大吃一惊！如果从1948年晶体管的发明算作开创信息技术这个领域，至今已经六十五年了；也是1948年，如果按克劳德·香农发表的著名论文《通信的数理理论》算起，“信息论”诞生也是六十五年了；如果世界从80年代末算是开始进入“信息社会”，已经是二十五年了。信息产业早已成为全球发展进步最快的产业和创造利润率最高的产业之一。尤其是进入21世纪，随着90年代初美国立法推动“信息高速公路计划”，数字化、信息化的热浪早已席卷全球，渗透社会的几乎每一个角落。最近十年中，互联网、移动互联网的发展，更是在冲击着商业甚至社会生活的各个方面。90年代已经开始有学者提倡并试图推动设立“信息哲学”，把最初的信息处理技术、通信技术，继而的信息论、信息学拔高到最高学术层级。“信息”恐怕早已是我们日常使用的最频繁的词汇之一。但是，到底什么是“信息”，信息的定义是什么？似乎迄今没有一个统一的定义，中外各方学者各有各的见地，直到没人再关心它的定义。反正我们都知道，IT信息技术是指以计算机为核心的信息处理技术；我们都认同，信息化、数字化就是把信息都变成二进制编码交由计算机等设备帮助处理；信息网络，早先就是电话电报网、广播电视网，今天就是以互联网为代表的信息交互通道，不管它是有线的、无线的，固定的还是移动的。可是，大家如果对“信息”还没有一个明确统一的定义，信息哲学又是研究什么的学科呢？信息学到底研究的对象是什么呢，意义何在？

整整十年前的2004年，邬焜教授撰写出版了第一部中文的信息论专著：《信息哲学：理论、体系、方法》，这本大部头著作厚达600页。虽然作者在著作中呕心沥血积累和总结了近二十年的相关研究成果，可正如其他专家中肯的评论所言，其中对“信息”的定义还有很多值得商榷的模糊概念，它基本是从纯哲学的角度分析和研究一个新的哲学学科。显然，书中的叙述大大受困于原本自然科学信息工程学中对于信息的相关定义和研究。同时，由于这种研究方向过于“学术化”，很难给其它学者带来深究的动力，更不要说向大众传播和普及其中的研究成果。直到今天，还是鲜有人听说过“信息哲学”这个词。

国内另有一位涉猎信息哲学研究的学者，刘钢博士。刘先生眼界更为开阔，与世界上同时研究信息哲学的专家联系广泛，更了解世界范围内对信息哲学的研究进展。刘钢教授则认为“信息”的定义已经混乱了，难以“澄清”、“正名”，建议哲学干脆不要纠缠于“信息”本身的定义，而去研究实物、事物。这种思路笔者更加不敢苟同。“信息”都说不清楚，何来“信息哲学”？信息哲学不厘清，怎能利用这个哲学去解释和研究其它学科？

因为，凡是能称之为哲学的一定不是一门完全独立存在的学科。哲学通常是指一种方法论，一种认知科学；通过它可以指导人们去思辨，去认识和研究人们的行为意识，包括一些或全部其他的自然学科和人文学科的科学。早先，思考到这里，我自己差点儿望而却步。不过，经过更加广泛的学习、思考、研究和“试用”，我越来越坚信“信息哲学”确实是一门哲学，确实可以用以指导我们对绝大多数行为意识的认知和解释。道理其实很简单，这个世界就是由物质和信息所组成的。我们的日常行为无论是生活还是工作，超过百分之八十的时间都在做信息处理，即便是体力劳动者也不例外，脑力劳动者，这个比例更可能高达百分之九十以上，因为我们的大脑就是一个信息处理系统，我们的一切行动都伴随着大脑不停的信息处理。我们的思考过程，更是百分之百的在处理信息。

因此，我们必须理清楚信息是什么，它的角色、地位、形态、属性、特点等一切相关特性，以及它的生命周期、处理方式、与人或环境的相互作用等等。只有认识清楚了与信息本身相关的一切，我们才有可能更好地利用信息，并尝试利用信息哲学这个工具去认识、分析和解决我们日常遇到的相关问题。

随着研究的全面深入展开，我欣喜地发现，这个研究方向是可行的。今天，我们真的已经可以尝试着利用信息哲学分析和解释很多常见问题。这些问题不仅存在于科学研究、商业运作之中，也包括我们日常的诸多行为意识。比如，网络通信问题、管理流程问题、人与人间的沟通问题，甚至包括亲子教育问题。我认为我们过去的问题是“信息哲学”的研究和传播方向与目标的问题。我们要把信息哲学作为一个实用的工具去提炼、去研究，而非为学术而学术地探讨。如果这样调整，我坚信“信息哲学”这门科学一定能发展和传播起来，并有助于我们对其他诸多现实问题的理解，甚至有助于其他学科的研究和发展。

虽然脱离了商战一线，我还是有机会参加各种产业或学术论坛，还在坚持我们创办了十年，每周一次的“奇正管理俱乐部”交流活动，时不时地也会去学校做一些演讲和讨论。2011年底的一次朋友公司的年会上，再见老友尚元经总编。尚老师是一位资深的编辑、图书出版人。他对我说：“老兄，写一本书吧。”“写什么？”“写啥都行，看你擅长的。”“为什么？”我问。我曾自我限定50岁前不可写书，因为怕自己不够成熟，经历不足，经验不够，没有提炼的东西以至于误导青年读者。不过，那时我早已过了50了。尚老师最后的回答倒是鼓励并启发了我。他说：“你是我听过的诸多演讲者中能把事情说得既简洁又明了的人，这样的人真的不多。职业的原因，我见过太多的学者，甚至‘大家’。很多人学富五车，满腹经纶，可就是表达不清楚，真的感到非常可惜。”哦，我有点沾沾自喜。不过自问为什么呢？其实，我就是已经自觉不自觉地一直在用信息论或信息哲学中的理论、观点和方法去分析和解释我所遇到的各种事物、各种现象。它真的可以给你一把万能的钥匙，帮你打开一扇观察与思考的天窗。是时候把这些研究成果汇集成文，向大家汇报一下，与读者分享。

开始着手写作才发现，“表达”不容易。要用规范的书面语言表达，则比说说还难。如果你还有一份责任感，不想自己的书也变成那些臭遍大街的仅为赚钱而“攒”出来的书，想写出一本对读者有参考价值、有教育意义的书，用信息论的语言，使它成为一部承载着有价值的信息且能传播、有生命力的书（媒介→知识），对我这个写作新手来说更是难上加难！

一年前，曾在外企工作时的老同事、老上级林正刚先生在网上联络到我，拉我跟他一起帮助年轻的创业者和职业经理人。在网络上与他们互动交流，帮助解答、讲解各式各样的企业运营管理问题，辅助林先生开发出来一套实用MBA课程《企业运营管理框架》。在这近一年的网上互动中，我又在一直不断运用信息论的理论和方法，与大家讨论和分析方方面面的工作、学习甚至生活中遇到的问题。除了管理问题，更有涉及到文化的问题，价值观的问题。每每发现，信息论或信息哲学的原理和方法都有帮助，屡试不爽。小伙伴们也都乐于学习和接受，我也借此丰富了书稿中的各种案例。同时，根据反馈，调整了书的一些技术结构和叙述细节。至2014年一季度，这本书总算勉强完成，希望没有辜负广大读者朋友的期许。

目录

第一章
信息论的“前世”

1

沟通——我们每日面对的问题

2013年底，中国的市场在兴奋与恐慌中度过了最后一个月。往年的喧嚣好像都是集中在一两个热门行业。例如：互联网和IT行业通常是热门，“电子商务”则是近几年不二的热点。这一年好像有点儿不同，“恐慌”情绪似乎蔓延到了每一个行业，甚至我们生活的每一个角落，触及几乎每一个人。

网络差不多是这个“恐慌”的始作俑者，3G普及了，4G来了；互联网已经过时了，谁要是不提移动互联网，好像都成了一个过时的人；11月11日，中国电商的“狂欢节”，阿里电商平台狂扫350亿人民币，而其中力拔头筹的卖家竟然是“小米”，5.53亿元；“小米”，一家以智能手机为切入点的“互联网公司”（董事长雷军先生反复解释他的公司的“性质”）横空出世，全新的运营模式三年左右，仅凭手机就做到了300多亿人民币的年营业额，估计市值超过100亿美金。而且，小米智能电视、小米路由器等后续产品扑面而来。“微博”，人们刚刚用熟悉，“微信”却已不知不觉“横插一杠”，一年左右用户竟然已达6亿之众！每日活跃用户都超过2.7亿；微信一年的发展不仅让三大国企电信霸主慌了手脚，马云先生也慌了，并发狠话要火烧南极（微信的东家腾讯公司的吉祥标志是小企鹅）！新东方的董事长俞敏洪先生慌了，传统教育模式可能（no，没有“可能”了）正在被颠覆！联想电脑CEO杨元庆慌了，发内部邮件要求联想必须全员开始互联网思维，没准哪天他就要抽查！海尔慌了，张瑞敏先生邀马云前来救驾；联想控股的柳传志先生慌了，眼看着七十多高龄重新创业的褚时健先生的“褚橙”竟然突然火爆，自己哪还有理由退居二线，赶紧派陈绍鹏先生杀入南美，杀入蔬果市场；格力电器的董明珠女士慌了，央视年底舞台上，为再保五年的“领先地位”，与小米的雷军先生狂赌10个亿！金融业慌了、地产业也慌了……不再仅是网络行业，大家全慌了！

2013年，一夜间，好像全世界的精英们、意见领袖们全都“醒了”。软银的孙正义先生大声疾呼，“2018，电脑超过人脑，人类怎么办？”大家抓紧信息化吧，我们的办公室已经无纸办公了。中国宽带基金董事长田溯宁先生发表了主题演讲。他认为，“过去的20年称之为消费互联网的时代，未来的20年应该说到了产业互联网的时代，每个行业都要被这样的一种互联网所改变”。连一个煎饼摊都网络化营销了——它叫“黄太吉”。一时间，继上年大谈的“云计算”，新年伊始又有一系列的新概念漫天飞舞，“O2O”、“P2P”、大数据、自媒体、自传播、自营销、台风口……。很多朋友常常找我讨论，不明觉厉，莫衷一是。可你知道吗，早在二十多年前，美国著名学者、公司治理顾问、作家史丹利·戴维斯（Stanley Davis）和比尔·戴维森（Bill Davidson）就在他们1991年出版的畅销书《2020的展望》中告诫所有的企业家，“赶紧着手实行信息化，……在你现行的管理机制、管理系统影响到你的生意之前，你先把它干掉！”我们为啥一直没有注意到？

也是2013年，在中国，以习近平为首的新一代领导集体全面接棒，率领飞速发展的中国继续前行。习主席开场就给出了“中国梦”的畅想，并着重强调指出，“实现中华民族伟大复兴是一项光荣而艰巨的事业，需要一代又一代中国人共同为之努力。空谈误国，实干兴邦。”不过，后续层层级级的领导们、专家们，对习主席的话进行各种诠释和传达，搞得大众反而越来越迷惑。年底，习主席通过纪念毛泽东诞辰日的讲话和2014新年献词等机会再度亲自解析，与全民沟通。我们要继承的老一辈革命家的思想也好，当今的工作原则也罢，就是三个关键词：实事求是、联系群众、独立自主。这与毛泽东先生一直提倡的“理论联系实际、密切联系群众、批评与自我批评”如出一辙。在笔者看来，中国的发展路线方针其实一直都是有的，都没有改变。可是，我们在过去发展的六十五年中却起起伏伏走了无数的弯路。什么问题，还是沟通问题，不对吗？

也是这一年，日本在新任首相安倍晋三的极右思维指引下，一而再再而三地与中国叫板。仗着美国暧昧的态度，完全不把周边国家放在眼里。扩充军备、参拜靖国神社、抗拒中国设立东海识别区、在钓鱼岛问题上肆意挑衅滋事、试图修改和平宪法并恢复其军国主义的本色。美国，对日本既要罩着、拉拢着，以维持其亚太区的大国存在态势，又恐怕这个小兄弟搂不住，真的要破坏“二战”后的世界秩序，制造地区紧张事态。这是怎么回事儿？还是形势的评估问题，认识问题，沟通问题。日本的所作所为，自安倍晋三的前任起，就已经关闭与中国沟通的大门。他们就是一意孤行地不断探索中国的容忍度，中国的底线到底在何处，美国老板到底能给他罩到啥程度。有趣儿的观察是，安倍晋三岁末年初一系列出格的举动，连与他联合执政党的党首，日本公明党党魁山口那津男都未能进行有效的沟通与协调。山口在安倍参拜后立刻发表公开演讲，表示不满和遗憾。公开呼吁首相认清形势，连盟友美国都看不下去了，认为日本必须要在新的一年里：专注经济发展环境的改善，改善同邻国的关系，而不是修宪和扩大自卫队的交战权。“同事”之间是如何沟通的？

岁末年初，贺岁片、春晚自然都是大众百姓茶余饭后热议的话题。这个年关，最火的当属冯小刚导演。像是为冯导首次执导春晚的预热，围绕“挂靴”数年又再度杀出的冯氏贺岁片《私人定制》，冯导与影评人的隔空骂战搞得文化娱乐市场好不热闹。影评人的一致恶评，一度搅得“华谊兄弟”在A股市场疯狂跳水，之后，再被沉默数日的冯导微博“怒斥”托住下滑趋势。之间有啥肢体动作么？没有，全都是信息战，包括其“战果”——股价的起起伏伏，全都是“信息”闹的！其实，文化艺术作品属于作者的一次艺术智慧（信息的一种形态）的展现，艺术作品严格地说并无对错好坏之分。艺术家希望表达或曰展现的信息，艺术内容、艺术思想，读者、观众是不是都能接收到，不一定；接收到了，能不能接受得了，不一定。这要取决于作者的展现能不能引起观众的共鸣或曰共振。而且，当观众带着不同的心态和情绪去观看时，他们产生共鸣的内容也不尽相同。各自的欣赏角度和艺术评判标准又千差万别，谁能说得清楚呢？对这部片子，我自己虽然还没有来得及去欣赏，但看过的小伙伴们回来都跟我说，看着觉得还不错，没有差评的那么糟糕，至少值回票价和时间。一片吵闹声中，《私人订制》两周的票房已破六亿，再创纪录！

本文末专栏中的小故事，是发生在2013年最后两天的一个南方家庭的真人真事儿。一个我在网上提供咨询指导意见的，关于年轻美丽的妈妈与六岁可爱女儿之间沟通的真实故事。如果你也是一位正在养儿育女的年轻父母，或许这个故事对你有现实参考意义。从中你也可以看到，家长与孩子之间的所有问题、误会、不解，还是沟通的问题。

从异彩纷呈的2013年摘出的这么几个现实的断面，我们不难看出，不管是国与国之间的，人与人之间的，领袖与民众之间的，老板与雇员之间的，父母与孩童之间的，甚或是人与环境之间的一切问题都是沟通问题，交流问题，通信问题；都是信息流的问题，都是信息处理的问题。除此之外，还能有什么呢？那么信息流的问题，通信的问题有什么规律可循呢？有什么解决方法呢？归根到底，都是面对信息，到底信息是什么？什么是信息？这个貌似看不见摸不着的东西，又是无处不在。无孔不入的“信息”到底有什么可循的规律，可以帮助我们沟通么？我们这本书，就是希望用一种全新的，交互叙事的方式，来跟大家分享与交流，帮大家一起认识清楚“信息”到底是什么，有什么特点和规律，如何用科学的方法和手段来认识所有信息相关的问题，来面对信息的处理，面对交流与沟通的问题，释解通信的发展历史，以及有效通信的秘诀。

发生在2013年末的育儿故事

阿朵：周老师，您教育的女儿非常优秀，向您学习。我现在有个教育问题想请您指点。

我女儿六岁，昨天去上国画课前，说要把头一天买的精致的发夹送给晨晨小朋友两个（共买了六个），到那里之后就让晨晨选了两个，晨晨很开心。可是上完课，看到晨晨含着泪出来的。我问她怎么了，她不说话。我女儿也出来了，女儿说：我考虑了一下，这个夹子不想送给她了。是因为女儿从晨晨那里要回了夹子，晨晨哭了。我就跟女儿说：说过要送给她的，就是她的了，不能再要回来，就让女儿把夹子给晨晨。晨晨立马开心了，可是女儿就不开心了，跟我发脾气，还说晨晨不好，以后再也不跟她玩了。她昨天伤心了好久，我也觉得自己是不是太心急了。后来我跟她说，以后你确定要送东西给别人再给，不确定的话就不要说要给。总之，觉得自己的做法不是太好，女儿也说是我不对，那应该如何呢？请周老师指点[微笑][咖啡]

周老师：你女儿说的对。是你不对，不好[憨笑]当然，她的做法的确也不对，但也要从你自己身上找原因。

阿朵：[微笑]

周老师：你绝不可以当着他人的面，批评甚至强迫你女儿，替代她做决定。这个表现出的是你对她的不尊重。在我女儿的成长过程中是绝对不可能发生的。你的出发点也许不错，希望立即帮助她改正错误，信守承诺。但是，你的做法适得其反。

阿朵：嗯，对，要对她有真正的尊重，就像对待大人一样的尊重。做到这一点不容易啊～

周老师：即便她当时是错的，甚至是比这个更大的错，只要没有生命危险，在她自己没有认识到错误之前，也不能强迫她去“改正”，更不要说当众被“纠正”。那不等于当众打她的脸么？换成你，你会怎么想，什么感受？

先将错就错，不要当众批评她。当然，也不能赞扬。当时，实在需要做的，顶多是小声跟那位晨晨说声对不起。或许宝宝想通了，会给你的。That's all.回来后，详细跟你丫头聊，寻找她反悔的原因。一定有原因！

阿朵：嗯，是的，关于这个话题以前看过类似的书，说尊重孩子。孩子不给别人玩玩具，也不能立即要求孩子给别人。孩子都是先学会接受，慢慢地才会给予。体会得不深刻……

周老师：等你找到原因，其实该怎么解决，怎么帮助孩子认识清楚……都会很容易。帮她分析问题，最后她可能会去修正自己的错误，体面地，自觉地。那是她自己的决定，她自己的事情。你怎能代替呢？

阿朵：周老师说得太好了，对我是个深刻的教训，要反思～

周老师：现在也不晚，你先琢磨清楚，然后，先向你丫头道歉，真的。深刻地、诚恳地道歉。妈妈错了，一个大大严厉地批评了妈妈。我向你道歉，我不该当着其他人的面批评你，强迫你。我没有了解原委就强迫你，我错了。你能原谅妈妈么？

阿朵：嗯，好。我相信这么说，她一定会原谅我的。

周老师：然后，退回到我刚才说的。去了解清楚为什么！

阿朵：嗯，好，等明天给周老师反馈。[微笑]

周老师：她原本有一个利他、善良的心，关爱、分享的行为，为啥反悔了？不解决这个问题，她那良好的本善，可能因此丢掉，放弃，改变。那个问题可就大了！

阿朵：[冷汗]

周老师：所以，两个问题，你的错误，自己纠正；孩子的变化，也是你的问题，去解决之，让她心悦诚服地回到正确轨道！

阿朵：女儿是妈的镜子，我相信这一点。如果我不做好自己，就很难教育好她，其实她确实聪明伶俐，不能浪费了她的天赋。我深刻接受您的教诲～

周老师：这就是一个典型案例，把你将来解决的过程加上去就是一堂完整的育儿课！你去做，不会得不到满意结果的。我相信你，也相信你的女儿。

阿朵：非常感谢周老师，非常重要的一课[玫瑰]

后续进展待续☺

2

语言、文字：解决沟通问题的核心?

语言是什么？首先，我们可以从维基百科或其他百科全书中找到定义：“语言是主要以呼吸器官发声为基础来传递信息的符号系统，是人类最重要的交际工具和存在方式之一；是用于表达事物、动作、思想和状态的一个系统；是一种人类用于进行现实观念交流方式的工具。”如此看来，语言应该是解决沟通问题的核心工具之一，它是人类信息传递或曰信息交互的一种“编码”，编码的工具与方法是“声音”，即发声。

图1.1　爱迪生与他发明的留声机

语言到底是什么时候发明的或人类什么时候开始使用语言沟通的？这些归类为“语言的起源”问题，是当今世界上最具争议性的问题之一。

其实，读完本书以后，你会发现这个不是问题，也无从考证。因为，在1877年托马斯·阿尔瓦·爱迪生发明留声机前，人类是无法记录和保存语音信息的。但是，用信息论的观点推断，有人类就一定有了人类的语言。只要生理上会发声，人类就一定会通过发声去传递和交互信息。不仅是人类，动物也是如此，这是自然的形成。那么，至于这是什么语言（什么编码），其实对通信、沟通本身来讲并不是特别重要。它只是一种工具，一种编码，只要沟通的双方能有足够“约定俗成”的规矩（自然语音、语法、语用、语汇等的约定），达到准确表示和传递信息的目的，从实用意义上讲就够了。

根据不完全统计，人类现存的语言有6909种。最常用的，或曰使用人数最多的语言有20多种。这其中多数是人类历史发展过程中自然形成的语言，我们叫自然语言。当然，自然语言也有专门的语言学家或是语言工作者去帮助规范、完善、发展，形成一种语言的完整系统。以提高人们用语言进行信息交流沟通的效率和艺术。同时，也还有为数不多的“人造语言”。人造语言，又称人工语言，是许多因特定目的、用途，为了某特定使用族群，而人为创造出来的语言，包括相应的文法、单字等一个完整语言系统的基本要素。人工语言不像自然语言一样会随人类的语言文化而发展。但是，它们在被创造之后，却可能因而产生特定的影响力，随着人类文化如自然语言一样地演进。常见的几种人造语言包括：世界语（基于欧洲语言）、伊多语（世界语改革版本）、沃拉普克语（基于欧洲语言）、诺维亚语（基于欧洲语言）、拉丁国际语（基于欧洲语言）、逻辑语（非自然语序语言），等等。这已经进入了语言学或人类学的范畴，不是本书研究探讨的重点。

图1.2　古契刻符号

20世纪四五十年代，随着信息技术的发展，人类发明了计算机，机器人，产生了人机之间信息交互，信息沟通的需要，于是又出现了一种语言，人机交互的语言-机器语言。常见的，当前常用的包括：汇编语言、C、C++、Java、Fortran、Basic、Lisa等。

那么文字呢？文字是人类用来纪录特定事物、简化图像而成的书写符号。显然，也是一种用于信息描述，信息交流的编码。与语言不同的是，这种编码是通过写和读来对信息编码和解码的，而不是说与听。

人类是何时开始发明和使用文字沟通的，可以从文字考古中考证。根据目前的考证，最早的“文字”算是在河南漯河市舞阳县北舞渡镇贾湖遗址（新石器时代的裴李岗文化）中出土的龟甲上刻的符号，共有16个，称作“贾湖契刻符号”，应该出现在大约公元前6600年。欧洲最早的比较系统化的文字符号叫作“长春花符号”（Vinca symbols），出现在公元前5000年。图1.3是完整的“长春花符号表”。这些符号在欧洲东南部多处都有考古发

图1.3 长春花符号表

现，包括希腊、保加利亚、匈牙利、罗马尼亚、摩尔瓦多河流域，以及乌克兰南部。

开始时的这些原始的文字符号，都是楔形文字，象形符号。后来发展演变成了两大分支，以汉字为代表的象形文字和以拉丁文为主流的拼音文字。表1.1是现代文字研究常用的一种文字分类方法。

表1.1　　文字的分类

<table>
<tr><th colspan="3">种类</th><th>每个符号代表</th><th>范例</th></tr>
<tr><td colspan="3">语素文字</td><td>语素</td><td>汉字</td></tr>
<tr><td rowspan="6">表音文字</td><td colspan="2">音节文字</td><td>音节</td><td>日文假名、女书</td></tr>
<tr><td rowspan="5">拼音文字</td><td>全音素文字</td><td>音素（辅音或元音）</td><td>拉丁字母、希腊字母、西里尔字母（西里尔字母中有个别字母也表示一个音节，如Е、Ю、Я等）</td></tr>
<tr><td>元音附标文字</td><td>音素（辅音及元音）</td><td>印度天城文、泰文、缅甸文</td></tr>
<tr><td>辅音音素文字</td><td>音素（辅音）</td><td>阿拉伯字母、希伯来字母</td></tr>
<tr><td>半音节文字</td><td>介于音节和音素之间</td><td>中文注音符号、伊比利亚文字</td></tr>
<tr><td>特征文字</td><td>声音特征</td><td>韩语谚文</td></tr>
</table>

注：1. 这里音素和音位（英语：phoneme）同义。2. 语素文字又称意音文字。

不同地域的人，在伴随其成长的文化环境中，最先掌握一种常用的沟通语言和文字，我们称作母语。为了同异域他乡的朋友交流，必须学习一种或多种可以共用兼容的语言。或者是你学我的，我学你的，称作“外语”。或者都去学一种更通用的，以便同更多不同文化地域的人们交往，例如：英语是当今世界使用国家最多的世界通用语言之一。而音乐、舞蹈、绘画等艺术类的语言一般是整个人类都通用的。很神奇！后面讨论编码时，还会深入分析。包括动物，多数也有它们自己的语言，尽管人类大都不懂，不能解码，但并不因此而影响它们同类间的交流或曰信息传递。

显然，语言、文字都是信息交流沟通的要素，是编码。多掌握一些不同

亲子教育误区：并非他不懂事，是你不懂他！

大人常会说的一句话是：孩子还小，还不懂事儿。尤其对未满周岁的婴儿，更觉得这是毋庸置疑的现实。岂不知，你错了！

你认为他不懂事，只是因为他困了不会说、饿了只会闹、身体不适也无法告诉你到底哪里不舒服，甚至因为太小，连开心与否都还表达不清楚，拉粑粑和泥了，也不会吭一声。但是，你知道吗，一个人负责思考，决定他懂不懂事的数量约1000～1500亿个脑神经细胞，在他出生的时候就确定了。这其中有不到200亿个神经元细胞，虽然它们会随着人体生理的发育而发育成长，但其基本功能出生时都已经存在。作为一个信息系统，它的信息采集、存储、处理、传输和展现能力都已经具备了。只是如同一台全新的电脑，“存储器”——记忆系统中基本是空白，信息很少。尤其是刚刚开始发育成长中的婴儿、孩童，他还没有语言能力（人类展现信息的主要编码方式之一）。不过这只是他没有你所能解码的语言编码。他会用他的编码——天生的、自然的“语言”表达方式发出信息，如哭、闹、喊、叫、手舞足蹈的各种动作。只是你弄不懂他要展现的内容，你不懂他的编码。是你不懂他，而非他不懂事！所以，年轻的父母，你们千万不要在你的小宝贝面前说不该说的话，更不能做尴尬的事。你以为他看不懂，听不见，错了！他不会说、不会表达是因为还不会编码，不会展现信息。这并不等于他听不见、看不到，不会“解码”，或曰收不到信息。

的编码，不管是语言、还是文字，还包括音乐、绘画、舞蹈、摄影等，都会有助于信息的交流。本书有关编码的章节还会有更详细深入的讨论。但是，显然这还不是有效信息交流，通信的唯一要素。人类从远古到今朝，一直都在研究和探索着沟通这个历久弥新的话题。在国外逛书店时，你会发现有无数的书籍从各个不同的角度专门研究沟通问题，其中很多都直截了当地用一个词“Communication”（沟通），或译作“交流”、“通信”作为书名。当我们仔细去翻看这些同名的书籍时，你又会发现它们大致分为两类，一类就是研究人与人之间的沟通、交流的方法与艺术；而另一类实际上是研究和阐述自然科学中当今最热门的学科之一，“通信”。通信研究所涵盖的范围则不仅限于人与人之间的沟通。它包括任意两个信息系统之间的信息交互。它们研究和探讨的是通信的技术、方法、原理及其在各种信息系统中的应用。

英国大哲学家弗朗西斯·培根有句名言：读史使人明智。人文科学、自然科学，既然有两个方向，就让我们顺着这两条或许最终“归一”的线索，先去探密一下先哲们相关研究的历史和成就。

3

有关“沟通”的研究

“沟通是人们之间最常见的活动之一，是指人们之间进行信息及思想的传播与交流。沟通常常牵涉了几个方面：信息发送者，信息接收者，信息内容，表示信息的方式，传达的渠道。沟通的英文是communication”，这是维基百科中对沟通的定义。人与人之间最常见的活动，其实可以说是人与人之间一切交互活动的基础。因而，从人文历史的角度看，沟通的研究可以说是一个历时久长的巨大课题，要想全面地了解，完整地追溯其整个历史几乎是不可能的。可是，只要我们不是独处一隅，只要与人打交道，沟通就是我们随时要做的事情，甚至是在不经意之间。本章的开篇部分已经大大小小举了很多例子。在作者人生过往的记忆中，从人与人之间的交流沟通方面获得的提示和启发是最深刻的。其中影响较大的有两位西方学者，他们也都是成功学大师。一位是戴尔·卡耐基（Dale Carnegie，1888年11月24日～1955年11月1日），美国现代成人教育之父，著名的人际关系学大师，西方现代人际关系教育的奠基人，被誉为是20世纪最伟大的心灵导师和成功学大师。其最著名的著作是《如何赢得友谊与影响他人》（How to Win Friends and Influence People，在中国内地多被译作《人性的

图1.4　戴尔·卡耐基

弱点》)，1936年出版。几十年来此书始终被西方世界视为社交技巧的圣经之一。另一位是史蒂芬·理查兹·柯维（Stephen Richards Covey，1932年10月24日～2012年7月16日），美国管理学大师和成功学导师，著有全球职场最畅销书《与成功有约》（The Seven Habits of Highly Effective People，早期译作《高效能人士的七个习惯》，1989年首次出版），迄今全球销量超过2500万册。

人性的弱点

by Dale Carnegie 雷 吟 译

目录

————————————————————————————————

这本书对你有十二种功用
译者序
前言
原著序
如何从这本书里获得最大效益
第一篇　待人的基本技巧
　　第一章　如欲采蜜，勿蹴蜂房
　　第二章　与人相处的大秘窍
　　第三章　左右逢源的方法
第二篇　使人喜欢你的六种方法
　　第一章　如果这样做，你将到处受欢迎
　　第二章　如何给人好印象
　　第三章　你要避免发生麻烦，就请这样做
　　第四章　如何养成优美而得人好感的谈吐
　　第五章　如何使人感到兴趣
　　第六章　如何使人很快的喜欢你
第三篇　得人同意于你的十二种方法
　　第一章　你不可能在争辩中获胜
　　第二章　如何避免制造敌人
　　第三章　如果你错了就承认
　　第四章　使你走上理智的大路
　　第五章　苏格拉底的秘密
　　第六章　处理一个抱怨者的安全手法
　　第七章　如何使人跟你合作
　　第八章　一个创造奇迹的公式
　　第九章　每个人所需要的
　　第十章　人人都喜欢的吸引力
　　第十一章　实行、推进，别停顿下来

我始终不能理解，是什么原因使得内地要把卡耐基的名著《如何赢得友谊与影响他人》译成《人性的弱点》，标题吸引读者？其实直译更贴切，说明这本书的内容就是用故事、案例、经验来指导人与人之间的沟通与交往的。全书六篇三十八章，讲述了作者自己亲历的或是友人、名人经历的近百个故事，总结出来几十条规则。所有这些只有一个指向，即指导读者学会与人沟通交流的有效方法。例如：书中的第二篇“使人喜欢你的六种方法”，其中有六章，最后也就总结出来六项规则，分别是：

第一项规则：真诚地对别人产生兴趣。

第二项规则：微笑。

图1.5　史蒂芬·柯维

为什么“好习惯”是养成的

什么是习惯？习惯就是当你遇到一个事件，你要即刻应对时，你的应对方式、方法、态度，就是你应对问题的“解决方案”-solution。当然，这与你工作中面对一个商业项目的解决方案尽管形式上不同，道理上是一样的。只不过，你可能没想到，或是从未细想，原来是这样。再者，这类方案不是你临阵设计的，而是预先存在你大脑的“方案库-solution pool”中的现成方案，条件反射式地即刻冒出的，无须细想。

那么为何“好习惯”是养成的呢？作为一个信息系统，我们大脑的一个重要功能就是信息的存储。这个巨大的数据库也是分门别类，“堆栈”式存储的。当需要搜索访问时，什么“方案”在栈顶，什么就会最先弹出。如果最佳方案不在栈顶，那该怎么办？我又不能打开脑袋把我的数据库根据需要重新排序。当然没那么简单，不过也不是不可以逐步地把你希望的

第三项规则：记住你所接触中，每一个人的姓名。

第四项规则：做一个善于静听的人，鼓励别人多谈谈他们自己。

第五项规则：谈论别人感兴趣的。

第六项规则：使别人感觉到他的重要，必需真诚的这样做。

柯维的《高效能人士的七个习惯》中的第五个“好习惯”：Seek first to understand， then to be understood， principle of empathic communication——先听懂，再表明，是有效沟通的准则。与卡耐基的著作类似，书中也是用各种实例，来分析和证明在表达自己之前，一定要先倾听对方，了解对方的观点、立场、想法、期望，只有这样的方法才是有效沟通的最好方法。

两位大师所用的研究人与人之间有效沟通的方法，是学科研究中一种常用的方法。当我们很难用逻辑推理或数学语言来证明一项定理或原则时，就用足够的实例来枚举和统计作为佐证，来归纳并证明一个原则、一种方法的规律性和适用性。就像卡耐基和柯维的著作，虽然没有经过“数学”语言的精确推导，但他们总

结的有效沟通的规律和方法是实用易学的，他们列举的案例是有说服力的。世界上无数的人读他们的书，按照他们的指导去实践，取得了良好的效果。当然，好习惯是要养成的，卡耐基的书中列出了很多详细的反复练习的要点，指导读者逐步养成好的有效的人际交往习惯。

也是在差不多卡耐基的同时代，也是因为通信的需求，从自然科学的角度开始了通信技术和通信工具的研究。

信息，比如说好的习惯、解决方案推上栈顶。怎么做？

根据本书后面章节中关于“信息生命周期”的论述，信息的存在及其活跃度与其是否“流动”成正比。信息产生后，如果永远不再流动就等于“终结”、“死亡”、“消失”，流起来就会产生价值（不管是正值或是负值）。一个好的习惯，一种解决方案，你常用常新，停留栈顶。否则，沉入栈底，永远访问不到，等于“死亡”。所以，保持好习惯的方法，就是时常使用这种习惯。久而久之，每当遇到此类事情，好的方法就会自然“弹出”。你的好习惯就养成了。

4

“二战”催生“信息论”

战争是推动科技发展的原动力。从有人类历史以来，以剥夺和占有为目的的战争就一直刺激着人类社会进步。在上世纪初的第一次世界大战中，各方最后拼的所谓军事实力主要是工业化社会进程中的科技成果，飞机、坦克、潜艇和毒气等新式武器。战后总结归纳提炼出来的总体战、闪电战、坦克制胜论、空军制胜论以及坚固防御工事制胜论等又是对军事科学理论的发展。随后在第二次世界大战期间，美国更设立了著名的“曼哈顿计划”推动原子弹核武器的研发。这期间，实力强国除了进一步实践、验证和发展所谓硬碰硬的“军事实力论”外，又开始认识到了军事情报，也就是所谓的“谍战”更厉害，甚至具有四两拨千斤的效果。这就使人们有意无意地认识到了“信息”的重要性，实际上也就推动了信息科学和信息技术的发展。尽管那时还没有所谓的“信息科学”、“信息技术”这些名词，甚至连“信息”这个词还没有开始运用，更不要说这个学科或学说。

科技发展对战争制胜的至关重要性，直接激发和促进了相关科学技术的研究和发展。在美国纽约、波士顿地区（又称128号公路区域）就聚集了成百上千的直接或间接服务于增强军事实力的科研机构和高科技企业，其中之一就是被誉为“现代通信技术摇篮”的贝尔实验室。之后的发展证明，它不仅是通信技术的摇篮，也是整个信息科学的奠基处和发源地。

贝尔实验室的全名叫作“贝尔电话实验室公司（Bell Telephone

Laboratories， Inc.）”。1925年，当时的美国电报电话公司，俗称AT&T的总裁华特·基佛德（Walter Gifford）将公司里的工程研发部与西方电器公司（Western Electric Company）的研究部门合并，成立了这个独立实体。AT&T和西方电器各拥有该公司的50%。业界通常简称其为Bell Lab（贝尔实验室）。贝尔实验室的工作可以大致分为三类：基础研究、系统工程和应用开发。在基础研究方面主要从事电信技术的基础理论研究，包括数学、物理学、材料科学、行为科学和计算机编程理论。系统工程主要研究构成电信网络的高度复杂系统。开发部门是贝尔实验室最大的部门，负责设计构成贝尔系统电信网络的设备和软件。自此，贝尔实验室里聚集了一大批1900年前后出生的科技精英，以物理学家、数学家和电子电器工程师为主。

1948年注定是一个不寻常的时间点。此时，二战虽然已结束，相关前沿科技的发展并没有停歇。科技发展尤其是信息科学、信息技术发展的发动机却正是在这一年启动了。

半路杀出的程咬金

贝尔实验室1948年的开年大礼，是威廉·肖克利（William Shockley）领导的固体物理研究小组的核心干将约翰·巴丁（John Bardeen）和瓦尔特·布莱顿（Walter Brattain）创造的。在1947年的圣诞前夜，他们向肖克利等人演示并证实了后来被取名为“晶体管”的电子器件，它具备电信号放大功能。

图1.6　(左起)巴丁、肖克利、布莱顿

这个坐在锗金属片上，不如小指甲盖大小的器件应该如何命名呢？1948年5月，科学家们特别成立了一个委员会为这个新东西取名字。一群高级工程师聚集在新泽西默里山贝尔实验室的一处新址投票选名。列出的备选名称有：三极半导体、小晶体、晶体管（跨导体transconductance和变阻器varistor两个词的组合），最后晶体管（transistor）胜出。中国也有译成“三极管”的，因为它对外有三个电极，分别叫作基极-B、发射极-E和集电极-C。贝尔实验在发布新闻稿中宣称，这是一个简单得令人不可思议的器件，不过，“它或许对电子学和电子通信有着非常深远的意义”。事实胜于雄辩，晶体管的诞生点燃了电子学领域的革命，并奠定了电子器件小型化和广泛普及应用的技术发展路线。从此，信息技术中最基础的器件在贝尔实验室诞生，并一直发展影响至今。肖克利、巴丁和布莱顿也因此在1956年共同获得诺贝尔物理学奖。

人们普遍认可肖克利领导的三人小组是晶体管的发明者。由于他后续在晶体管理论完善和产品实用化方面的持续努力，后来有一种半导体器件甚至用它的名字命名为“肖基二极管”。不过，他们也还是“半路杀出的程咬金”。世界上最早注册了晶体管原理的专利持有人是加拿大的朱利叶斯·埃德加·利林费尔德（Julius Edgar Lilienfeld）。早在1930年1月28日，利林费尔德就获得了场效应晶体管的美国专利。而德国电子工程师奥斯卡·黑尔（Oskar Heil）1935年也在英国获得了场效应半导体电阻控制的专利。差不多与肖克利同时期研究和发明了晶体管装置的还有德国科学家霍伯特·马塔尔（Herbert F. Mataré）。尽管如此，科学发明的“功勋章”还是挂在了肖克利等三人的身上。

图1.7 国内六七十年代常见的老式晶体管

笔者在孩提时代（1966年前后）玩过的三极管都是苏联制造的，青灰色的外壳，小草帽的形状。不过因为苏联相对比较封闭，尽管二战后也聚集了很多科学家大力促进科技发展，而其科研成果却鲜有记录，且完全融入全球科技发展史。当年，这些同时代的研发成果也给贝尔实验室的专利律师申请晶体管的发明专利带来诸多限制和周折。

图1.8　讲台上的香农

让我们再回到1948年的贝尔实验室。其实对贝尔实验室来说，这一年里比晶体管的发明及其隆重发布更具深远意义和影响的是另一位貌似独立孤僻的数学家， 被后人誉为“数字时代之父”的信息论创立者克劳德·艾尔伍德·香农（Claude Elwood Shannon）。他在《贝尔系统技术》杂志7月号和10月号上跨两期发表了长达79页的长篇论著“通信的数理理论”。这个标题看起来很精炼、很学术，实际上其对整个科学界甚至人类社会发展的重要性是香农本人当时绝想不到的。像上述的晶体管发明一样，这个新发明也伴随着一个新的词汇，一个新量词的产生：Bit—比特。不过这个新词没有通过学术委员会来选定，而是论文作者32岁的克劳德·香农自己定的。像很多量词，吋、磅、升、分或秒一样，“比特”也成了一种计量的基本单位。计量什么？计量通信中的信息量。

克劳德·香农1940年毕业于工程、科技精英辈出的麻省理工学院，硕博连读师从万尼瓦尔·布什（Vannevar Bush）。香农大学本科曾在密西根大学就读，毕业时获得的是数学和电子工程学双学位。在麻省理工的硕士论文是“继电器和开关电路的符号分析”，博士论文则是“理论遗传学的代数方法”。博士毕业前后，加入贝尔实验室前，香农又申请在普林斯顿大学做了一年的国家研究员。期间有机会与约翰·冯·诺依曼（John von Neumann）、赫尔曼·克劳斯·胡

图1.9　万尼瓦尔·布什在观察微分分析仪运行

“二进制”其实源于中国！

简单迷信、不求甚解的我们可能真的辱没了老祖宗的发明和创造！今天，信息论和一切信息技术、信息处理的技术或曰数理根基是建立在bit或曰二进制之上的。粗看起来，二进制是爱尔兰数学家、科学家乔治·布尔发明的，1948年被美国科学家，信息论的创立者香农“借用”，从此使其展现辉煌，流芳百世（还没有百年呢？哦，一定会流芳百世的，如果你耐心地读完这本《信息论思维》，你就理解了）。可是你知道吗？中国老祖宗在公元前就发明了叫作“八卦”的八进制计数法！据考古发现，最早的太极八卦图出现在公元前3450年左右的安徽“含山玉版”，有图有真相啊！就算是流传下来的最早比较完整和系统性描述算是《周易》，为传说中的周文王所著，那也是商末周初公元前1100年前后呀！今天，计算机中的计数基础转换模式之一也还是八进制。计算机的字长多少位（bit），这“多少位”可都是八的倍数。8位、16位、32位、64位、128位……对吧！你有听过这个机器是10位或30bit的么？数字计算机发展的初期，曾经有过12位字长的计算机，可是很快就“退位”了。因为，它虽然是偶数，是四的倍数，但并不便于发展，不在发展的“轨道”中，很快就被淘汰出局了。之后，亦不会再有比如20位或28位（虽然都是4的倍数）的可能。

可是，为啥中国那么早就发明了如此重要、先进的计数方法，而后人没有延续这些研究和发展呢？源于中国古老的传统里对皇权的

戈·韦尔（Hermann Klaus Hugo Weyl），甚至还偶遇爱因斯坦，同这些世界顶尖的极具影响力的科学家探讨数学、物理学以及电子工程相关的各种问题。这为他后来创立“信息论”，提出二进制开关逻辑和二进制计算的现代计算机发展方向，并在信息科学和信息技术方面做出的诸多贡献打下了坚实的理论基础。

香农在麻省理工的导师万瓦尼尔·布什是二战时期美国政府推动用新科技武装国防装备的关键人物。香农进入麻省理工学院是通过申请作操纵“微分分析仪”——一种早期的机械式模拟计算机的研究助理而实现的。这台古老的机械式计算机是由众多的齿轮、转轴、导杆等许多的机械装置组成的，有上百吨重，占一大间屋子，看起来更像一个工厂里的车间。

这个机械式模拟计算机是布什主持建造的，为学院各个学科的教授、研究员、学者提供计算服务，有点儿像我们国内八九十年代各个大专院校建立的计算中心。布什是当时的麻省理工学院的副院长，兼工程系主任。操纵这个庞大的机电

设备，正好用上了香农本科所学习的数学和电子工程方面的知识。也使得香农有机会从实践的角度理解、认识并深入研究逻辑控制、机电方式的逻辑控制与数学的关系，以及如何藉此实现和操控复杂的数学计算。今天看来，这实际上就是真正使二进制替代十进制实现通用自动计算的孕育期。香农的硕士论文“继电器和开关电路的符号分析”正是对开拓这个领域的贡献的见证。

机缘巧合，笔者在20世纪70年代初期也参与过利用继电器搭建逻辑电路，研发“离子分析仪器”的工作。那个时候，晶体管尤其是开关管在国内还很少见，我们也是从继电器开始设计开关电路的。直到1974、1975年才逐步用晶体管和小规模集成电路替代掉了传统的继电器。继电器和真空电子管→晶体管→集成电路→大规模、超大规模集成电路，这正是信息技术的核心基础元器件的发展脉络。这个过程就是从上世纪初开始的，迄今不足百年。

做完硕士论文后，香农开始寻找博士论文的课题。这段时间布什被任

迷恋，对“圣”与“神”的迷信，对“大师”和“圣贤”的盲目崇拜，以及对科学的排斥、打击和抑制。我们不是要号召大家不尊重先贤，但要认识到世界是在不断发展的，永不停歇的！对一切事物、学说要用发展的眼光去认识、去继承，而不是静止地盲从。简单地说，八进制计数这样优秀的自然科学真理，在中国的数千年文化传承中竟然成了占卜、算命的法宝！当然，你也可以说幸亏有占卜、算命这样的载体，才使其得以传承。不然，如果今天还是不求甚解的我们，可能真要拜发明二进制的布尔为计数、计算的“鼻祖”了！

看一下英文对“八卦”这个词的翻译，最不带观点的就是bagua，音译。狭义的理解翻译成Eight Diagrams，八位图，以为就是一种游戏算数的图符。更糟糕的曲解，干脆译成或曰解释成了Gossip，整个就是装神闹鬼的胡说。如果你是不懂中国文化的英语系国家的人，看了这个词，你还会有兴趣了解原委么？整个就给判了死刑，忽略了呀！

你再去看看欧洲，西方一二百年前的那些著名大哲学家，对中国文化传承，包括八卦的品评，真可说是五味杂陈。既能被他们的胡乱评说气个半死，也会感到我们没有很好地继承我们祖先文化中的精华部分，反让那些糟粕、歪理邪说、肤浅的曲解流传百世而倍感羞愧难容。如何做到既不要自命不凡，亦不要自惭形秽；既不能妄自尊大，又不会妄自菲薄？唯有认真深入地学习。

今天，看了一篇外国哲人看中国的文章，感慨万千。让我们了解和认识真正的历史吧！让我们负起我们应负的历史使命，作为聪明智慧的中华民族的一分子。

命为卡纳基学院的院长。遵照导师布什的建议，暑假期间香农在位于纽约冷泉港的卡耐基学院遗传系度过了整个夏天。布什建议他看看有没有可能把符号代数，他喜欢的那套古怪的代数学，用到一门刚开始形成的学科遗传学。那时，遗传学的一些基本元素如基因、染色体等还都是在朦朦胧胧地被了解和认识的过程中。这样，香农的博士研究课题就定在了理论遗传学方向。在研究过程中，香农还真把他热衷研究的符号算法引入了遗传学，不到一年就完成了名为“理论遗传的代数方法”的博士论文。

尽管今天看来，香农的开拓性研究为遗传学的研究方向和方法奠定了重要的数学基础，但当时在生物遗传领域，这还仅仅是在理论上的初步探索。虽然香农的导师布什尽力给予了不小的帮助，但香农的博士论文在当时甚至都未能正式发表。香农作为一个数学和工程方面的学者，在生物遗传领域好似骆驼落入羊群般备感孤独。这个领域那时还是更重视以实验为主的实证研究方法， 数学抽象、假设、推导、论证的纯理论方法比较“另类”。而且，香农自己的主要兴趣依然是在布尔代数和继电器电路—开关逻辑，及其如何解决通信中的问题。

“信息”一词开始使用

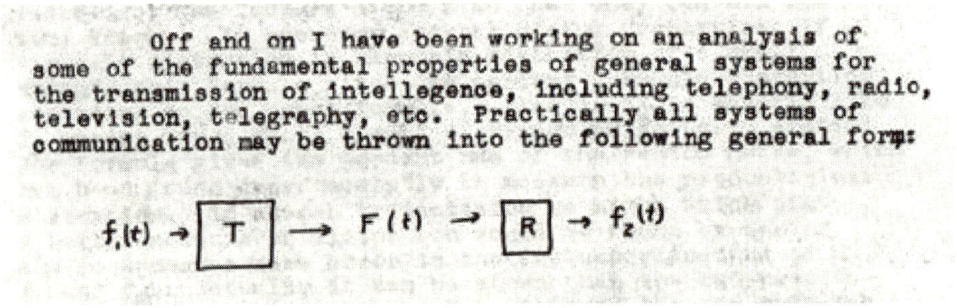
Off and on I have been working on an analysis of some of the fundamental properties of general systems for the transmission of intellegence, including telephony, radio, television, telegraphy, etc. Practically all systems of communication may be thrown into the following general form:

图1.10　香农写给布什的信函相关片段

存放在美国国会图书馆的一封1939年2月香农写给布什的信中，他坦露了心声。他写道：

断断续续地，我一直在分析用作情报传输的通用通信系统的一些基本特

性。“情报”，包括电话、无线电广播、电视、电报等等[①]。实际上，几乎所有的通信系统都可以归入下面这个通用结构

$$f_1(t) \rightarrow \boxed{T} \rightarrow F(t) \rightarrow \boxed{R} \rightarrow f_2(t)$$

其中，T和R代表发送器和接收器。中间是三个“时间函数”，f（t）：发送的“情报”、信号、最终的输出。当然，其中的输出要尽可能地与输入相同。“在一个理想系统中它就应该是一个精确的输入的复制。”问题是，在香农看来，现实系统中总会遇到“失真”——这个词他建议要以数学的形式给出严密的定义。同时，还可能存在噪声（例如：静电）。香农告诉布什，他在尝试证明一些定理。同时，他还在一台计算机上进行符号数学运算，做微分分析，也还有其他的运算。不过这些运算已是完全依赖电子线路，而不再是机械式计算机了。但是，仍然有很长的路要走。“尽管，围绕这个主题周边的许多枝节上我已经取得了一定的进展，但至于是否能有最终的结果，我仍然深处困局”。他在信中补充道。

那个时候，还处于二十世纪三四十年代，通信或信号传输技术还没有一个统一的理论模型。虽然电话、电报、电视、无线电、雷达等一些二战期间发展并运用起来的通信系统都已经存在，但其各自有自己的一套运作方法，像个野生动物园。香农的这些思考、研究和假设奠定了整个通信领域的通用系统模式雏形。

香农在麻省理工的博士论文完成后，1941年加盟贝尔实验室。这时第二次世界大战战事正酣，美国一大批科学家聚集在贝尔实验室、麻省理工学院等科研机构。实际上，第一次世界大战后为加速电气工程科学的实用化，麻省理工学院是美国的三个重点之一，另外两个正是贝尔电话实验室和通用电气。在这儿，不同专业的科学家、工程师都是为战争中的各种技术应用做着科技研发上的支持和储备。香农实际上就是从一个偏向理论和基础研究的“重点”——麻省理工学院，转入另一个更走向实用开发的“重点”——

---

① 注意，香农在这里还是用的情报-intelligence这个术语，不是信息-information。

贝尔实验室。而且，出于包括安全在内的各种原因，这些机构间还有很多协作。常常把一个复杂的研发项目分解成不同的任务，分发给不同的机构，或组成跨机构的攻关小组。香农就在两个跨机构的项目组中工作，开始主要是在防空火炮控制小组。后期，则主要在“X系统”项目中负责“密码术”——加密通信的基础支撑理论研究。

这时，万瓦尼尔·布什已经被任命为美国国防研究委员会（National Defense Research Committee）的主任。战事急迫，各种国防科研的课题需要各方面的专家学者和工程师参与。香农始终希望研究情报的传输，在他正式加盟贝尔实验室之前，布什就已把“课题7”——防空火炮控制机制的数学问题分配给了他。这个研究任务是用于火炮控制的校正，使得发出的炮弹在其目标飞来时能同时到达同一个位置。因为贝尔实验室的数学研究室也承担着火炮控制项目中的部分课题，香农又曾经在贝尔实验室短期工作过，于是，贝尔实验室就建议香农加盟。贝尔实验室装备有功能更强大、能进行二阶微分方程求解的微分分析仪，当然也给了香农的研究工作很大帮助。

虽然，项目的目的是计算弹道，设定什么角度、方位，还有发射时间，才能保证在预计的地点和时间击中目标。首先，还是要预测飞机的飞行轨迹。通过望远镜测距仪和新研发出来尚处试验阶段的雷达来获取飞机的坐标、飞行方向、高度和速度。问题来了，由于信号传输中的噪音和失真，从雷达等设备上得到的飞行轨迹本身并不准确，表现为锯齿状的曲线。在使用参照前，不得不通过数学的方法对其进行滤波和修正。

这个问题恰恰与香农长期关注的通信中的抗噪、抗干扰问题是类似的。不同点只是：一个是接收信号时如何过滤或曰修正涵盖其中的伪信号——噪声成分；另一个是令发出的信号——情报数据编码形成的信号，免受信道中可能产生的噪声干扰，以确保接受方得到的情报与发出的一致。当然，这个时候研究的对象还都是模拟信号。

在这项工作中，香农还有机会从麻省理工学院的数学教授诺伯特·维纳（Norbert Weiner）的相关研究中获得很多启示。因为，维纳也是火炮控制项目中的关键研究员和主要贡献者。其实，早在香农作为实验助理在布什的差分分析仪机房工作时，就协助过维纳的研究。维纳是使用差分分析仪演算课题的常客。维纳，一位15岁就大学毕业的天才少年，18岁就在哈佛获得数理逻辑博士学位。之后，游学欧洲师从罗素和哈代等数学、哲学大师。回国后，维纳基本上是以麻省理工学院为主要基地进行教学和研究。他是20世纪中叶美国最活跃的科学家之一。火炮控制项目中他负责火炮自动控制系统。这也成就他创立了“控制论”等一系列相关的理论，包括维纳滤波—信号噪声矫正方法、维纳方程—布朗运动的数学理论、反馈概念的规范化—自动控制、维纳空间等等。其实这些都属于信息论相关的早期研究探索工作。“信息就是信息，既不是物质，亦非能量”，维纳在他划时代的著名论著《控制论：动物与机器间的控制与通信》中的这句话也直接为信息的定义做了注脚。

火炮控制系统中接收的信号是有关飞机的飞行参数。通信系统中通过信号编码发送的是情报。传输的内容完全不同，但最后都是以电信号的形式传输，传输中要解决的各种问题也都是类似的，速度、效率、防失真、抗干扰等等。实际上，贝尔实验室的工程师在二战开始前不久就已经注意到不管是文字、声音或是图像，最后都是被转换成统一的电信号在电话线上传输、交换和放大。

1941年底，随着日军偷袭珍珠港事件，美国正式对日宣战。香农的研究重点随后就转入了“X系统”这个纯粹的通信项目。这个项目恐怕是二战时期保密性最高的研究项目之一。它的目标是开发华盛顿与伦敦之间的加密无线电电话系统。这个系统的研发是由很多独立的小组分块进行的，出于保密和安全的需要，这些小组及其研究人员之间也互不交往，各自只做自己被指定的部分工作。香农是独自负责加密算法的，他当时也不知道整个系统中其他部分的细节。香农后来回忆道：这个项目中的开发人员“或许是世界上最神秘的一帮人”。尽管不知道系统全貌，可香农负责的加密方案验证却是整个系统的核心。他的工作就是要确保所有以此加密方法加密的通信内容是不可破解的，选用的加密方案必须是万无一失的。这些研究经历已经让香农逐渐深刻地体会并认识到，通信技术本身与通信的内容（无论是代表坐标方位的数字参数，还是战略战术相关的军事情报）和形式（文字、数据、语音，还是图片）无关，起决定作用的关键是“编码”。

那么这个“内容”该用一个什么词来表示呢？情报、消息、参数、信号、数据都对，似乎又都不准确。这时，香农在贝尔实验室中同是研究通信工程的老同事拉尔夫·哈特利（Ralph Hartley）的论文中得到了重要的启发。这篇1928年发表在《贝尔系统技术》杂志上的论文就叫“信息的传输”。那时“信息”—information这个词还是生僻的，模糊的①。哈特利这

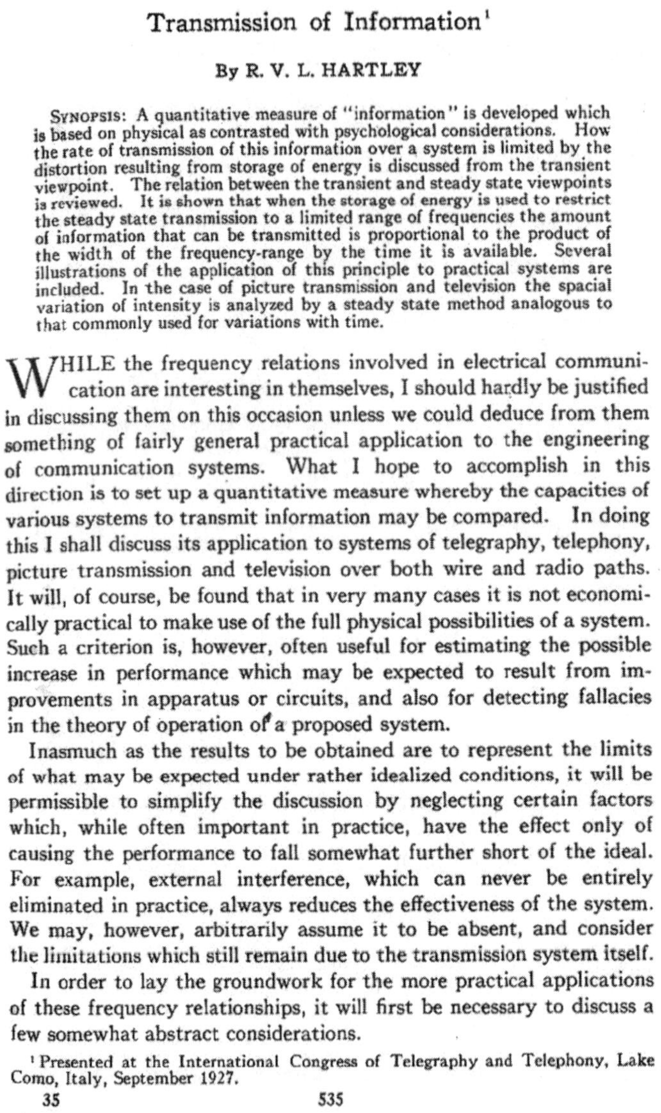

Transmission of Information[1]

By R. V. L. HARTLEY

SYNOPSIS: A quantitative measure of "information" is developed which is based on physical as contrasted with psychological considerations. How the rate of transmission of this information over a system is limited by the distortion resulting from storage of energy is discussed from the transient viewpoint. The relation between the transient and steady state viewpoints is reviewed. It is shown that when the storage of energy is used to restrict the steady state transmission to a limited range of frequencies the amount of information that can be transmitted is proportional to the product of the width of the frequency-range by the time it is available. Several illustrations of the application of this principle to practical systems are included. In the case of picture transmission and television the spacial variation of intensity is analyzed by a steady state method analogous to that commonly used for variations with time.

WHILE the frequency relations involved in electrical communication are interesting in themselves, I should hardly be justified in discussing them on this occasion unless we could deduce from them something of fairly general practical application to the engineering of communication systems. What I hope to accomplish in this direction is to set up a quantitative measure whereby the capacities of various systems to transmit information may be compared. In doing this I shall discuss its application to systems of telegraphy, telephony, picture transmission and television over both wire and radio paths. It will, of course, be found that in very many cases it is not economically practical to make use of the full physical possibilities of a system. Such a criterion is, however, often useful for estimating the possible increase in performance which may be expected to result from improvements in apparatus or circuits, and also for detecting fallacies in the theory of operation of a proposed system.

Inasmuch as the results to be obtained are to represent the limits of what may be expected under rather idealized conditions, it will be permissible to simplify the discussion by neglecting certain factors which, while often important in practice, have the effect only of causing the performance to fall somewhat further short of the ideal. For example, external interference, which can never be entirely eliminated in practice, always reduces the effectiveness of the system. We may, however, arbitrarily assume it to be absent, and consider the limitations which still remain due to the transmission system itself.

In order to lay the groundwork for the more practical applications of these frequency relationships, it will first be necessary to discuss a few somewhat abstract considerations.

[1] Presented at the International Congress of Telegraphy and Telephony, Lake Como, Italy, September 1927.

35 535

图1.11 哈特利1928年发表的论文《信息传输》的首页

① 在中文中，“信息”作为一个词是在1982年出版的《辞海》(增补本）中被第一次正式收录的，之前的《辞海》都没有见过这个词。

篇论文中建议了用这个词来“模糊”掉“电报、电话、图片和电视”信号传输中的“心理”因素，专注于物理、工程层面。即：不管传输的内容是什么，我们都叫它信息；不管是用有线还是无线的方式传输，最终传的都是电信号，都应有统一的工程技术方法来研究它的放大、传输、处理等工作。香农后来在不同的谈话或文章中都表示过，哈特利的论文“对我的一生影响重大”。香农第一次采用信息来表述通信的内容也不是1948年那篇划时代的论文，而是在1945年关于加密通信系统研究的一份研究报告中。报告的题目是“密码系统的数学理论”。同时，信息论（Information Theory）这个提法也是第一次出现在这个阅读人有限的内部报告中。因为，这是一份军事项目相关的保密文件。从传阅签注扉页上可以看到，这个文件的解密期限是12年，也就是说1957年后其内容才可以公开。当时，这份贝尔实验室的内部文件仅供参与X系统研究项目的相关人员传阅。

“二战”正酣的1943年，香农邂逅了另一位可算是“电脑”概念的创始人艾伦·图灵（Alan Turing，也有翻译成图林的）。图灵是一位神秘的英国天才数学家。当时，他在英国布莱切利园（二战时期英国政府的密码破解基地）负责德军军事情报通信编码系统——“英格玛（Enigma）”的破解工作。英格玛是德军最关键的军情通信编码，包括最高指挥部与当时最先进的U型潜艇间的通信都是采用的英格玛系统。图灵神秘地出现在贝尔实验室也是为了咨询语音通信的扰频技术，他研究的目标是破译、解码截获的德军情报，及时解码破译后交给英军的指挥所。与香农的研究“方向”正好相反，香农参与的“X系统”是加密、编码，为分别坐在美国五角大楼里的富兰克林·罗斯福总统和在大西洋彼岸的英国战事指挥中心的丘吉尔首相之间提供安全的加密语音通话信道。

香农和图灵常在贝尔实验室的餐厅中碰面闲聊。两人都是密码分析师，不过由于工作保密的规则，他们交流的话题并不涉及各自的工作，而是对信息科技未来的憧憬。当然，那个时候还没有信息科技一说，连晶体管这些基础元器件都还没有研发出来。但这并不影响两位几近天方夜谭式的想

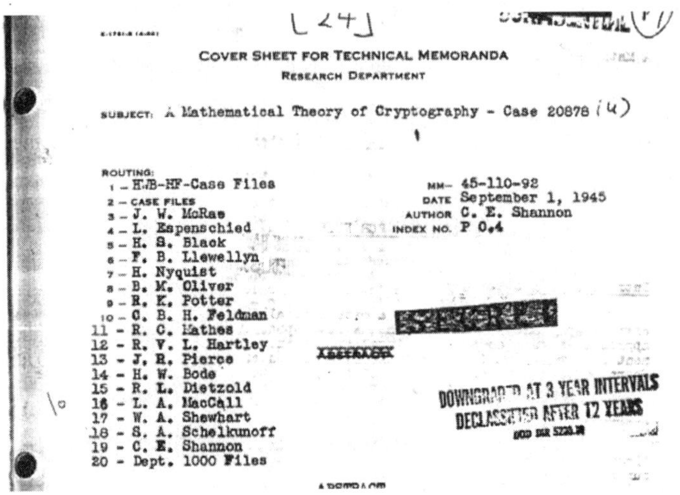

[redacted]

COVER SHEET FOR TECHNICAL MEMORANDA
RESEARCH DEPARTMENT

SUBJECT: A Mathematical Theory of Cryptography - Case 20878 (4)

ROUTING:
1 - HJB-HF-Case Files
2 - CASE FILES
3 - J. W. McRae
4 - L. Espenschied
5 - H. S. Black
6 - F. B. Llewellyn
7 - H. Nyquist
8 - B. M. Oliver
9 - R. K. Potter
10 - C. B. H. Feldman
11 - R. C. Mathes
12 - R. V. L. Hartley
13 - J. R. Pierce
14 - H. W. Bode
15 - R. L. Dietzold
16 - L. A. MacCall
17 - W. A. Shewhart
18 - S. A. Schelkunoff
19 - C. E. Shannon
20 - Dept. 1000 Files

MM- 45-110-92
DATE September 1, 1945
AUTHOR C. E. Shannon
INDEX NO. P 0.4

[redacted]

DOWNGRADED AT 3 YEAR INTERVALS
DECLASSIFIED AFTER 12 YEARS

图1.12　香农撰写的机密报告的传阅签注扉页

象、思考和交换看法。一直专注在数学和电子与通信工程的香农设想可以有注入类似于“文化”的电子头脑，比如说懂得音乐。天才数学家图灵反而更现实，他给香农看了他7年前的论文《关于可计算的数字》，他的“思维机器”不需要多么威力无比，“就是一个平凡的‘大脑’，只需要能像美国电报电话公司的总裁那样”按部就班地思维、工作即可。

图灵与香农的科研风格和思路都不大相同，尽管在编码和解码方面他们有很多相通之处。香农后来回忆说：“不知怎么地，他好像不大相信我的想法。他认为我们的方向有问题。诸多的消极反馈甚至令我有些害怕。”图灵对香农的信息论的形成未见有什么直接帮助，但在应如何计量信息方面还是有所助益。图灵当时用了一个叫作“ban”——以10为底数的对数单位计量信息量，香农后来是用比特——bit，也是我们今天用的信息计量单位。

从进入大学学习，尤其是研究生，直到工作以来，香农研究的课题虽然涉及很多方面。从工程技术到理论分析，从数学、遗传学到通信工程、密码技术，甚至还有各种机电器件的制作维修，他心中的主线还是通信技术，这个他认为“最数学的工科技术”。在普林斯顿做学者时，他曾聆听过韦尔的教诲：什么是理论，“理论要使感觉‘越过它自身的阴影’，丢弃假设，代表着至高无上，只需用符号表述，即可不证自明”。

三个世纪前物理学几乎无法前行，直到艾萨克·牛顿选用了力、质量、运动，甚至还包括时间，这些当时算是古老且含糊不清的词，并为它们赋予了准确的新含义。牛顿同时给这些术语定义了计量单位，使其适于在数学公式中运用。在此之前，（比如说）“运动”像从前的“信息”一样还只是一个软性的含义泛泛的术语。依亚里士多德学派的概念，运动涵盖了一大堆现象：桃子的长成、石头下落、小孩的成长、物体的腐烂，含义太丰富了。牛顿定律要实行，科学革命要成功，多数运动含义的变种就得丢弃。19世纪中，能量也经历了类似的变化过程：自然哲学家接受了这个曾经是表示力度或强度的词。在物理学家对自然的考量中，要给能量一个基本的地位，就要用数学方法来描述它。

好了，经过多年的积累、思索、研究，香农要把有关信息，尤其是信息传输和编码方面的研究做一次提炼、升华，令其“超越自身的阴影”，成为一套全新的科学理论，就这样诞生了这篇划时代的论著《通信的数理理论》。“信息论”也因此作为一个全新的学科而随之诞生。香农和他的这篇论文是一个标志，也是一个代表。同时代，为信息论的诞生做出贡献的绝非香农自己，尽管他的工作应该说是独立完成的。直接或间接对信息论的产生有贡献的科学家、工程师除上面提到的哈特利、维纳、冯诺曼、图灵等外，还应包括同是贝尔实验室电信工程师的亨利·奈奎斯特（Harry Nyquist）等，而且这些学者在相关的领域大都比香农更资深。香农是不是又一个“半路杀出的程咬金”？

5

"数字时代之父"香农的信息论——"通信理论"

《通信的数理理论》79页的长篇论文分成5大部分，30来个小标题，其中包含23个定理、7篇数学证明的附录，跨两期刊登在《贝尔系统技术》期刊1948年的7月号和10月号上（这是1922年创刊的内部技术杂志，当时为季刊，1952年改版成双月刊，1965年再改版成月刊，一直持续发行到1983年）。之后这篇论文又加印成单行本在电子工程师和通信领域感兴趣的人员中广为流传。论文表述了一个统一的通信理论，一个不局限于特定系统和技术的数学理论。

这就是后来公认的创立"信息论"的标志性论著，尽管信息论这个词最早是出现在同一作者香农1945年的一份内部机密报告《密码系统的数学理论》中。这篇论著的原始目的是描述通用通信系统的数理原理，是把一个原本属于工科范畴的技术抽象、提炼、概括、分析、论证，形成一门相对严谨的科学。现在我们看一看，它为信息科学、信息论的形成奠定了哪些基础。

信息传输的统一理论模型

1948年以前，严格说来通信是一个工程学科，支撑它的科学理论很少。尽管到20世纪40年代已经有大量的通信系统投入使用，可实际上，人们那时甚至更愿意把通信技术看作是一种“魔法”，而不是像今天这样自然科学中的一门学科。我们列举一下香农的论文问世前各种通信技术产生的年表：

- 电报 始于1830年代
- 电话 1870年代
- 无线电报 1890年代
- 调幅无线电 1900年代
- 单边带调制 1920年代
- 电视 1930年代
- 电传 1930年代
- 调频 1930年代
- 脉冲码调制 1930年代
- 语音编码 1930年代
- 扩频 1940年代

在这些通信技术中，各有各的一套理论与方法，基本都是从实用工程出发的。而从这篇论著开始，所有的通信系统有了一个统一的高度抽象的原理图。

在这个系统中，要传输的内容不管是什么都抽象成信息。信息都可以通过某种方式的编码、调制，最终转换成电磁信号送入信道。接收端从信道中获取信号，解调、解码还原成原来的内容送达受信目的地。如果传输过程中有了噪声干扰，接收端还有一个噪声信号的过滤过程，以保证所接收到的就是信息源发出的。后面，香农对编码的研究与论证可以通过编码解码的设计来保证噪声的屏蔽，实现无差错信息传输。

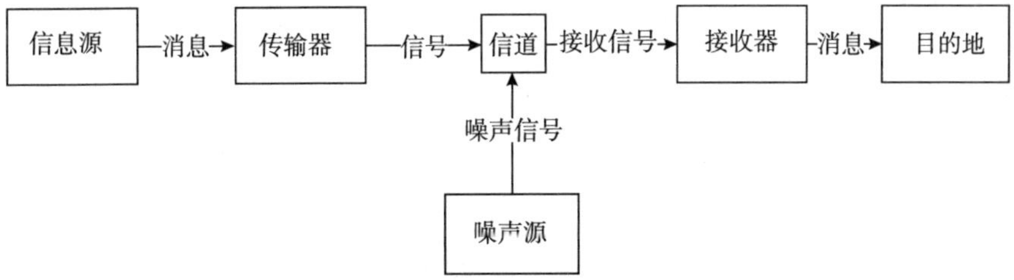

图 1.13 通用通信系统原理图（译自《通信的数理理论》）

信息的离散本质

香农在论文开始就揭示了一个重要的概念，他把通信系统归为三类：离散的、连续的和混合的。所谓离散的，就是传输的信息内容在送入信道前都可以编码转换成以一连串的单个符号组成的消息和信号。比如：电报中信息先是表示成字符串组成的消息，然后通过编码转换成点、线、空格组成的电脉冲信号。而连续的模拟信息，例如电视或电话内容，在那时就已经可以通过采样、量化、编码等技术转换成离散的形式。香农在二战时期参与的X系统加密通信项目实际上正是最早的实用数字电话系统。支撑其中的采样技术和编码方法—PCM（脉冲调制码），都是他的同事亨利·奈奎斯特（Harry Nyquist）研发的。

香农申明：信息本质上是离散的，而连续型或混合型都是离散型的一种特例。这一点不仅对通信专业，包括对电话交换技术，对整个计算机行业乃至信息科学、信息技术的发展都具有重大意义和深远影响。在这些理论被广泛接受和应用之前，人们更愿意用“连续”的方法和概念来认识、分析和解决问题。总在为现实生活中的各种问题去寻求一种分析数学的连续变化模型。在计算机领域，之前如微分分析仪等机械式计算机和发展初期的电子计算机多是模拟计算机。模拟计算机都是基于连续概念和分析数学理论基础的。由于认识的局限性，以及相关理论和技术发展方面的局限，电子计算机的发展初期，模拟计算方法占主流。自从出现和创立了信息论，发明了晶体管、集成电路以及以此为基础的开关电路，直到20世纪60年代前后才开始完全确立了数字式计算机的发展方向，模拟计算机也就逐渐彻底地退出了历史舞台。“离散”概念的提出实际上是打开了人们对客观世界认知的新通道，使我们的主观认识更接近客观实际。随之，布尔代数、概率论、集合论、图论、数理逻辑、计算数学等支撑数字计算理论的离散数学也逐渐兴起，成了应用数学尤其是信息技术相关专业的必修课。这些数学理论的发展和应用，为以计算机科学为代表和先锋的信息技术的飞速发展奠定了正确的方向和坚实的基础。

编码

我们每个人，每时每刻都在有意无意地进行着编码和解码，但大家并无意识，这只是一个习惯的自然的过程。绝大多数人可能一辈子也不会专门去注意，更不要说去研究编码，或许认为编码那不是数学上的东西么？可实际上，只要你活着，就要与各种各样的人交流，“交流”这个词在英文中与“通信”是同一个词“communication”。交流的内容，正是香农在这里定义的“信息”，而交流的工具通常就是语言。语言并不是信息而是信息的编码！这下，或许你会恍然大悟，原来之所以我们不能与外国人方便地交流，并不是我们谁不懂或不了解交流的内容——信息，而是我们没有共同的语言——编码。你多掌握了一种语言，从信息论的观点，就是多掌握一种编码的方式及其规则和模式（语法、修辞等等）。我们可能要重新思考和认识孩童甚至婴儿是不是真的不懂“事”，还是我们与孩子之间尚未建立起通信交流的“编码”——彼此能沟通的语言。或许我们又会联想人与动物之间的交流障碍在于我们没有共同的“语言”，即编码。之所以一些驯兽师、饲养员或动物爱心人士能与他们宠养的动物交流，是他们之间在某种程度上建立起了沟通的语言——共同的编码系统。

香农在文章中重申，通信工程和技术的研究实质上与信息本身无关。研究的目标是被传输的消息（也叫报文）、信号如何在可能存在噪声的信道中准确无误地送达目的地。传输前，信息如何转换成报文（消息），接收后报文怎样还原成信息就是一个专业的技术——编码和解码。

笔者在写作的过程正是把自己希望叙述或解释的内容——信息，用文字（我现在用的是中文汉字）编写并记录在电脑中（传统是书写在稿纸上）。这就是一个编码的过程，也有专业作者或撰稿人戏称自己是“码字”的，即：利用文字对信息编码。通过出版社的出版印刷，再经图书发行渠道发行，直到读者手中，这就可以比作“通信”，一种非实时的通信。读者阅读

图1.14 树木年轮

的过程就是解码。如果读者最终了解到了作者试图表达的认识、观点、看法等等信息，这个通信过程就是一次成功的信息传输。否则，就可能是通信中的某一个环节出现了问题和障碍。

语言，可谓人类最常用的一种“自然码系”。是人类数千年进化过程中形成的交流/通信工具。文字，也是自然码的一种，它同时还兼备信息存储和记录的功能。在信息技术发展到今天，通过语音的编码技术和数字存储手段，语言也可以用作信息的存储和记录。语言文字学家的统计研究表明语言比文字对信息的编码失真度小，模糊性低，效率更高。视频影像对信息的保真更好一些。因此，本世纪以来，“口述历史”的新方法已被越来越多地用来记录历史。

每种生物都有其自然码，记录着各自的历史和现状。显见的例证如：树木的年轮，一棵树把自身复杂成长过程的综合信息完整地记录在其坚固的本体，树干上。而其“种族”的遗传信息还通过其花粉、种子等传递给下一代。破解生物（不管是动物、植物，还是微生物）自身的遗传密码——生物信息，是了解进而影响生物遗传的基本课题。

在香农的信息论问世之前，编码解码的最高境界应算是密码术。尤其是破解码专家，他们就像今天的电脑黑客一样让大众咂舌称奇，倍感神秘。密码术研究的高手大都是罩着天才光环的“艺术家”，至少也是语言学家。那个范儿应该像福尔摩斯一般叼着烟斗或雪茄，把玩着字谜板（Puzzle），

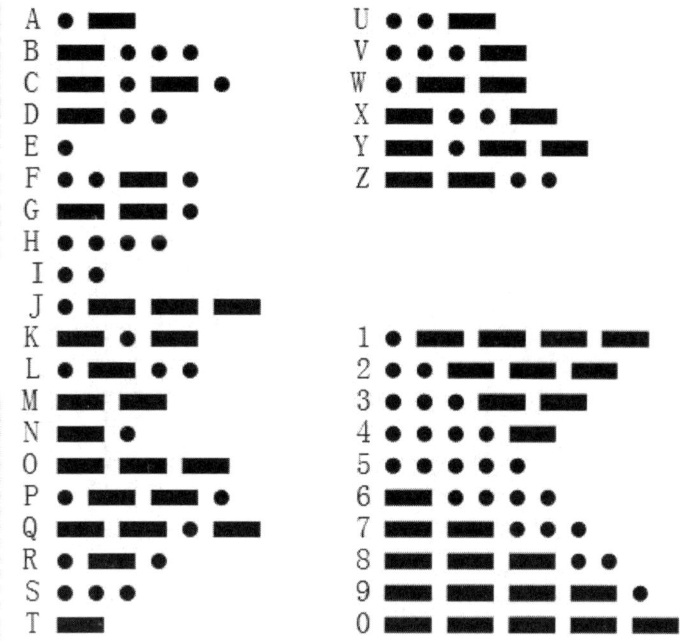

图1.15　电报码表

盯着围棋盘。图灵就是“二战”时期最著名的解码神手之一，但他已经在改变着人们对密码术和译码师的固有印象，因为图灵是数学家，是科学家，而非魔术师。香农的信息论实际上是从理论上把编码彻底变成了一门专门的科学。使编码、解码不仅广泛应用于信息科学和信息技术，更推广至遗传学、生命科学、物理学，甚至人文科学和哲学等等整个认知科学的方方面面。后面的章节我们还会做更详细的引述和讨论。摩尔码是通信中最早的标准编码。用短（•）、长（-）脉冲信号加上间歇（空格）的组合，就可以把由英文字符串和阿拉伯数码组成的各种报文转换成电信号。这种变长的编码并不适合于香农定义的离散信道中的高效传输，现在已经用得很少了。后来的电传系统采用定长的五位码，已经适合数字化，或离散信道了。数字计算机的基本字符编码系统叫ASCII码—American Standard Code for Information Interchange（美国信息交换标准代码），是1960年正式发布的。这个编码系统用足了7位二进制码的所有码位，涵盖了所有常用的英文字母和标点符号，还有33个不可见的控制符。这个码表正是在香农设定了信息的终极颗粒化为比特“0”和“1”后，第一个把符号转成比特的转换码。

香农的母语是英文，构成英文的基本元素——字母只有26个。大小写分开，加上从0到9十个基本的阿拉伯数字，常用标点符号，包括空格算一个，总共95个字符。ASCII编码表中，它们的代码是20-7E[①]。与之比较，中文、汉字的基本字符集就要大多了。常用汉字约3000个，《新华字典》收录了8000个汉字。

ASCII Code Chart

	0	1	2	3	4	5	6	7	8	9	A	B	C	D	E	F
0	NUL	SOH	STX	ETX	EOT	ENQ	ACK	BEL	BS	HT	LF	VT	FF	CR	SO	SI
1	DLE	DC1	DC2	DC3	DC4	NAK	SYN	ETB	CAN	EM	SUB	ESC	FS	GS	RS	US
2		!	"	#	$	%	&	'	(	)	*	+	,	-	.	/
3	0	1	2	3	4	5	6	7	8	9	:	;	<	=	>	?
4	@	A	B	C	D	E	F	G	H	I	J	K	L	M	N	O
5	P	Q	R	S	T	U	V	W	X	Y	Z	[	\	]	^	_
6	`	a	b	c	d	e	f	g	h	i	j	k	l	m	n	o
7	p	q	r	s	t	u	v	w	x	y	z	{	|	}	~	DEL

图1.16 ASCII码表

按香农的贝尔实验室同事哈特利的字符集大小决定信息量的定理，8000汉字的字符集，每个汉字的信息量约为13bits；95个字符构成的ASCII码表中每个字符的信息量为6.57bits，约为汉字的一半；仅有26个英文字母加空格组成的字符集中，每个字符的信息量仅为4.75bits。原因是中文是象形方块文字，单个汉字字符基本都有具体的意义，已成词，可造句。英文中，单个的字母还不能造句，要通过字母的组合形成词，词才可以进一步用来造句，然后成文。所以，中文的难度在起点，要掌握庞大的汉字字符集。学会了一定数量的汉字就可以造句，就可以出口成章了。掌握2500个汉字，就可以应付日常生活，阅读大部分非专业书刊，自如地交流。英文虽然基本字符集就几十个，很容易掌握，但要能说会用，还要先能用字母至少组合出两到三千个单词（word），才能开始造句、交流。不过，我们却会注意到，英文天然地存在编码的过程。你会拼写单词，已经显见地掌握了英文的基本代码转换——编码。这样，我们就不难从编码的角度理解，为什么信息论出自香农，出自英语这样的拼音文字为母语的群体。因为，他们每个人都是天生的

① 十六进制表示，换算成十进制是32-127。

编码师。而编码，如我们所讨论，是支撑信息论的基础之一。相比中国人，只有专业人士才了解编码是怎么回事儿。哪怕是那些著名的作家，写出了传世经典的诗词、文学作品，未必意识到，诗歌包括各种文字写作其实都是一种编码过程，是文学创作通过某种编码方式的完美展现，是智慧（信息的一种形态）的展现。

20世纪90年代初，笔者在香港与来自不同国家持多种不同语种的同事一起研习“面向对象”（object oriented）的程序设计时，一位漂亮的美国女博士曾说：哈，随着面向对象的方法的兴起，汉语为母语的工程师就会“占便宜”了，因为汉字是天生的图符，即“对象”，你们终于可以摆脱‘编码’的烦恼。直到20世纪80年代初，中文社会才逐步形成了中文汉字这种大字符集文字的通用标准编码《GB2312简体中文编码表》。这是计算机汉化或曰国际化的基础工作之一。笔者正是在80年代末以国际化专家的身份加入当时的世界第二大计算机公司——美国数字设备公司（DEC–Digital Equipment Corporation），专事以汉字为代表的多语种信息处理的研究与发展。

香农在酝酿信息论的过程中，主业正好是从事加密通信的加密方法研究。加密通信的原理与通用通信系统的原理实质上是一样的。信息送入信道前都要编码，用自然语言编码还是密码编码只不过是编码方式的不同选择：用作编码的字符集的选择以及编码模式的选择。自然语言的通信，比如用英文，字符集、语言规则，或曰模式都是通信双方自然共识的，可谓明码。密码通信，可以专门选定一组编码专用的字符集，并规定一种组码模式，称作密钥。这样编码过后的密文，对于不知道且未掌握密钥的人就似一堆莫名其妙的乱码。掌握密钥就可以对密文轻易解码，还原成原始信息。

除了基本概念的澄清外，香农在论文中对这个通信系统中的核心问题：编码花了大量的篇幅进行阐述和论证。为了严谨和理论化起见，论证过程大都用了数学定理和数学语言。讨论的范围包括以下诸多方面：

- 英文作为一种自然符号语言编码的特点及其冗余度
- 利用编码的冗余度实现抗噪或自动纠错传输的可能性

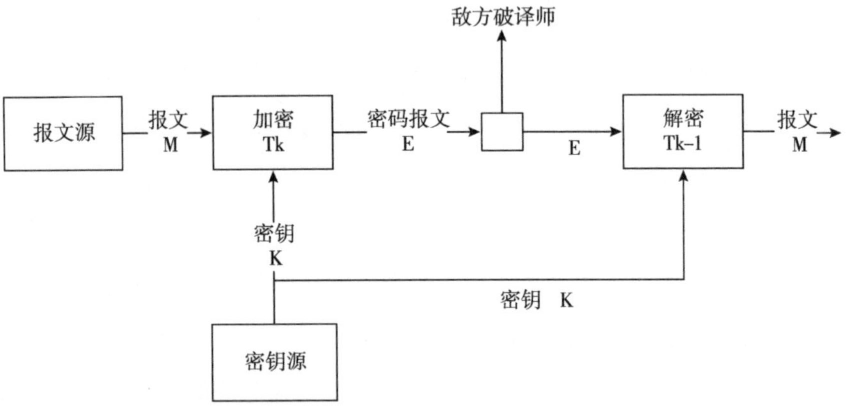

图 1.17 通用加密系统原理图（译自《加密通信的数学理论》）

- 各种不同类型的信息源，如：图像的采样和编码传输
- 编码与信道容量、传输效率的关系

比特（bit）：信息的终极表述和基本计量单位

衡量信息传输的速度和效率，需要有一种适合于各类信息通信的统一的度量单位。电报、电传的文字通信方式可以用字符来计算。不过前面我们解释过，不同的编码方式，每个字符最终传送的信号可能也不是等量的，用字符个数计算通信信息量或许并不够严密。电话这种语音方式，当时传输的信号都是电磁波，语速、频率都是因人、因传输技术而变的，信息量怎么算呢。按电量计算？这与离散的信息特性表面上看都存在疑问。况且，电量直接关系的是信号的传输，与信号中携带的信息量并非简单的线性关系。电视，静止或移动的图像信号传输当时也还都是模拟信号，计量起来更为复杂。Bit（比特），或“二进制数位”，香农在论著中，在计算信息量的单位设定时，选择了这个单位。

这个选择实际上引发并进而形成了整个信息发展的一个基础，不仅在信息的最基本单位，信息的计量上成了统一的标准，更是在信息的最终编码，信息处理的基本单位，信息系统的指令和逻辑控制，数值信息的计算数制等各个方面，比特成了一切的基础，从而为整个信息、信息技术、信息科学，乃至认知科学找到了“根基”！

从前面对编码的回顾中，我们已经了解到任何信息都可以通过编码转换变成字符；字符又可以通过字符集编码表用一组数码对应。数码传统的习惯多是十进制的。十进制： 以十为基数，0～9十个数字符号表示数值大小，逢十进位的计数规则。虽然，欧洲的一些国家文化传统上更习惯十二进制。中国早期还在称量中采用十六进制。但工业革命时期，世界标准化组织推荐在各种计量中统一地使用十进制。

可不可以再简单些呢？中国的一些古老的算术和传统学说，如：周易八卦中使用八进制。中国数千年前创造八进制的圣贤绝想不到，这种数制竟然能在信息时代融入了计算机科学的基础编码之中，并发挥功效。同样， 十六进制也在计算机科学中发挥了作用，焕发了新春，原因是它们都是2的整数指数值，$2=2^1$，$4=2^2$，$8=2^3$，$16=2^4$。

图1.18　八卦图

同样没有预见到的恐怕是时代上比中国古人与我们近得多的爱尔兰数学家和哲学家乔治·布尔（George Boole）。布尔在1848年出版的《逻辑的数学分析》（The Mathematical Analysis of Logic）中提出了用二进制数制①进行逻辑分析的方法。几年后，1854年布尔在他的另一部专著《思维法则》（The Law of Thought）中又详尽地介绍了基于二进制的代数规则和算法，这就是以他的名字命名的布尔代数。今天，布尔代数已经成了计算数学和逻辑学的基础课。不过，在布尔所处的年代“二进制”可是和者甚少的“偏门”，尽管它跨越了数学和哲学逻辑推理两大学科。可以说在这两大学科中

① 以二为基数，仅用“0”和“1”两个数值符号，逢二进位的计数规则。

财·材·才

“财·材·才”三个中文读音相同的汉字，意义却完全不一样。

【财】一个无生命的物体，也是一个特殊的介质，携带着一种标识性的信息：财产，价值。无论是远古的贝壳货币，还是今天的纸币、黄金货币或是电子货币，都仅是一个介质。当人们无从确切详细地评价一个人或事物时，常用这个标识做参照，说你或它值多少。物质交换时，它可以作为一个中介，来衡量和保证交换的相对公平。但是，没有外力协助，“介质”自己并不具有或可发挥真实的价值，因为它是一个纯粹的无机物。价值，“财产”又仅是一个信息，信息不流动不会升值。这就是资金为啥要流通，不流通没有升值的机会，永远不流通，价值就为“零”，就像土财主埋在他家后院的金元宝，如果不出土，还能值个啥？你都不知道它的存在！

【材】原指类似于源于树木长成的木材。环境、养分、水土、阳光的长期作用，树有机会自然长成、成材。从一粒可能并不起眼的种子，变成或许是价值连城的参天大树，其生长的过程中就已经发挥其价值，不仅自身成长，同时回馈环境。长成后，更可能价值连城。如果有人的帮助培养，或成材后的打磨，它都可能发挥更大的价值，造福人类。

【才】则通常指人，有才能的智者。信息有五种存在的形态（书中关于信息定义的章节有详细解释），从bit-数码到

它还都属于基础工具。相比来说，由于布尔的研究发展了莱布尼茨的形式逻辑和符号逻辑的研究，使其理论变得更具实用性。所以，在哲学方面对它关注得更多些。数学这一支，布尔的相关研究直到20世纪三四十年代，经后来多位数学家的进一步研究论证才被划入严肃数学范畴。即便如此，二进制对非从事数理逻辑和专业的代数数学研究的人来说还是十分生僻的。尤其是人们日常的数字计算都是习惯于十进制的方式，冷不丁说二进制感觉十分别扭。

可刚巧，香农在密西根大学数学本科学习的时期就研修了布尔代数。在麻省理工学院的硕士学习时，结合助理微分分析仪操作设置和操纵继电器、开关电路的经验而写出的硕士论文《继电器和开关电路的符号分析》正是布尔代数、布尔逻辑的一个经典应用案例。十多年来各种不同的研究工作经历，布尔代数、开关逻辑、二进制、数理逻辑，对香农来说早已熟稔于心，信手拈来。

不过，香农在写作此篇论文时还主要是专注在信息通信中信息的计量以及各类信道容量的计算。对“比

特”本身的描述，并没有像我们这里讨论的这么凝重和深入。

计算信息量的定理和公式是这篇论文中的著名的标志性亮点。

$$H=-K\sum_{i=1}^{n} Pi \log Pi$$

在这个公式中把对数的基数选为2的时候，其计量的单位就是二进制的数位（binary digits），即：比特—bit。这正是香农的建议。

wisdom-智慧。下面的四种，今天，都有可能交由计算机、IT设备、人工信息系统去处理。唯有智慧，只有“人”才能产生智慧，“人”才有机会把众多的知识加上自己的归纳、综合、思考、实践并推进到智慧层面！今天，尚无任何人造系统，比如机器人，可以具有智慧。把经过实践反复检验的，证明了的“智慧”标准化、规范化成知识，再去为大众学习、传播、使用，又可以产生新的智慧。这个过程，还是需要人才，需要人的参与。不是机器，人造系统可以完全做到的。所以，商业市场上的竞争，就是人才的竞争。作为一个企业拥有者，如果希望自己的企业能够基业长青、永续经营，你就需要找到具有创新精神，能够不断展现智慧的人才。否则，你只有“财”和“材”是不可能发展壮大的。你不能赏识人才、聚拢人才、善待人才，你期盼企业长期发展的愿望就只能是黄粱一梦。

信息：选择、不确定性、熵

“通信的根本问题是一端重现的报文是否刚好就是另一端选择的那个报文，或与其近似”，香农在论文的开始就对通信中所说的信息给出了定义。当信息用某一种编码表示成符号化的消息（或报文），再调制成物理方式可传输的信号发出。接收端则是根据收到的信号，在符号集中做一个选择还原成消息，最后，解码出原本的信息。一次通信的过程可以拆成一个个字符组成的字符串，逐个字符的传输，即：连续地选择的过程。每个字符是在一个有限的字符集中选择的。这个有限的字符集，就是编码用的码表。所以，编码是有章可循的，是在有限的字符集中拼写选择的，而非漫无边际地在茫茫烟海中猜。如果用硬币来表示符号，一枚硬币只有正面与反面，于是这个字符集就是由两个字符组成的，n=2。那么，每次从中选择一个的机会就是1/2。即：p1、p2均等于1/2代入香农的公式计算每个字符的单位信息量就是：

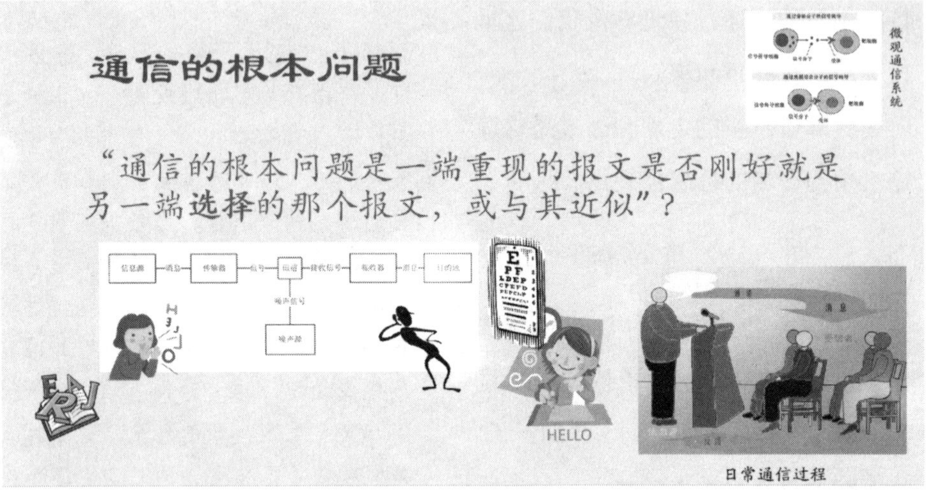

图1.19　通信的根本问题

H＝－1（1/2×$\log_2$1/2＋1/2×$\log_2$1/2）＝－1（－1/2＋－1/2）＝1

1bit。这就是可衡量信息的最小量、最小单位。如果硬币是一个错币，只有一面，或说两面图案都是一样的，没有区别，那么就不存在不确定型，也就不需要选择，也就没有通信的必要了，$\log_2 1=0$，没有信息，信息量为零。

同理可以简单算出，一个由32个字符组成的字符集，其每个字符的单位信息量约为5bits。这是不考虑字符组成单词时遵循的相关语言规则，完全是随机的选取。香农的公式中变量pi表示每一个参与信息编码成报文符号被发送方选择的可能性—概率（possibility）。

现实生活中的自然语言编码并不完全是随机的，是要遵循词法、语法、习惯等一系列规则。这里有个专业的术语叫模式（pattern）。我们还是以英文举例，用字母组词时，q后面大都会跟一个字母u。也就是说q后面马上有一个u的概率几乎等于1。那么，从通信传输的概念上讲u在这个地方就是多余的，是一个冗余字符，信息量为零。同理，th的组合，ch配对儿出现的频率都很高，都存在着编码意义上的冗余。再比如，冠词“the”在语句中一般也是冗余信息。在英文电报中这个词就完全忽略。当你直接用英语当报文传输时，不确定性减少，冗余度增加，其携带的信息量相对减低很多。香农当时的粗略统计，英文的冗余度大约是50%。这我们也就容易理解，为什么在现代数字通信中，文字，尤其是英文为代表的拉丁文字可以进行大幅度的压缩。用计算机算法进行压缩，你会发现实际的冗余度比50%还大很多。纯技术上的处理，通常都可以压缩掉60%～70%，甚至更多。

前面讨论过，一般通信概念中信息的本质是离散的；信息是依据某一种模式用符号编码后的报文信号传输的。那么通信的信息量就是这些符号在报文中出现的概率及其对数积的总和。这就是香农信息论的公式中定义的信息，及其定量的计算方法。它本身也是用数学的语言揭示了信息的离散性、不确定性和随机性。

这个公式恰恰与热力学计算热能量的统计力学计算公式相似。热力学的第二定律把这个公式的计算结果称作“熵”（Entropy）。

不知是单纯的巧合，还是香农有意为之。这个“熵”原本在物理学领域也是一个只有少数人研究涉及的、难以理解的生僻概念。很多人听了这个新词，看了这个公式也感到无从了解这与我们朝夕相伴的信息有啥关系。不过，在香农的这篇论文中，熵的概念虽然怪异，但也是最强有力的。

理论广为应用，概念依旧模糊

香农的论文一经发表还是在通信相关领域掀起了一阵旋风。世界各地的相关工程师、学者纷纷发函向香农索取论文的拷贝。1949年底，在沃伦·韦弗（Warren Weaver）促动下，香农和韦弗共同署名的同名专著《通信的数理理论》正式出版。韦弗是一位数学家，也是一位积极推动科研发展的科学管理学者，同时是研究机器翻译的先锋。韦弗在新书中拓宽了对香农的信息论的解释，阐述了其哲学层面的意义。

或许因为香农的谦逊低调，或许是香农的研究面毕竟有所局限，像大多数的纯理论一样成形都要有漫长过程，香农的信息论也未能一蹴而就、推出来就广为认同。专著出版后，科学界的评价各异。最早发表评论的是数学家约瑟夫·杜博，美国数理统计学的大师，他认为从数学的角度论述还不够严谨和完备，更像是一个建议。生物学界则认为：尽管论述中不乏令人兴奋的隐喻，但它基本上还是一篇工程专著，对人类问题研究用处不大。《哲学评论》甚至担心香农从热力学“熵”的概念衍生拓展出来的“信息”的概念可能误导哲学家。只有维纳教授在《今日物理》杂志上的评论比较积极正面。

维纳的评述写了五段，肯定了香农论著中最根本的概念——“信息量是‘熵’之负数”的定义是准确的。因为，他自己的研究也同时得出了这样的结论。这就是维纳的《控制论》，第一版也是在1948年出版，稍晚于香农的论文。维纳预言：这两本书应是开启一个新领域的双响礼炮，预示这个领域将会迅速崛起。不过，在评论中维纳也表示了作为广义的信息论，香农的研究范围还是太窄，也不够深入。比如，若没有着重强调人的神经系统，则对语言的处理就不完整。维纳认为“人的神经接受语言并把它传输进大脑”。六十多年后的今天，我们可以说，香农和维纳在信息论的创立和发展的初期都是功不可没的大师。信息到底是什么，尽管一直也没有一个完整全面的定义，但维纳那时的描述似乎更全面一些：“信息是人们在适应外部世界，并把这种适应反作用于外部世界的过程中，同外部世界进行交换的内容的名称。”在1948年出版的《控制论》中，维纳把人与外界环境交换信息的过程看成是一种动态过程，从信息自身具有的内容和价值上给信息下了定义。

“在没有设计用它的领域运用信息论恐怕是危险的，不过，我想危险并不能阻止人们对它的使用”，美国计算机科学家和计算历史学家，约瑟夫·立克里德（Joseph Carl Robnett Licklider）1950年的这段话，有预见性地概括了信息论在整个信息科学、计算机科学、生物、哲学乃至这个科学界应用和发展的脉络。尽管“信息”本身的定义尚未有令众人信服的统一说法，但正如维纳和立克里德所预言的，信息技术、信息科学、信息论的发展及其应用已经不止局限在其自身领域，而是改变了人类的生活，包括人类对世界和其自身的认识。这个发展进程至今还在延续着。

第二章
信息与信息论

1

"信息论"年逾花甲，"信息"仍无定论

自从1948年克劳德·香农首度发表《通信的数理理论》这部讨论信息通信的专著的半个多世纪以来，除了通信工程、以计算机为代表的信息技术有了翻天覆地的发展以外，人们也不断地在理论上探讨信息、信息论相关的理论性问题。

"信息—选择、不确定性、熵"，严格地说香农在其著作中并没有对"信息-information"本身给出一个完整的文字描述和定义。香农只是专注在信息通信和传输方面的深入研究与讨论。图书版《通信的数理理论》的合作者沃伦·韦弗（Warren Weaver）在他贡献的篇幅中，曾不遗余力地拔高信息论的哲学意义和涵盖范围："信息论"并非只关通信技术的狭义观点，相反，它涵盖了一切，"不仅是书面和口述语言，还包括音乐、绘画艺术、戏剧、芭蕾，实际上是所有人类的行为"。甚至，亦非局限于人类，怎知道发出信息的不是一台机器。没错，今天无处不在的各式各样的计算机无时无刻不在接收、处理和发出信息，它们都是人造"信息系统"。尤其是进入21世纪以来，这些人造的信息系统已经深入到了可以说人类生活的方方面面，几乎涵盖所有的机器、设备、系统，日常通信用的手机、电脑，出行代步的各种车辆，娱乐用电视、游戏机，生活用的电冰箱、洗衣机、到电饭煲、电磁炉，工作中的各种电脑、网络、生产设备自不必说，信息系统无处不在，而且几乎都已经网络化了。

香农在论文中延续并强调了他的同事哈特利的观点，排除通信中的“心理因素”，必须把“信息”从传输信息的手段、载体——“报文”中剥离出来，首次提出了计量通信中信息量的“熵”的概念，并定义了信息量的最小单位，实际上也就是信息可分解的最小颗粒为比特-bit。这些无疑是信息论诞生的标志。但是，香农在接下来的深入阐释和数学论证过程的确还是专注或曰局限在信息的通信技术及其理论的论证，更多涉及的是包装（编码）信息的报文（消息）及其传输工程中的种种问题。而“信息”本身确实是被“抽象”出来放在了一边。

图2.1　诺伯特·维纳

当年，表面上虽然赞不绝口，但心中恐怕最为不忿的当属诺伯特·维纳。维纳那时就已是知名的“神童”、科学家。他不仅18岁就获得了哈佛的数理逻辑博士学位，还曾游学欧洲，师从哈代、罗素等世界级数学、哲学大师。二战时期主导防空火炮控制系统的研发。因而成就了《控制论》这一科技史上里程碑式的专著。控制论本身探讨的核心正是信息的处理，即信息论。因此，维纳用“动物和机器中的控制与通信”作为《控制论》一书的副标题。只可惜，《控制论》仅仅比香农的论文晚发表了几个月，维纳大有起了个大早，却赶了晚集的感觉。维纳的朋友比奇洛曾特别强调：“无论如何，（控制系统）所传输的仅仅是信息，不是什么别的物理东西，如：能量、长度或是电压”。的确，防空火炮控制系统中要解决的核心问题是动态地跟踪敌机的飞行坐标信息和我方的炮位信息，并依此计算并控制火炮发射的方向、角度和发射时机，最终得出的控制指令还是信息。维纳其实很在意

第一章故事续

阿朵：女儿的画，请大大欣赏[开心]

周老师：非常漂亮

我妹妹的丫头也从小爱画画。学画画是非常好的学习方式！我的书中有一段专门讲信息论和画画的关系，应该还不短。就看最后的文字限制，能不能都保留下来。加油吧！

孩子观察事物很细腻，荷花茎就表现出了她的用心捕捉物体的细节，同时经过大脑抽象处理后，画笔展现出来的时候又没有丢失。强力表扬！

你要学会，夸孩子的时候，不能虚伪，一定要点出她哪里的进步，令你感动，让你欣赏。这样的信息，这种认可和鼓励，对她最受用。

阿朵：又学习了！好重要！

知道表扬要表扬细节，但是做得不好。不过看到周老师刚才第一段表扬女儿，第二段点出她画得好的地方，我的心里感觉就很不一样！第三段又强调说明了表扬要点出具体的地方，又是印象深刻！三段话，通过我阅读后的真实体验，让我又深刻意识到表扬要明确，不能泛泛而夸。谢谢周老师

阿朵：

昨晚饭前我拉着女儿的手跟她说：妈妈跟你说一件事，我要向你道歉。她有点惊讶。我说：昨天在上国画的时候妈妈不该当着小朋友的面批评你，不该要求你把夹子拿出来给她，妈妈跟你道歉。我看到女儿就忽然开心起来，跟我说：妈妈，妈妈我跳给你看我明天要表演的舞蹈。我说：妈妈等会看你表演，请问你可以原谅妈妈吗？她重重地点了头。我问她：那妈妈想知道一件事情，为什么上课前你想要把夹子给晨晨，为什么

课后又要回来了呢？女儿说：我觉得夹子很珍贵，又不舍得给她了。我说：那你知道吗？她拿到你的夹子很开心，被你拿回去了就不开心了。女儿不吭声了。我说：如果当时妈妈不在，你看到她含着眼泪跑出来，你怎么办？女儿说：我会再带一个更珍贵的东西给她。我说：你带什么呢？她说：我带给她我亲手画的一幅画！

我没再说什么，我意识到，当时是我做得的不对，导致她把火气都撒在晨晨身上，说晨晨不好，因为孩子的意识中是不敢怪妈妈的，所以就认为是别人造成她这么伤心的。我也担心她下次见到晨晨还是带有情绪，不过经过这么跟她道歉，她完全没负担了，也不会再怪罪晨晨了。而且我想，女儿应该也意识到自己拿回夹子令别人伤心，这样做是不对的。

周老师，您看，我做的是否还有疏忽的地方？

周老师：很好，非常好，非常棒！

如果，更完美的要求，对你哦，还可以借势鼓励她的绘画练习。告诉她，其实自己的作品更珍贵，那是智慧的创造。虽然，这些词可能她一时还不能完全理解，可是，谁不是从不懂到懂的呢？不需要主观地以为五年后她才懂，再教给她那些“深奥”的词不迟。借此，还可以赞美她的画作。激励她多去“创作”。不要在意那些买来的物品，那些越多越不值什么，而自己的创作越多越好，越多越精，越有价值！

阿朵：随时注意帮她培养和建立正确的价值观。谢谢周老师。

信息论的创立这件事情。火炮控制的研究与密码通信的研究同是服务于二战；一个是工程师出身的毛头小伙子，早年还在麻省理工学院曾作为他的老式计算机——微分分析仪的操作试验员，一个是享誉欧美的数学家、哲学家；一位是谦逊地认为自己只是一个数学家和工程师的年轻学者，一位则确信自己是当代最著名的哲学家之一，视科学为己任，雄心勃勃，激情四射，认为自己必将成为科技史上流芳百世的大师。维纳在回忆录中曾写道：控制论意味着“对人类的重新解释，对人类认识宇宙的重新解释，对社会的重新解释”。今天来看，把控制论与信息论等价的话，笔者相信维纳说得一点儿也不夸张。

当然，维纳教授也非空怀壮志。作为同期创立控制论和研究信息控制的科学家，他不仅在持续、广泛并深入地研究概率、统计、反馈，甚至包括人文、社会科学等一系列相关的课题。同时，也运用他的声望和广泛的人际关系，比香农更加执着地推动着控制论、信息论的概念被更多的相关学科，更广泛地接受和运用。

维纳在评价香农的著作时就提示到：若没有更着重地强调人的神经系统，则对自然语言的处理就不完整："神经接受语言并把它传输进大脑。我说这些并非恶意攻击"。这是维纳当时对人类对语言处理过程的基本认知。"在我的书中，有幸作为作者，我选择了更多地思索，同时涵盖了比香农博士和韦弗博士的选择更宽泛……不仅是篇幅，这肯定需要另一本书"，听起来有些居高临下。不过，虽然《控制论》对通信技术的研究没有香农的论文那么具体、深入且实用。但就对信息概念本身的研究，尤其是信息的实质定义，人机都作为信息处理系统的大胆的类比，甚至人机交互等的确要比香农全面得多。香农自己曾强调过：通信理论就其基本哲学观上可说欠了诺伯特·维纳教授一笔。另一方面，维纳也客观地指出：香农博士在开关与数理逻辑方面的早期工作要先于他自己在这个领域的兴趣，进而慷慨地表示香农博士在独立引入"熵"的概念，并奠定这样一个理论的基础上是功不可没的。

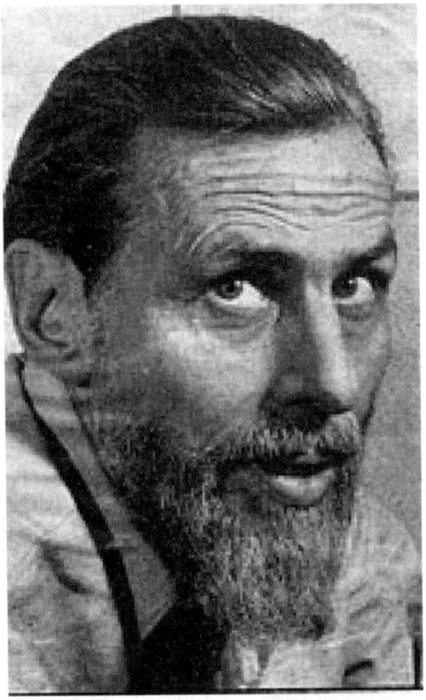
图2.2 沃伦·麦卡洛奇

20世纪40年代末50年代初，二战结束后，计算机器——电子计算机问世了。尽管那时候晶体管刚刚在贝尔实验室发明出来，尚未进入实用阶段，计算机都是电子管和继电器搭成的，非常笨重，通常重达三、四十吨。计算能力也非常有限，甚至远不如今天的一个小计算器，更不用说与现今的电脑相比。但"计算机"这个概念的出现，人们自然会想到：

图2.3　海因茨・冯・福斯特

机器除了计算是不是将会像我们人类一样思考？这时候出版的《控制论》，里面充满了有关人与机器的比拟和讨论；机器控制过程、逻辑推理方法、人与机器间信息处理和通信的概念。同时，其文字写得又那么激情四射，颇具感染力（全不像香农的理论著作，里面充斥着晦涩难懂的技术、专业术语和复杂的数学公式），使得维纳的这本书一下子就出乎意料地成了当年的畅销书。维纳也因此知名度大增。

一时间，科学界掀起了一股浪潮。“我们再次进入了科学发展的巨变期，以其自身的方式，像前苏格拉底阶段”，一位白胡子老头，美国神经生理学家沃伦・麦卡洛奇（Warren McCulloch）在会晤英国的哲学家时发出了这样的警句。在听了维纳和冯诺曼的一番争辩后，麦卡洛奇心中得出了这样的结论，他说：“一种全新的通信物理学已经诞生，形而上学或将完全改变。在科学史上我们将第一次知道我们是怎样‘知道’，然后还可以清楚地表述出来。”他兴奋地跟大家说：这个神奇的“知识分子”就是计算机器！听起来有些“妖言惑众”，当然，因为那时计算机还是一种神秘的庞然大物，的确只能做很有限的计算。正是在沃伦・麦卡洛奇的倡导和推动下，随着控制论、信息论而诞生的一系列新概念迅速渗透到了其他学科。

麦卡洛奇用他的威望和号召力，在小约西亚・梅西基金会的资金支持下，召集当时众多热门的前沿学科聚集一堂，在纽约举办了一系列研讨会。这就是美国有史以来最具规模和影响的交叉学科交流系列年会——梅西会议（Macy Conference）。参加的学者有来自社会科学的人类学和心理学（其当

图2.4　香农

时也正在寻求新的数学基础）；以混合方式命名的医学分支，如：神经生理学；其时还是并不太科学的学科，如：精神分析学。麦卡洛奇邀请了所有这些学科的专家，再加上数学界和电气工程方面的学者。每个学科麦克洛奇都邀请至少两个颇具影响和有代表性的专家。麻省理工学院的维纳教授和普林斯顿大学的冯·诺依曼教授作为令人敬畏的数学家自然是其中的核心成员。会议初始阶段用了一个庞杂的名称“生物和社会系统中的循环因果和反馈机制研讨会”。1950年后，鉴于维纳和他的《控制论》的声名鹊起，大家接纳了美籍奥地利物理学家和哲学家海因茨·冯·福斯特（Heinz von Foerster）的建议，把会议的名称改成了“控制论研讨会”。之后的系列会议上，“信息论”这个全新的、生涩的，甚或略带猜疑的术语竟成了习惯用语。在他们各自的世界观中，“信息”到底应该归于哪一类？那时还远没有弄清楚，甚至直至今天，大家也未必都有了完全清晰统一的认识。

维纳在会上曾告诉大家，所有这些科学，尤其是社会科学压根研究的就都是通信，而且其统一的概念就是“消息”。在信息技术、信息科学已经相当发达的今天，当你读完这本书，彻底弄清楚了信息到底是什么后，多半会得出同样的结论。

香农作为通信方面的专家，信息论的创始人、二进制逻辑应用的建议者之一，甚至还包括语言的冗余度研究和机器鼠走迷宫的应激、反馈、决策等实验装置的研发，曾数度作为嘉宾被邀请参加系列梅西会议的研讨。

麦克洛奇与福斯特、维纳等掀起的这股控制论、信息论热的确得到了众多相关学科领域的包括大众的关注。不过人们对信息的认识还是过于局限在信息的通信，基本都在自然科学界的学者中探讨。一些持批评态度的科学家甚至认为研发会思维的机器，用机器替代人可能有悖伦理道德。这或许在一定的程度上也阻碍了对信息、信息论在哲学和社会层面的深入探讨和研究。今天，从生物技术上“克隆”已经不再是一个稀奇的事情。但是，是不是这个技术可以在人类应用还有这巨大的人文、道德、法律层面的障碍，争议之声不绝于耳。不过，这并不影响以治病、生理器官修复和再生为目的的器官克隆的研究和应用。人造血管、人造骨骼等器官都已运用在医学领域。只是这些器官基本还是纯物理装置，并不具有所谓信息处理功能。实用的生物芯片已经嵌入了DNA的片段，遗传基因，貌似生物系统与物理系统间通信的通道已经打通。不过目前的应用还多限于辅助“线下”生物信息处理，如：基因表达水平测试、基因诊断、测序，药物筛选等。心脏起搏器应该算是实时加入进了人体信息系统的人造辅助工具。人造视觉器官、人造皮肤等都还在研究和试验中。

不过话说回来，作为一个完整的理论，信息论还是需要澄清一些基本问题。信息，作为一种现实中的存在，我们不得不交代清楚信息到底是什么、信息的来龙去脉、信息的存在形式和可能的处理方式、各类信息具有哪些共性和特性等。在信息论刚产生之时，相应的信息处理技术还都处于萌芽期，这使人们对信息的认识，以及如何运用信息论的观点来认识和解释客观现实都还很难展开。到了信息技术，包括信息科学，以及以信息技术为基础、随信息科学而发展出来的其他交叉或混合学科， 如：生物信息学、地理信息学、医药信息学、化学信息学、人类信息学、图书信息学、经济信息学（据统计大概已有50 余种分学科混合信息学）等等已经发展到了相当广泛、深入的今天，我们有条件，也有必要来再次梳理这些基本问题。

2

至繁至简的信息

信息的定义

要研究信息学、信息论，我们绕不开对信息的定义，那么到底什么是信息呢？既然它又是信息哲学，我们还是先从哲学角度来思考一下。

在中国，说到哲学，我们首先想到的一定是“唯物主义”。唯物主义的第一句话就是“世界是物质”。那么接下来我们就会问，你怎么知道世界是物质的？是客观存在的，是我们看见的，我们听说的，我们感知的。通过我们的眼耳鼻舌身，我们的五官，我们的身体，我们就能感知到这个世界。那么我们感知的是什么呢？当然，就是信息！我们是通过信息感知的这个世界。例如：我们之所以看到一个物体，是因为光线照到了这个物体上，反射到我们的眼中，我们凭借着光这个信息介质，感知到这个物体，包括它的形状、它的几何尺寸、它的表面颜色、甚至包括它的质地。用哲学的语言，就是这个物体的属性。换句话说，我们是通过信息来认识事物的。我们也只能通过信息来描述一个物体。

除了我们亲眼看到，我们也可能听说，也可能从书本上了解到那些我们不能直接看到的东西。当然，这更是信息。我们其他的感觉器官，对这个世界的感知，也是通过信息。

那么唯心主义呢？唯心论的基本观点是“我思故我在（I think ，therefore

I am）”——法国哲学家勒奈·笛卡尔，而你的思想如何来表达呢？还是只能通过语言、文字，以及其他的形式，比如说音乐、绘画、肢体动作、行为艺术等等。毫无疑问，这些都是信息。

于是我们可以这样总结：“信息”是人类对事物存在的客观认知和对主观思维的具象表述。

客观世界，我们只能通过“信息”来反映（描绘）、认知、研究；主观认识或思维，也只有通过“信息”手段来表述、传播、交流。

因此，“唯物主义”与“唯心主义”在信息哲学的范畴里可以“欢聚一堂”，并无矛盾。

信息——至繁至简

世界上最简单的是信息，最难弄懂的还是信息。这不矛盾么？一点儿不矛盾，看到后面你就明白。

繁，因为信息表现的最高层级或曰形式是“智慧”。智慧是人创造出来的，只能是人。可以称作“智慧”的信息都是不同的，是现实中第一次出现的，是层出不穷的。你说，除非你就是那个“智慧”的创造者，你能懂么？甚至有些“智慧”的创造者，在其刚刚创造出来时，也还不能完全理清楚，还要陆续重复和验证。当其成为“普遍真理”的时候，智慧已经“降格”成“知识”了。知识则有机会传播，可以用来解释某一类事物的普遍规律，帮助后来者更好地掌握这类事物的发展变化规律。

简，因为信息不像其他实物，实物是没有最小的。而信息有，信息的终极最小离散就是0或1，bit-数位！所以，你只要弄懂如何把你的信息准确地转换编码成“比特”值，又能够从0或1组成的数位形式还原转换回去，你就彻底通了。

信息技术-IT，Information Technology的核心作用就是把各种形式的信息，在bit和其适合表示的最高层级形式间的转换。

信息的基本特性

①信息非物质、非能量[①]。

②信息没有质量，独立无形，即：不可见，摸不着（在无信息介质依托的情况下）。

③信息寄存于宿主介质（media）或曰载体（carrier）之上（详见信息介质），脱离介质即刻消失。

④信息具有流动性，不流则“亡”，世界是因为信息流的存在才存在。

---

① 诺伯特·维纳在其著名的《控制论》中写道：“信息就是信息，既非物质也非能量。”今天，没有哪个唯物主义者不承认这一点。

⑤信息易生、易灭、易复制（又难以完整复制，可复制性随存在形态不同而不同）。

⑥信息是现实中唯一单向有极值的，最小值= 1 bit，编码度量={0，1}。

⑦信息不对称→info gap是常态。

于是，“沟通”几乎是人类永恒的问题，因为信息不对称的存在。沟通、通信的目的正是使需要相关信息的人及时地获取到他所需要的信息。

信息的形态

信息以如下五种形态（Pattern/Modality）中的一种存在于现实中，依附于某种信息介质上：数位（Digital）；数据（Data）；消息（Message）；知识（Knowledge）；智慧（Wisdom）。

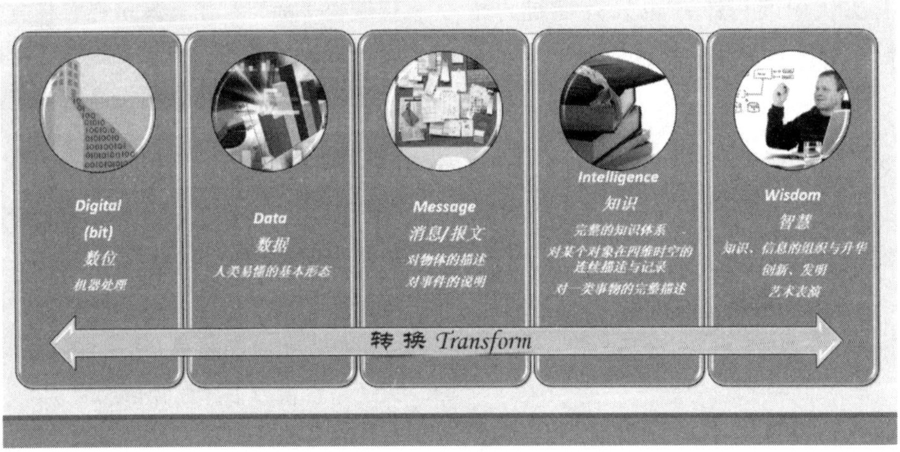

图2.5　信息形态

人们出于对事物的认识，和对已认识的事物进行处理、操作与控制的需要，信息会在这个形态的链条上不断地转化和变换（后面有专门章节详细讨论信息转化的原理和可能方法）。

信息载体

承载信息的媒介可以是：

①一般载体——天然的或人造的。如：岩石、树干、纸张、画布、塑料、瓷砖、半导体存储芯片、光盘、磁盘，它们除了纯粹的信息承载能力，不能（或是很少）主动产生信息，且不具备其他的信息处理能力。

②信息系统——所有的生物，包括植物、动物，人类自身， 以及物理系统，如：电脑、电视、电话等这些人造的信息处理设备。信息系统不仅有信息的存储记忆功能，还能够产生信息，也可以对信息进行处理和加工，对信息进行“变换”，包括信息的通信传输。他们都有主动性，无论是生物自身的主动能力，还是被人类创造并赋予的“智能”——人工智能（AI- Artificial Intelligence）。

信息系统

能够实现信息在不同形态间转换的通常就是信息系统。任何一个信息系统都有五种信息处理的功能：

信息采集- collect

信息存储- store

信息处理- process

信息传输- transmit

信息展现- present

其中只有采集和展现是系统的对外联系，其他三个均属于系统内在功能。

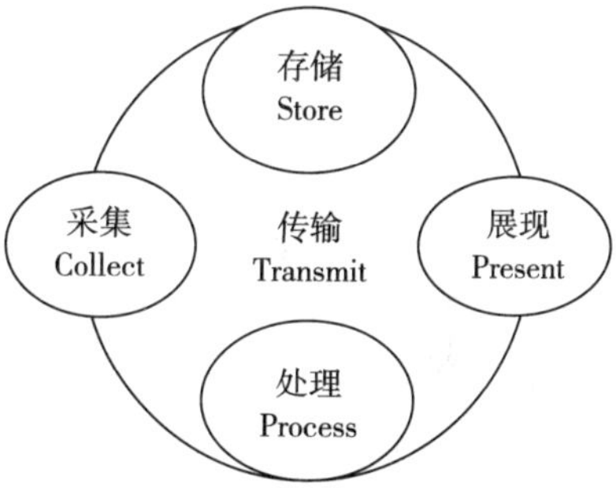

图2.6　信息系统五大功能

信息展现形式

信息的展现形式通常取决于受信体或受信系统对信息的接受或采集方式。人作为一个信息系统，我们通常主要是靠眼睛和耳朵获取信息，与其对应，最常见的信息表现形式是： 文字-text、声音-sound、图像-image、影像-video。除了文字外，多数动物也具备声音和图像、影像信息的处理能力。

我们的触觉、嗅觉和味觉等器官（鼻舌身）也可以采集到以某种电磁波、气流、液体流动或波动带来的各种气、味粒子（分子或离子），或热分子携带的特殊信息。植物和微生物等生物多会依靠这类形式进行信息处理和通信。

计算机系统，这个今天无处不在的人造信息系统间的信息交流和通信形式多是以声光电磁信号传输的数据-data。

3

“信息”的原委

信息是对自然的认知

信息是对自然世界的客观认知。人们对客观事物的认识和了解大都是通过其物理形态和属性来判断和分类的。比如说：我们看到自然界的一个物体，如石头，通常是因为有光线照在石头上，其反射光进入了我们的眼帘。于是我们就可以了解到这个石头的存在，及其形状、大小、表面的纹理或质地。如果需要进一步了解，我们会用手触摸它，可能的话把它拿起来，便可以进一步感测它的重量、硬度、甚至判断其种类，进而评估它的用途、价值等。那么我们关于这块石头得到（采集到）的是什么？或说石头传递给了我们什么？信息，关于这块石头的信息。同理，自然界的任何物质，都可以通过其对声、光、电、磁、力场或热的反射或反应被人类感知并认识。若是动物、人类自身，或任何生物则其自身还可能会主动发出信息，与我们进行所谓“通信”来彼此相互了解和认识。那么他们本身就是一个信息系统，或伴随着相应的信息系统。

约翰·爱琪贝尔德·惠勒（John Archibald Wheeler），20世纪最后一位物理学巨匠，也是最后一位离开世界的爱因斯坦的同事，他还是核裂变的先驱、波尔的学生、费曼的老师、“黑洞”的命名者。惠勒善于使用包括创造警句格言。1989年他给出此生的最后一条“格言”，是有关信息的：“它源于比特”。他的观点当时看起来有些极端，是非物质主义的：信息在先，其他一切随后。“或可这样说”，他补充道：“每一个它，每一个粒子、每一个力场、甚至连续时空自身皆源于‘比特’，衍生出其功能、其含义、其特有的存在…”（这里的“它”泛指自然界的一切物质）。

惠勒断言：“未来，要了解和解释物理学的一切都将需要用信息的语言。”何止是物理学，在我们今天看来，应该说是一切学科。

信息是我们对物质的认识、了解和描述的工具，也是我们研究和发展各种学科的基础工具，甚至是一种有效的方法，而研究和发展的结果也是信息。每一物体都对应有相关的信息。小到一粒沙子、微观的一个生物细胞、一个分子或更小的核子、粒子，大到地球、更宏观的星际、整个宇宙，人类都是通过采集这些物体自身属性及其状态相关的信息，来认识、解析并与之交互的。

在对细胞间通信进行了三十年的研究后，哥伦比亚大学生理学教授沃纳·罗文斯坦（Werner Loewenstein）说：“信息的循环已经成为生命的单元。”他提醒我们现在信息的含义更深了：“它意味着组织和秩序的广义准则，并为其提供了准确的量度。”基因也有着相似的文化：文化基因。在文化的演进中，文化基因是一个复制品和传播体——一个概念、一种时尚、一个链接或者恶魔邪说。糟糕的时候，文化基因就是一个病毒。“生物信息学”已经成为世界很多著名院校的重点专业。

除了“物”以外，还有“事”——事件（event）。什么是事件，简单地说，事件就是物体随时间变化的变化。包括：物理上（空间位置、形状、组合或拆分）的、化学（属性、性质、化合或分解）上的、生物（生、衰、变）上的。换一个更学术点的说法：事件是物体随时间变化的函数。在时间轴上，每一个物体都存在一个相应的状态。变或是不变，自身变化或是被改变，构成了一个个事件。要想了解这个变化，甚或进而影响这个变化过程，就要通过相应的“信息”。一个物体的变化，或多个物体的交互，都构成了事件。每一事件的存在，也一定伴随着表述事件的信息。否则，事件也就无从被我们感知、了解和认识。

所有自然界的一切，人类要认识、要了解、要追踪、要研究、要控制、要记录，都必须通过信息。正如美国麻省理工学院的机械工程教授，自称为量子机械师的塞思·劳埃德（Seth Lloyd）所说："地球、空气、火焰，还有水终究都是能量，但其形式的不同取决于信息。做任何事情都需要能量，而指定做了什么需要信息。"

事与物，构成了我们的客观世界。借助信息，我们才可以认识这个客观世界，与这个世界交互——通信，更好地生存在这个世界中。因此，我们可以归纳：整个世界上除了物质（实物）还有的就是信息，也就是说世界就是由物质和信息组成的。我们无时无刻不包围在信息之中。人，作为一个信息系统无时无刻不在自觉或不自觉地运用和处理着信息。

不过，切记维纳的警句"信息就是信息，既非物质亦非能量"。人们很容易因为信息载体的物化，错把信息认为是一种现实中客观存在的物质。这是信息概念中一个极易产生的误区。信息是人类对客观的描述和记录，信息并非客观存在，尽管客观存在是通过信息来描述、记录和解释的。我们在研究信息时，一定要分清信息与其表现形式，和其载体是两个独立的概念。

比如：天会下雨是自然界的一个客观现象。人类是把这个自然现象，一个信息，通过语言文字定义（编码）成了"下雨"。"下雨"这两个字仅仅是对此信息（客观现象事件）的一种编码和记录。我们当然也可以用其他的编码替代下雨这个词，比如：降水。而英语世界的人们当然不可能用汉字这种"编码"，他们将其表示成rain（下雨）。不同的民族、国家各有他们自己常用的语言——自然编码，来表示这同一个描述客观现象的信息。下雨这是一个客观存在的现象，但是否会描述并记录此次"下雨"事件取决于人。如果这个雨下在荒无人烟的地区，根本就不会也没有必要记录这个具体事件，也就不会产生任何相关的信息（除非为了天气预报的原因，通过卫星遥感等手段做宏观统计记录）。而哪怕记录，使用不同语言的人对这同一个下雨的客观现象——信息的描述形式也可能是不同的，即：他们使用不同的信息编码。

总之，物是现实中存在的物体，不管它是天然的还是人造的，不管是生物、非生物，还是能量，不管它是不是可以被直接触及，人类都是通过描述它的信息来认识和定义它的；它的属性、状态、变化也都是通过相关信息来记录、追踪、研究，甚或操控的。

信息是思维的表述

世界是物质的也是精神的。说起来这已经进入了哲学的范畴，这里我们要讨论的是有关信息基本定义的后半部分，也是当今多数关于信息论和信息这个概念的讨论中常常被遗漏或忽视的。信息除了是人们对自然世界的客观认识外，又是对自身主观思维的具象表述，也就是我们精神世界的具象展示。更直白地说，所谓精神实质上就是信息。

人类区别于其他生物的最主要特征是思维能力。我们的所思所想要为他人、外界所知晓，就需要以某种方式表达出来，语言、文字、图画，甚至是通过手势、眼神等肢体语言，只要能传达到受信体并为其所接收和解读。听起来是不是与香农在其《通信的数理理论》描述的通信一模一样，这正是信息通信。

思考的人把他思考的内容——信息，传输给他希望转达到的信息受体，另一个人或信息系统。这个信息可以是对一个事物的描述，也可能是完全脱离开现实世界的，全新创造的内容，比如： 一个现实中根本不存在的科幻故事或寓言神话、一幅抽象派的画作、一个妙笔生花的概念或设想等等。

思维信息的展现、传达必须借助于某种编码，它可以是自然语言、文字、绘画、图示或者音乐等等；通过媒介，声、光、电或是纸张、画布、木板、陶瓷，甚至石块、泥巴等这种最古老最原始的介质；最终到达受信体——另一个人，或者是计算机，U盘等信息存储介质或各类信息系统。

上世纪中叶，心理学毫无进展。所有该领域的科学家感到最困难的是说不清楚自己研究的到底是什么。开始时，研究的对象是“精神”，与身体

（人体学）和血液（血液学）相对应。“心理学是寻找人的灵魂及其效用的学说；如果没有这一部分，人就无法存在”，十七世纪吉姆斯·德·贝克曾经这样写过。然而，只其定义，“灵魂”就是不可言喻的、难以获知的东西。长期以来，弗洛伊德（Sigmund Freud）的研究途径成了心理学研究的唯一选择。在美国，一手构造出心理学原理并撰写了第一本通用教科书的威廉·詹姆斯（William James）教授恨不得洗手不干了。他在自己的《心理学原理》中曾写道：我所做的一切“无非证明了两点：第一，根本就不存在心理学这门“科学”；第二，W J（教授自己名字的缩写）无能”。

在俄罗斯，因研究“消化”曾获得诺贝尔奖的心理学家伊万·巴普洛夫（Ivan Petrovich Pavlov）十分反对当时的心理学，反对过分强调“心灵”、“意识”等看不见、摸不着的仅凭主观臆断推测而得的东西。他甚至威胁说，如果有谁胆敢在他的实验室里使用心理学术语，他将毫不留情的开枪将他击毙。巴普洛夫认为根本没有心灵，只有行为。心理状态、思

语言/编码，信息沟通表达的艺术

我们在日常交流中，如果建立起了沟通的信道，频率也适合，礼仪也到位，那么是不是我想说啥就可以说啥了？信息一定就畅通无阻地可以传递过去了么？那不一定！上述都是沟通的“技术”条件，沟通的“艺术”才开始。

这就是你要用什么方式编码，来传达你的信息，承载信息的“运输工具”、载体是啥？你是说，是唱，是写，还是画，或许是眼神，是动作……

形式对效果-预转达的信息，展现的内容，非常重要。当然，前提还是对方可以接受的，能够解码的“编码”或叫语言，而不一定是你最擅长的“语言”。如果你只是站在自己的角度考虑，多半会落入“炫技”的误区，而失去了信息传递的效果。这是常见的误区！看了车展，没记住车的品牌，只看见了美女，就是典型的例子。

在对方可以解码的和通信环境允许的条件下，有多种“语言”可选时，一定要选择效率高的那种。比如：图表一定比文字效率高；肢体语言比干巴巴的自然语言效率高；唱的会比说的好听。

可是效率高的语言通常会有多义性，如果对方跟你的“码表”或“字典”不尽相同你也要慎用，或有预先的“密匙”约定。

机器间的通信只一个技术，但是有人参与的沟通就是艺术。艺术需要有技术的支撑，但不是有好的技术就一定能把握住沟通的艺术，达成沟通的目的。今天，智慧还只能通过人来产生和发展，事在人为。

维、情绪、目标，还有目的，所有这些都是无形的、主观的和无法触及的。

信息论的出现给了他们新的出路。香农信息论的构想似乎让心理学家和生物学研究者找到了一个他们从未注意过的方向。将外部世界看作是消息源，而受信者就是心灵，这样来考虑问题作为一个心理学家之前几乎是没有可能想到的。反之亦然，我们的心灵就是信息源，我们的所思所想，要想让外界知道，我们就必须用某一种编码将信息转换成为外部受信体可接受的方式展现出来，或是语言文字，或是绘画诗歌，也可以是行为艺术语言。自此，以信息论、信息传输通信为工具和基础的一系列心理学、生物学、仿生学、遗传学、神经生理学的研究和发展进入了一个新阶段，迄今方兴未艾。这样看，唯心主义是否也可以释然了。

人们忙于把信息处理技术和方法用于各种学科研究，好似没再有人来关心为“信息”本身做一番梳理，给出一个确切和完整的定义。所以，在我们讨论之前，关心信息是什么的多是理工科学者、计算机学家、软硬件工程师、物理学家、生物学家，很少有人文学者涉及，尚未发现有人这样来定义：信息是对人类所思所想的表述。

信息论是哲学

没错，你可以明显地意识到当我们这样深入地探讨信息的原委时，已经把它从定义上就归入了哲学的范畴。因此，我们这里介绍的信息论，已经远远超出了香农的信息通信相关的信息论，也超出了维纳的《控制论》中定义的信息论[①]。这里我们权且称为“广义信息论”[②]，实际上就是哲学。

上世纪80年代，开始有学者提倡创立信息哲学，中国最早明确提出建立信息哲学（PI-Philosophy of Information）的是西安交大的哲学教授邬焜

① 尽管维纳已经拓展了香农的信息论，且在宣传和推广他的控制论的过程中，着意拉入了人类学者、社会学家和神经生理学家、生物遗传学者

② 之前也有学者认为，维纳的信息论就是广义信息论。但不管维纳还是后来的其他学者，都还不曾把精神完全纳入信息的范畴，定义为信息

先生。之后，英国牛津大学沃尔夫森学院的卢恰诺·弗洛里迪（Luciano Floridi）博士也独立提出了信息哲学和信息（计算机）伦理学。但是，或许是因为“信息”的定义这个基本问题还存在着很多的分歧和讨论，这个“新创”学科的参与者十分有限，进展也很缓慢。弗洛里迪在2008年曾经应邀来到中国，分别在中国社会科学院哲学所、北京理工大学、中国人民大学、北京大学以及西安交通大学就信息哲学的最新发展做了五场讲演。有趣的是，弗洛里迪从古到今旁征博引，谈论内容围绕着信息从自然到人文、从历史到哲学、从物理到生化、从发展现状到面临的18个大问题，就是未见给信息本身做一个完整的定义。

哲学—philosophy是一个外来词。哲学属于元科学，是研究客观世界上的普遍规律的科学，是研究自然界和人类社会发展中的一切普遍规律的科学。它通过研究自然界、人类认识、人类种族和人类社会发展中的普遍规律，为人类认识、人类种族和人类社会的发展提供一切普遍适用的科学的认知方法和实践方法。正如我们上面所介绍的，信息正是认识客观和表述我们主观的所识、所思的基本工具和媒介。信息论本身自然就已经超越了通信、数学、或电子、材料、物理、生物、生理等自然科学的范畴，跨入了哲学范畴（笔者认为是否有必要再去单独抽象出来一个所谓信息哲学是值得商榷的）。

返回来，通过对信息论的研究或许可以对传统的哲学，尤其是认知相关的命题和假说进行进一步的梳理，促使传统的哲学认识和观点焕发新春。例如：在这里，以“世界是由物质构成的”为基点的唯物论和以“我思故我在”为代表的唯心论是否可以得到某种程度的融合。物质必须通过信息认识和描述，而思维—精神世界也正是信息的表述和交流。于是，作为哲学，“广义信息论”应该是唯物论与唯心论的同一归宿。

4

信息形态

数位bit–数据data–消息message–知识intelligence–智慧wisdom

信息随着人们对事物的认识和对已认识的事物进行操作与控制的需要，而在这个形态的大链条上不断地双向转化和流动着。

先让我们来看一个例子——数码摄影。当摄影师发现一个现实中的美景，举起数码相机，构图、取景、按下快门。此刻，在光线的帮助下数码相机立刻把现实场景，通过半导体感光器件，采集→处理（编码）→记录到了相机的存储介质上。这个过程相当于把从客观世界捕捉到的一大堆物质及其即时的状态信息化，或曰数字化。如果我们把现实景物比作“消息”的话，就是一个“消息→数据→数位”贮存在存储器上的过程。稍后，当我们需要向家人或朋友展示拍到的景象时，我们可以在电脑或电子相框、手机等任何一个可显示图像的显示屏上展现出来；也可以通过数码打印设备打印到纸张上、画布上、衣服上甚至陶瓷器皿上，我们叫作硬拷贝。这是一个逆向的信息转换过程“数位→数据→图像”（也属于消息的范畴）。

如果摄影师是一位艺术家，他在原有的图片上利用图像处理工具进行了艺术加工和创作，使这幅图像源于现实中的影像，但又高于原始的影像。比如说制成平面广告作品，有了可欣赏甚至商用的价值。那么这个过程就又向前进了一步，成为“知识”。这个知识信息就可以附着有著作权，即：知识产权（intellectual property right），有可能通过著作权法加以保护。

同理，读者正在阅读的这本书，是笔者长期以来对“信息”的认识、学习、研究、思考的许多片段（消息）的汇集，并用文字记录下来——编码成为“数据”，在电脑中最后转化为可存储的“数位”，之后交给出版社编辑出版成书。这个出版过程中，又完成了数位→数据→消息（编辑，修版）→知识（具有版权的图书）的完整过程。按照这个思路观察一下，一定不难理解这样的信息变换、转化过程无时无刻不在你身边发生着。

无须借助现代化的设备，画家也可把他大脑（信息系统）中构思创造的图像直接用画笔画在纸张或画布上，成为享有著作权的作品（知识）。画家的画如果是写实的，那么就是描述客观事物或固化某一事件的信息展现；如果是写意的，完全是自己心中构想，现实中并不存在的，那就是主观思维的信息展现。同理，书作者、诗歌词曲创作者、建筑或其他商品或艺术品的设计者、计算机软件工程师、表演艺术家都在进行着类似的“信息处理——信息展现”，产生具有著作权或知识产权的作品。他们都是在用各自熟悉的语言：自然语言、音乐语言、数学语言、绘画语言、建筑语言、编程语言、舞蹈语言等进行着各自的“编码”。

“信息”在这些过程中是不是不断地在“数位—数据—消息—知识”这几种形态下往复变换着，这个过程可以完全靠人自身这个信息系统完成。今天，更多的也会借助计算机等信息处理工具，数码相机不就是一种精通图像处理语言的信息处理系统么。

数位 Digital（bit）

数位，乍一听起来像是算术或数学范畴。的确，在数字化或曰数字时代、信息时代到来前，数字、数位大多是在数学或算术范围内研究的。不过，自从香农创立信息论，为通信系统建立了数学理论，并把信息通信中计量信息量的基本单位设定为二进制的比特，数字、数位就成了与信息编码、

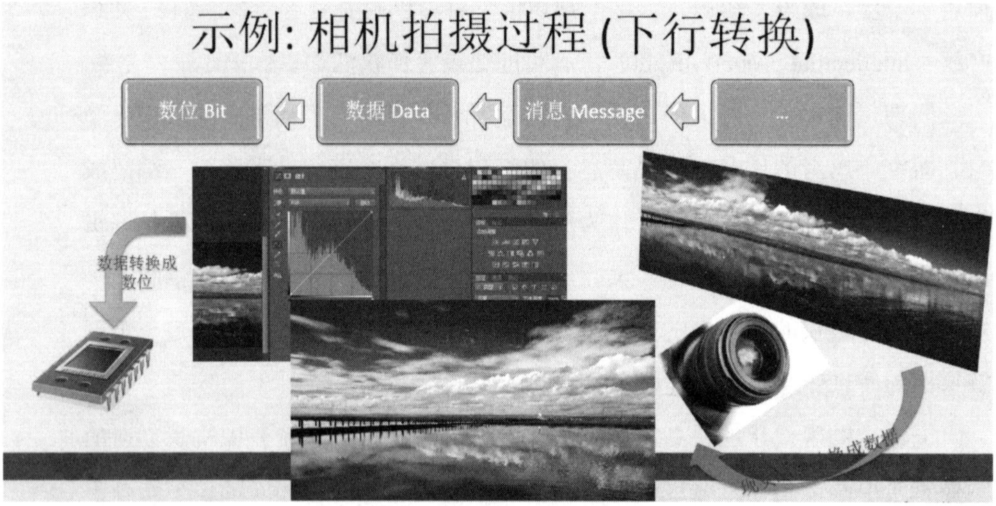

图2.7　信息变换示例（下行）

图2.8　信息变换示例（上行）

关于“力量、能量、信息”的对话

Q：周总，挑战您一下（狡黠地微笑）

M：哦？（胆战、防御状）

Q：“知识就是力量”，弗朗西斯的名言，对吧？

M：当然，至理名言，托夫勒在《Power Shift》中认为社会发展的趋势是三段式：枪杆子里面出政权→有钱能使鬼推磨→知识就是力量。

Q：信息不是物质亦非能量，好像也是大师断言的，对么？

M：当然，1948年维纳（控制论的创始人，也是信息论的鼻祖之一）提出“信息就是信息，不是物质也不是能量，不承认这一点的唯物论，在今天就不能存在下去”，也是至理名言，尽管可能很多人还不了解。这有啥问题吗？

Q：那么您说知识是信息的一种存在的形态，我没记错吧？

M：当然没错，你太强了（不得不竖大拇指）！

Q：那么信息岂不成能量了？跟你说的诺伯特·维纳的断言岂不矛盾（^_^|）

M：哦，这儿找茬儿是吧，哈哈。你混淆了两个概念，信息“短路”了！

Q：？

M：能量和力量是两个概念。能量是物质的，可以有势能和动能两种形式。这都是经典物理学原理了，我们不多讨论。物理上，现实中力量是可以由能量的作用而产生的。理论上能量越大，力量也就越大。这个都容易理解。但是，能量本身是没有正负的，只有大小，小到零，就是失能了。

Q：这儿你已经把我绕糊涂了。不是有“正能量”么？今年的热门词汇。还有一本林正刚先生出的畅销书叫《正能量》，你这儿告诉能量没有正负？

M：对，没有任何矛盾。这里面有文字游戏。林老师的书叫作《Positive Energy》，严格的汉语说法是“积极（正向）的力量”，就是说要保持正面思维，积极心态。其实，林先生在一些场合里也解释过这个意思，他也讲过“其实能量本无正负”。这是你学艺不精吧，呵呵：-)

Q：真没见过他，也不知道哪里还有解释书名。

M：但是，兄弟，力量是有正负的！因为，力量是一个“矢量”。所谓矢量，就是有作用点和作用方向。我就不细说物理学原理了。所以，林老师书的英文名字不存在任何问题。

Q：哦。

M：回到你的原始挑战。知识属于信息，毫无问题，属于信息的第四层存在形态。知识就是力量，是说知识也可以产生一种非物质的力量，推动事物的发展演变。就像我们说过物流只有通过信息流的控制和协调才能产生好的变化，去向应该去的地方，反之就会是“副作用”或“负效应”对吧。同时，能量成为正向的力量还是反向的力量是什么决定的？信息！对吧。这些都是在现实中，或曰物理学上的解释，是可见的。

还有另一个方面，就是信息本身处理转化中“力量”还有另一番深入的解释。这如同信息本身，常常是不可见的，除非通过某一个媒介展现出来。

信息处理、信息科学的基础。接下来六十多年的发展证明，这个选择和定义是无懈可击的。今天，所谓数字化，就是如何把所有信息量子化、颗粒化到二进制数位——比特，而比特正是信息不可再分割的最小的终极粒子，这也就是信息形态的末端终极存在形式。

我们在数学中的极限用符号“∞”表示。它只是一个趋向，绝大部分情况下是没有具体终极值的。我们说宇宙是最大的，但到底多大没人能给出具体的数字。我们也知道现在说纳米差不多是最小的，可一定还有更小。只不过再小，对大多数人的认识来说，没有什么现实意义，所以除了少数专门研究粒子的量子物理学家、化学家或相关的其他科学家，大众很少会去探究。但信息的最小单位比特却是一个特例。它定义了信息可“缩小”的极限。信息分解到比特，用0或1表示时，就到了它的终极表现形式和存在的形态。在这里，信息的形式和形态是归一的，也是唯一的，就是0或1，没有例外。

过去我们都听说过这样的表述，任何规律或事物如果能用数学来描述，就算研究到家了，研究透了。今天，恐怕要重新定义了。世界上任何事物及其规律如果能被信息化、数字化，最终能表述和记录成0或1，就真正地研究透了，研究到家了。

不过，以数位0和1编码表示的信息完全不符合我们常人的解读习惯。因此，它虽然是最准确的表达形式，却只能为信息处理机器系统去存储、传输和处理。日常对信息的解读，人们至少需要更简单、便捷、直观的表现形式。

数据 Data

数据是更高一阶的信息存在形态，相对数位形式，其表示的信息含义人们可以简单读出，如数字、符号、文字、图形或表格。数据与数位这两种不同的信息形态是可以通过严格对应的码表进行相互转换的。在规定的模式下，数据与数位间的转换是一对一的，是有完备的数学定义约束和保证的，不存在模糊性和不确定性。因此，这种转换是完全可以由计算机自动进行的，转化过程不需要人工干预。

最简单的对应关系，如： 表示二元选择的是否、阴阳、开关、正反等，就可以用单个二进制位——比特的1和0表示、互换。

不同计数进位制间的数字转换是比较自然简单的对应关系，也是其他各种编码的基础或中间码。如：二进制与八进制和十六进制的相互转换如下表：

十进制	二进制	八进制	十六进制
0	0000	00	00
1	0001	01	01
2	0010	02	02
3	0011	03	03
4	0100	04	04
5	0101	05	05
6	0110	06	06
7	0111	07	07
8	1000	10	08
9	1001	11	09
10	1010	12	0A
11	1011	13	0B
12	1100	14	0C
13	1101	15	0D
14	1110	16	0E
15	1111	17	0F

由于比特——二进制数位太“细小”，为了处理和计量的方便，计算机、信息技术应用中引入了字节Byte的概念。一个字节等于八个比特位。计算机中的最小处理单位是字节。数字化编码的最小单位也是字节。当我们日常计算存储量的时候，用的单位通常也是字节数。比如，一个优盘容量为4G，表示其最大存储量为40亿字节。

上一章提到的ASCII码表，是典型的英文字符编码与二进制数位间的标准转换码表。今天，世界各国的上百种不同语言文字绝大多数都有了相应的标准代码表。这就使得不仅数字数据，文字数据都可以方便快捷地在各种信息处理系统中自如转化、处理。

对图像信息，我们一般用颗粒化的方式从平面上切分成像素矩阵。矩阵密度根据分辨率的要求来确定，比如说一般印刷分辨率在每英寸300线，也就是说每平方英寸的图像划分成300乘300，共9万个像素。一般的显示屏幕72dpi（每英寸像素点数），看起来就已经是很细腻的分辨率了。每个像素又根据对颜色的混合成分细腻度的要求，由8比特、16比特或24比特来表示，称作图像每个像素的“深度”。24比特的像素深度构成的图像颜色可以有多达1600万种色彩、灰度和明暗度的变化，远远超出了我们肉眼可分辨的色彩变化，叫作“真彩色”（true color）。以这样的原始编码格式（我们称其为位图—BMP）来表示一幅图像信息，会占用很大的存储空间，如上述300线的分辨率，一英寸大小的图像就要占用216万比特（270k字节）的存储空间。于是，在实际应用中多是采用各种变化的压缩形式来对图像信息进行编码、转换、处理和存储的。其中最常用的图像格式是JPEG（Joint Photographic Experts Group—联合摄影专家组），它也是目前所有格式中压缩率最高的格式。这些格式都叫图像数据格式，而存放图像信息的文件通常叫作图像数据文件。

信息技术快速发展的几十年来，对不同类型的现实信息，大都定义了编码方法和规则。像图像一样，对随时间变化而在空间域中变化的客观现象，典型的如声波、语音信息，我们用“采样”（sample）的方法进行离散化、分量化和数字化，形成声音数据，存放在称作MP3的数据文件中。

上面列举的表示和记录自然界各种有规律的实物或事件的信息，我们都可以称之为数据。

消息 Message

信息的每一种形态与其另一种形态间并非那么泾渭分明。消息是人们每时每刻无不涉及的中间信息形态，其宽泛度和包容性最强，或曰最难严格区分和定义，自由度最大。在日常生活中人们常把消息与信息混为一谈。比如，手机短信大家几乎每天都在用。中文叫“短信”，而其英文却是SM—Short Message。消息，在通信术语中又叫作“报文”，是指古老的电报通信中一段完整的收发内容。所以，我们这里分类的信息形态就是信息转换、传输或处理中的一段相对完整的表达或曰展现的信息。比如，手机发出的一个短信；一个便笺或博客；一段乐曲或声音，如：手机铃声；一个反映某只股票或大盘变化的图表；早上见面的一个招呼，甚或一个笑脸、一个眼神等等，这些都可以算作是一个消息。它使受信者得到一个应该是明确的信息，但又未必是完整的、准确的、毫无异议的，如数学语言描述的一般。消息可长可短，可大可小，可以是数据表格或者文字、图符、一段声音、一段动画影像、一个动作、一个表情……没有任何限制。

消息很多时候也是一种瞬间产生的信息，其时效性通常会更强。一个招呼，只在招呼的时候有意义，招呼过去，这个消息多半就消失了，没有更多存在的必要和价值了。但这种瞬时性和时效性也不是消息普遍适用的性质。一个人在医院体检时的心电图是一个消息。如果没有异常，可能就没有用了，很多时候可能会被丢弃。但是，如果三年后再度检查时，发现了问题，恰好病人保存了以往体检的历史信息，这将很有助于医生对其健康状况的变化做出评估和判断，进而更客观和确切地诊断他的病情和发病的原因。

消息更多是用自然语言、图表表述和展现的，不确定性、多义性偏强，自由空间大。这只是一个特点，并不一定是缺点。自由度大，随意性强，运用起来也就灵活，可产生不同类型信息的关联、联想、比拟、混合的可能性和机会也就很多，空间很大。在美国哈佛大学的玛格丽特与睿研究所的研究课题中，就有一个研究题目名为：心声（heartsongs），探索心电与音乐之间的关联。尽管，心电图和音频信号都是时间轴上波动的信息，不过要仅局限在它们各自所属领域的数据表现层面，这两类完全不同的信息类型应该是没有机会关联到一起的。只有人的智慧和联想，辅助当代信息技术的先进手段和强大处理能力，才有可能把这两个分别属于生理、医学范畴的信息和纯人文范畴的数字化艺术关联到一起，并探索其相互作用的可能。

知识 Intelligence/Knowledge

能归在“知识”型的信息则不可能像“消息”那么随意和自由。根据知识论中对知识的定义，知识就是真相与信念的交集，或是说：知识是那些被验证并确信的真相。所谓真相，当然是对自然的认识，也就是一种描述客观世界的信息。但一次或一个人的客观认识是不是足够客观，是个例还是规律，这些需要反复验证。经过验证，确信是准确的、客观的、普遍的规律或真相，就形成了知识。知识信息传送给不了解这个知识的人，就可以使他们便捷、高效、低成本地了解相应的客观规律或真相，而不必事事都去亲自体验和求证。比如：有关自然界的常识性知识、各种自然科学的知识、人文社科的知识；各种技能；各种文学艺术类作品，都属于知识形态的信息。

已经形成的知识类信息大多数也可以以不同的方式数字化，转换成消息、数据最终成为数位存放在数字介质中，便于传播、学习和运用。比如：教科书类的文字书面化的知识，可以出书，也可以是数字出版物。歌曲可以通过光盘或网络发行。影视、戏剧、音乐会，甚至演讲，课堂教学…都可以通过视频形式数字化。

智慧 Wisdom

只有在或许因知识的足够积累，加上“灵光闪现”的情况下，才可能“变换”出来某个人类之前完全未知或未曾拥有过的“信息”——发明、发现、创造。我们称这种信息为智慧（Wisdom）。比如：牛顿因为苹果砸到头上而发现了重力作用，创立了现代物理学的基础——力学；爱因斯坦创立了相对论。我们都会说：他们是灵感作用下产生了智慧的天才。“天才是一分灵感，九十九分汗水”，正如美国大发明家托马斯·爱迪生（Thomas Edison）所言。属于智慧的信息只有人能创造（处理），今天的电脑还无能为力。智慧，经过长期反复地验证、完善、重复，最后固定下来，就可能成为我们新的知识（理论、观念、技巧或方法），再用于指导人类对其他相关事物的探索和发展。因此，我们便很容易理解在英文的百科全书中定义知识就是被验证（justified）和相信（believed）的真理（true）。或按照柏拉图的定义：“知识是真相与相信的交集。”

总结来说：信息的最小单位，可分解的终极粒度就是数位，二进制的数位–比特。信息的这种形态只适合于计算机和电磁或光电媒体的处理与存储。数位有机地编码组合成常人易读可见的数据。数据组合成不仅易读而且具有一定含义的消息，一个短信、一句谚语、一段乐曲、一个图符。在一定的规则和模式下，众多消息片段和数据的完整整合，就可以形成一个知识。知识加上人类的天才和勤奋可能产生智慧。反向，智慧可以沉淀成知识；知识可以分解成片段的消息和或数据；消息、数据最终都可以编码成计算机可存储、处理、复制、传输的数位——纯粹的“0”和“1”。

5

信息的生命周期

信息产生于信息系统

信息是对实物的描述，那么世界上凡有物质存在，我们需要认识了解它的时候就一定伴随着相关信息的产生。信息是以人（或其他生物）为代表的“信息系统”为了自我生存来了解生存环境并与环境通信交流而产生的。它既包括对自然事物、外界环境的认识；也有其主观意愿、需求，甚至对外界进行操纵与控制的指令（这里我们回应了本章开始处对信息本身的定义）。

信息非常容易产生，随时、随地都有无数的新信息产生。被传播和复制的信息更是不计其数。

不过，信息本身是无形的，或说信息产生后临时存在于生成它的信息系统中。但是，信息不传输，不与外界（其他系统）交流是没有意义的。要与外界交流一个信息，就必须把这个信息加以编码并传送到其他方便信息接收和记录的载体上，如以文字的形式记在便签上，或以语音的形式收录在MP3之类的录音设备上，也可以图像影像的形式记录在图像、影像摄录机中。这个过程也叫转存。如果没有载体或介质，信息就无法存续，无法被他人或其他信息系统感知。因此，信息必须附着于某一种载体上。我们称其为信息的“宿主性”。这听起来就像香农对通信理论的描述。

信息只存在于介质上

信息是存在于携带它的介质上的。随其介质的消失，存在里面的信息拷贝也就消失。如果没有其他的备份，这个信息有可能彻底消失。因此，要保证信息的安全，不被损毁和丢失，通常的做法就是在不同的地方保存多个信息备份。世界上的一切都是通过信息来描述的，换句话说每一个有价值的实物都一定伴随着相关的信息，而这个实物某种程度上也都是信息的载体——介质。其部分或彻底的损毁，与其相关的具体信息就部分或彻底的损毁了。但是，描述这一类事物的通用信息可以承载在其他的存储介质或信息系统中，而未必彻底消失。

我们每天可能都会食用水果，比如说在吃一个苹果前，一定存在着关于这个苹果的大小、质量等相关信息，不管它有没有被明确地表示或展现出来。你可能也未必需要把它详细记录在纸张或任一种媒介上，你脑子里至少有临时的记忆，以助于你判断这个苹果该不该吃，能不能吃。但是，在吃掉这个苹果后，具体有关这个苹果的信息就没有用了，也就从你的记忆中消失了。不过，有关苹果这种水果的整体概念，有关人每天需要食用苹果这类水果相关的信息不会消失，至少不会随着这只苹果及其相关信息的消失而消失。

“历史”正是记录往事的信息。历史信息以往多数是以文字或图文的形式记录并保存流传下来的，我们称其为史书。过去的历史，有可能随着史书的损毁或遗失（如果是孤本的话）而被遗忘和丢失。世界上各家博物馆有相当的工作和投入是维护或修复史书。今天的数码技术也可以帮助这些工作，通过数字化，历史资料信息修复和保存的效率大大提高，丢失的风险大大降低。当然，史书并非记录历史信息的唯一载体。碑帖、书画、古币、瓷器、古玩、文物等实物也是记录历史信息的重要载体。这些历史文物通常价值连城，且这些价值恰恰不是因为它的载体——纸张、竹片、石块或陶瓷等物质自身的价值，而是其承载的信息：历史、文化、艺术信息的价值。考古研究，从信息论的角度看，就是对历史信息的解码过程。从流传下来的铜器、陶器、木器、书画、碑帖，甚至古墓等各种文物上，解读携带承载的过往信息，人们就有可能推断出当时的人类、社会、科学、技术、商业、文化、艺术、生态环境等发展状况。

举一个典型的例子，就是现存于北京故宫博物院的中国十大传世名画之一的《清明上河图》。这幅五米多长的北宋画家张择端的传世名画，用中国传统的绘画语言，采用散点透视的构图法，生动地记录了中国12世纪城市生活的面貌。交通、建筑、自然环境、文化、商贸等各种当时的情境信息，跃然纸上。其中承载的历史、文化信息之丰富，多少后人，用临摹、书文解读、幻灯介绍甚至影视还原等无数种方法，都解析不尽述说不完。仅在百度百科中有关清明上河图词条的介绍和描述就多达十四篇，图文总共数百页上万字。

图2.9　北宋风俗画《清明上河图》局部

信息可复制易变造

现实中的实物有些是可复制，可携带，可移动，或是可拆分的，如：小石块、水果、篮球、服装、电话、电器、计算机、汽车，甚至住房。可也有很多自然的或人造的东西是无法复制、无法移动的，如：山脉、湖泊、太阳、森林，或者北京的天安门、鸟巢体育馆、国家大剧院，上海的南京路、外滩、虹桥机场[①]。而描述它们的信息都可以很容易地复制、流动（传播），

① 今天，已经是虹桥交通大枢纽。

并随时随处根据需要而展现，甚至变造。同时，实物的复制更是必须依赖于信息。

比如我们要制造一个汽车，工程师设计这个汽车，就是以图示辅以全面的数据和文字描述说明信息，交代给汽车生产工厂。工厂再根据这个设计加工制造出实物汽车。其中，最关键的部分都是信息处理。保证可以制造、复制出一个或一批工程师所设计汽车的基础，是这个信息处理过程的准确无误。要改版一个已有的汽车，就是修改相应的设计图纸或参数数据——设计信息。设计一个完整的汽车，尤其是在一个型号的初始设计时，可能需要一个设计师团队，花几年的时间，反复模拟、仿真、实验、验证、修改、定稿。一旦设计完成，复制这个设计相对很容易。做些修改，尤其是形式上的修改很容易。比如：改变一下喷漆配方的数据，或许只是一个比特信息的变化，整个汽车的颜色就可能彻底变掉。一套汽车的设计，当然属于高附加值的知识财产。由于信息的易复制、易变造，所以，这类知识必须要通过知识产权法，通过专利申请加以保护。不然，设计者的巨大投入分秒之间就可能被部分甚至全部地抄袭和窃取。由此可见信息安全的重要性。

> **打破砂锅问到底**
>
> “璺”是一个“活着”的老字。为什么？因为，它随着“打破砂锅问到底”这个成语广为流传。由于这个歇后语（信息）常用，所以它能流传，能长存。同时，这个歇后语还作为信息载体承载了另一个文字符号信息“璺”。除了它自己由于流传（流动）而长存，还成就了“璺”这个字符信息的存活。当然，这也需要有心者，对文化尊重、珍爱的人士的发掘。不然，大众也不知道，甚至误解。我们常会听到这样的疑问：“打破砂锅问到底”中“问到底”的来源不是“纹到底”么？不对，其实是“璺”不是纹，“璺”才与“问”同音。不然，纹，一声放在这个句子中就不押韵了。

要注意的是，信息的复制看似简单容易，但是不是能够完整准确的复制取决于被复制信息的存在形式。日常用的复印机，是一种常用的简便信息复制工具。对例如纸张上的文字和简单图符信息可以基本不丢失的复制，但多次复制也有可能丢失一些信息。如果是复杂的图画，尤其是色彩丰富的图画，复印机通常很难原样复制。严格地说，只有以“数位—比特”形式存在的信息才可以保证百分之百准确完整地被复制。其他任何形式信息的复制过程都有可能丢失信息，或掺入噪音，同时还不宜被发觉。所以，数字化是信息复制过程中保证其完整性的一个重要原因。

信息的复制质量与其载体介质的复制不一定有直接关系。很多时候，载体本身容易复制，但载体上的信息原封不动地复制过去很困难，如果不是已经完全数字化了。比如一幅绘画作品，其载体无论是画布还是画纸复制并不难，但临摹复制画作就很难。尽管高超的画家可以做得以假乱真，高明的鉴赏家多还是可以识别。而市场上，复制品的价值远不及原作。

再以书籍做例子。一本古书、老旧书，尤其是有数字出版之前的书籍，复制再版的过程比较繁复，越是要求完整准确复制，其过程越复杂。我们经常会受到粗制滥造的复制书籍的烦恼，除了存在的法律问题和道德因素，错字、落字、错排或丢页，都可能影响我们对作者原意——原始信息的误读或误导。

可是，数字化的书籍，完整准确的复制非常容易。发行或再版也十分简单、方便。当然，事情总是有利有弊的，如果没有很好的保护措施，数字出版物的盗版也很容易。

相对比较复杂，或是我们人类还没有完全搞清楚的是生物间的信息传递，或者复制。遗传学（也叫基因学）主要研究的内容和对象就是生物间信息的复制。生物的遗传信息到底是如何编码的？如何通过遗传基因，把自身的性态信息复制到继承者身上去的？如何在进化的过程中优胜劣汰，有选择地把信息复制和传递下去的？而生物存活、生长期间，构成它的生物细胞、分子之间也有紧密的信息联系，维护其微观生命的生死存活。这又是生物、医学等方面的细分学科所研究的内容。

信息的消失

信息的消失或毁灭主要有四种方式：

一，信息随其载体的消亡而消失。信息有宿主性，只能依附在某一种信息介质上，不能独立存在。于是宿主介质毁灭了，存在上面的信息也就消失了。一幅历史名画，如果不慎烧毁，其承载的历史和艺术信息就随之灰飞烟灭了。当然，对于一些可以复用的信息存储介质，如磁盘、闪存，甚至纸张、画布等也可以用擦除和覆盖的方法人为地消除原本存在上面的信息。

二，信息“失落”在一个不会再被采集到或“唤醒”的介质中，则这个信息就成了永远沉睡的信息，名存实亡。埋在地下的古墓，里面自然承载着大量的人文历史信息，可是若不被发现这些信息也随其介质——古董永远沉睡在地下，没有任何的意义和价值。

三，信息在通信传输的过程中被篡改或丢失。这种“消灭”信息的方法常被主动用于信息战。

四，信息被人为地擦除或覆盖。计算机系统中的内存是一种信息处理过程中的信息临时存放空间。其中暂存的信息每时每刻都在存入、擦除或覆盖中。这是信息处理的需要。存在比如硬盘或闪存中的信息，可能或者失效、没有用了，被新的版本或全新的信息覆盖替换掉，或许干脆就是被完全删除清理掉，这也是我们常做的事情。

6 信息系统

人类自身发展和进化的几千年来，我们无时无刻不被信息包围着，尽管开始时对信息没有那么严格的定义。人们只是自觉不自觉地在运用着信息并为今天“信息论”的发展贡献着力量。开始有所认识时我们也没叫它是“信息”，叫含义、内容、事实、真相，或是消息和信号；也包括想法、点子、概念，或是精神。人或其他动物[①]发出的声音，就是一个信息。不计其具体内容，至少也表示他（它）的存在和方位。这就是一个信息源，一个信息系统。而听到或接收到这个声音的人或物就是信息的受体，是另一个信息系统。他起码可以通过接收到声音信息来判断发出信息的人或其他物体的方位、距离，甚或包括性质、特点等属性。既然都是信息系统，我们需要有一个通用系统架构和模型，来认识和研究其普遍规律。

“（信息系统）通常是指由一台或多台计算机组成的信息处理系统。”今天，当谈到信息系统时，甚至仅说到系统，多数人会想到的也是计算机系统。那么我们就先来细看一下计算机系统的基本体系结构。

最早提出完整的现代数字计算机体系结构的是天才数学家冯·诺依曼。“二战”时在普林斯顿大学教数学的教授冯·诺依曼因为参与研究核武器（曼哈顿计划），计算和模拟原子弹、氢弹的爆破与核裂变核聚变，需要强

① 也可能是任何可自主发声的物体，包括人造的可发出声音的设备。

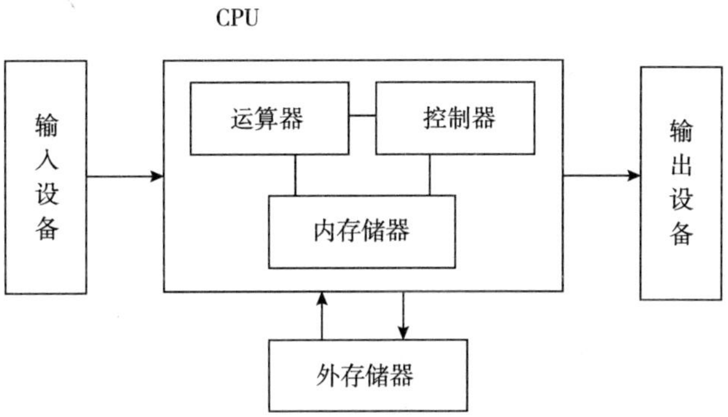

图2.10　计算机系统体系结构

大的计算能力，进而参与了计算工具的研发。1946年他提出了通用数字计算机的体系结构（Computer Architecture），其核心是把要计算的数据与计算的方法步骤以相同的二进制数位形式进行存储，然后控制计算机顺序地进行处理， 即： 存储程序逻辑。依此， 我们把计算机划分成存储、计算、控制和输入输出几个独立的功能单元。几十年来，信息技术日新月异飞速发展变化，但其核心计算机体系结构一直延续着这个架构。换句话说，长期的实践证明这个架构符合一般信息处理系统的基本结构。结合我们的广义的信息概念的认识和定义，借鉴计算机体系结构，我们可以设想一般信息系统的通用概念模型应该有五个信息处理功能组成，分别完成信息的采集、存储、处理、传输和展现。

任何一个信息系统，不管是人造的计算机或具备一定自动化功能的各类工具、设备，还是人自身或其他动物、植物，各类生物（我们认为任何生物系统的存在，一定伴随着具有或多或少的信息处理能力的信息系统的存在），都具备这五大信息处理功能。下面我们来逐一地讨论它们的功能和作用。

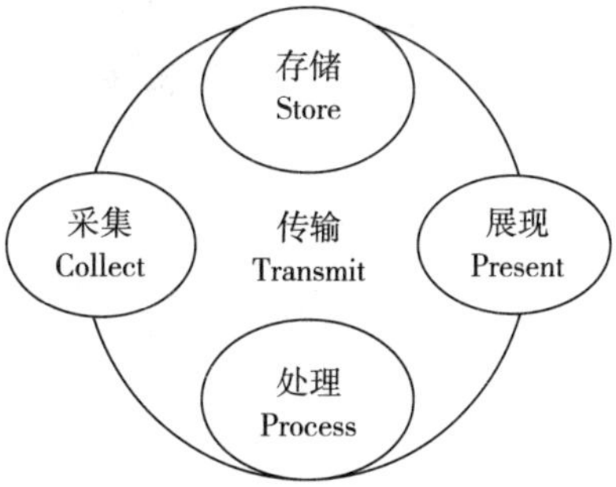

图2.11　信息系统概念图

信息采集

任何一个信息系统必然要有从系统外部接受和采集信息的能力。我们人类自身，是通过眼耳鼻舌身，视觉、听觉、嗅觉、味觉和触觉来感知和采集外部信息的。电脑、数码相机、手机等人造信息处理设备，根据其设计功能的需要，也部分地仿真人类采集信息的功能，同时还具备通过电磁波或光电等手段直接以数码形式输入海量信息的通信能力。

要注意的是，不管是声音、影像、气味，或是其他；不管是通过眼、耳、鼻等其他自然的还是人造的途径和工具，这些都是形式或手段，最终采集到的是信息，是一个信息系统对其外界客观事物、环境的认知。

今天生物、仿生技术发展对“视觉—影像”和“听觉—声音”的采集和仿真比较透彻，对嗅觉、味觉，尤其是触觉的研究还都很肤浅。因此，我们也还没有人造的嗅觉、味觉或触觉信息采集装置，尚无法造出实用的人工鼻子、舌头或皮肤。随着材料技术的发展，不需要伴随信息处理能力的纯物理器官，如：骨骼、血管等已开始有了人造替代物。据媒体报道，2011年底，斯坦福大学华裔女科学家鲍哲楠教授在已取得人造电子皮肤科研成果的基础上，又研发出更仿真的透明、超弹性的传感器皮肤，让人造电子皮肤拥有更接近自然皮肤的触觉。这项研究已发表在当年10月23日出版的《自然纳米科技》杂志上。

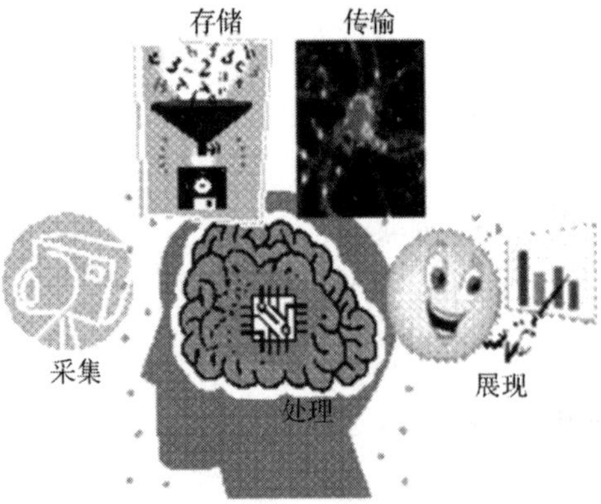

图2.12　信息系统

采集到的信息将经过编码转换处理，也可能是直接存入信息系统的信息存储空间。编码转换属于信息编码技术，一个庞大的课题，我们有专门的章节讨论。

信息存储

存储—store，storage，这个词原本是指物体的存放。我们现在已经认识到信息并非物质，物质只不过是寄存信息的一种介质。比拟人类自己对信息的记录，似乎应该用记忆—memory更贴切些。在过去半个多世纪信息技术飞速发展的过程中这两个词都被赋予了具体的信息存储的含义，成为行业习惯用法。Memory—记忆在信息处理技术中一般指内存，一个速度更快，与中央处理器（CPU-Central Processing Unit）紧密连接的信息交换暂存单元。“记忆”在上面的信息存取频繁、速度要快，但随着一项信息处理任务（应用程序）的结束，除了结果信息会被存入外部存储设备外，其他内存中的信息就会被清除。信息系统的临时停电，或停止使用，存放其中的信息会即可消失，被“挥发”掉。Storage—存储则指专用作海量信息存储的设备或系统，它通常可以长期（甚至永久）保留存储在上面的信息。包括在断电，没有持续能量供给的情况下，存在上面的信息也不会自动消失，除非你主动擦除它们。计算机技术中也把它称作外部存储设备。外存多数采用半导体电磁技术进行信息存储。长久存储也有采用光刻技术，刻制光盘。

今天，各种信息系统中，不论是电脑、手机、数码相机，还是电视等各种家电，信息的存储形式基本上都统一在了以比特计量的数位形态。电磁模拟方式的数据已经只存在与一些老式的尚未完全数字化的设备中，老式电唱机，无线广播（中短波调幅收音机），还有最传统的部分固定电话网。固话网的交换操控部分已经完成了数字化改造，只是语音内容尚未完全数字化。自从2006年底美国完成了电视网的数字化后，曾经是信息量最大的模拟通信网络（系统）就消失了。中国的电视网发展很快，不过其数字化的进程已在实施中，多数的一线城市已经数字化。尚未完全数字化的模拟系统已经越来越少。未来的趋势也将是完全数字化。

人造信息系统的存储功能我们已经研究得相对比较透彻。尽管在存储密度、存储容量、存储方法、存储速度和效率方面都还有持续的研究和发展。

实物的价值属性主观且模糊

我们从信息论的角度看商业交易，讨论为什么交易价格必须最后谈。

现实买卖（交易）中，除了快速消费品，商场明码标价，你付钱取货以外，凡是需要讨价还价的交易，其价格一定要后谈。做过销售的可能都知道这个要点。但是，为什么？或许你还没有从根儿上细想过。

任何实物都有定义或描述它的各种“属性”，这些就是信息。不过都是客观的，信息是对实物的客观反映或曰描述，是可以有标准的，可以确定的。只要交易双方的信息相对对等，相关知识面相近，对一个标的客观属性是容易达成一致的。

唯有价值属性是主观的，是人为标注的，是模糊的，是不确定的，是随认识了解它的人的主观意愿而变化的。欣赏它的人可以认为非常有价值，价值连城，愿意出极高的价格换取。相反，不认的人可以认为它毫无价值，甚至将给自己带来负值，所谓倒找钱都不要。

初入职场的销售，很容易陷入“成本定价”的思维误区。认为：我这个产品是由多少材料构成，加上我的加工费用，物流，研发、人工和其他管理成本分摊，再加上我们需要赚钱，所以，我的价格就应该是多少多少。我赶紧报了价，“扮个”实在+可怜状，买家认了，我先成交，然后赶紧去找下一单。这样思维的结果：第一，你可能很难签到单子；第二，就算你运气好，又碰巧遇到一个心慈的给了你单子，但你可能连成本都赚不回来。今天，

最令人琢磨不透的还是我们人类自身，包括动物、植物和其他生物的信息记忆功能。每个信息系统都有信息存储能力，任何生物都是一个信息系统，因此也都有信息记忆的能力，这是毫无异议的。但是我们的记忆功能器官到底是如何构造的？是不是都在大脑中，还是也分部在各个器官里？大脑中无疑有记忆器官，它在大脑中是如何构造和分布的？是不是也有明确的瞬时记忆区和长久记忆区的分工？ 太多的疑惑还都在研究之中。

信息存储的目的一定是之后的运用。因此，信息存储功能中不仅是存，更重要的是取。为了信息取时的方便、快捷且准确，信息存储的组织是关键。信息分类、排序和索引都是信息存储中的关键策略和技术。

信息处理

信息处理总体上说分两类。一类可以称作计算或叫信息变换。另一类是信息的创造或生成。信息的计算或变换，属于程序化的信息处理。在一定的约束和规则下，通过数理逻辑的方法把一个或一组信息转换成另一组信息或一个结果信息。任何一种信息

系统，不管是自然的还是人造的信息系统都具备这类信息处理能力。在设定的目的和环境下，今天人造的信息系统往往这类信息处理能力会更强、更快、更准确，而且“不知疲倦”持续进行。但是，那灵动的后一类信息处理功能是今天的计算机，人造信息系统还不具备的能力。只有人类的大脑才能够做出任何另一个人，另一个系统可能完全想象不到的，计算不出，变换不出的，他自己或许也是灵机一动的想法，产生一个之前从来没有的信息。它可能是全新的，也可能并非在这个世界上是第一次，但是他

信息渠道如此发达，买的也不比卖的傻。若是服务型商品，高科技商品，成本定价的思维更加无法生存。因为，买家认为你卖一个软件，刻个光盘也好，网上下载也罢，所谓成本可以忽略不计！你描述的研发费用如何昂贵，买家会认为你虚夸。

所以，一个好的销售一定要首先认清自己所销售的产品的各种属性，及其可以为用户带来的价值。然后分清是给哪类用户带来的价值最高，谁会是最欣赏它的用户，他们在哪里？找到他们，与他们充分交流。了解他们的真实需求与你的产品的价值匹配度，与你预期判断的吻合度。这样，你才可能充分发挥你的产品的价值，你才有机会获得最高的“溢价”，并捎带赢回利润。

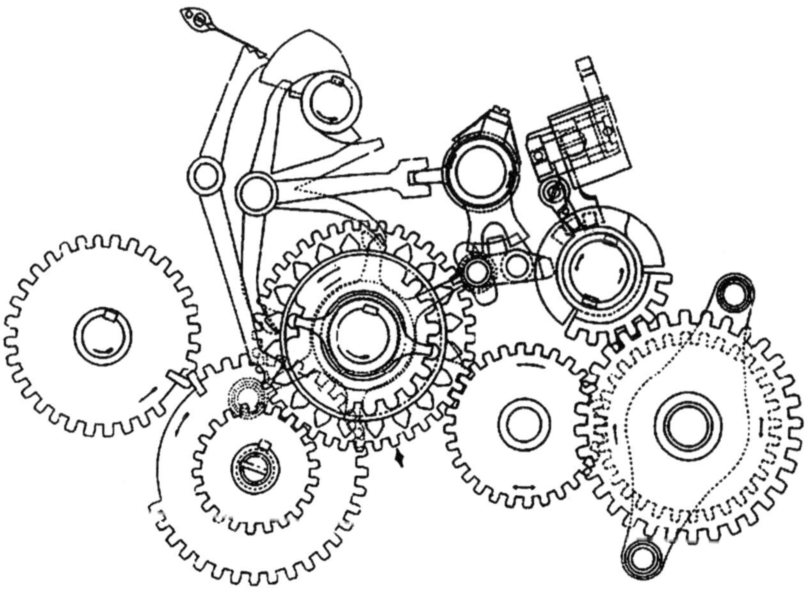

图2.13　自动差分计算机原型

自己独自创造出的新信息。这就是我们前面说过的智慧形态的信息。当然，这类信息处理能力也不完全局限于人类，有头脑的动物都有一定的这种创造信息的信息处理力—创造性思维。

近百年来，人们一直在为研发出可以像人类一样思考的机器而努力着。最早是英国数学家查尔斯·巴贝奇（Charles Babbage）。1822年巴贝奇向英国皇家学会展示了他潜心研究多年的机械式自动差分计算机的原型。十几年后他又在穿孔卡控制的自动提花织布机的启发下，发明了可以编程控制的自动分析机。著名英国诗人拜伦的女儿，数学家、作家艾达·拜伦（Ada Byron）因迷恋巴贝奇的计算机设计，成了世界上第一位“编程员”。

20世纪中叶，艾伦·图灵设计了概念化的“思想机器”。再到冯·诺依曼设计的现代电子计算机体系结构。其实，这些伟大的发明都是延续程序化推理演算的基本概念，并未在“思维”上有实质性的突破。之后IT技术飞速发展的五十多年，现在的计算机因为其超强的信息存储能力和运算能力，在数理逻辑类的信息处理方面已经远远超过人类。近年来人工智能的发展，使得一些机器也有了一些类似人类“学习”的能力。但人类“灵机一动”的信息创造力，机器目前还未能达到。人工信息系统创造的信息，基本上都是人所编程设计，在人的预计方向上和范围内产生的。

信息传输

信息系统中有多个功能单元，信息从一个单元到另一个单元的流动是这里所指的信息传输。这里的传输不同于信息通信，信息通信是指一个信息系统到另一个信息系统之间的信息交流，而不是单个信息系统内部的各功能单元间的信息传输。信息系统内部的信息传输与信息系统间的通信目的虽然都是传送信息，但其方法和机制有很大区别。

以电脑等人造信息系统为例，一个系统内部有统一的时钟同步，信息的来源和去处都是系统内部的控制单元统一操控的。而两个系统间的信息通信需要有基本的同步机制，需要相对复杂的通信规程—协议（protocol）。系统间的通信基本是串行的，逐个比特地进行数据传送；系统中的信息传输并行居多。当今，电脑内部的信息传输通常是64位（bits）甚或128位并行，最少也是32位。系统内部的信息传输介质叫作总线-bus，信息都是以数位形态的电信号在总线上传输的（以光信号进行系统内部的信息传输尚处研究阶段）。系统间的信息通信形式则是丰富多彩的。只有以电脑为核心的人造信息系统间的通信是以数位形态传送信息的。人与机器间通常是不可能以数位形式通信—交流的。自然语言、图形、符号多是其他系统间信息传输通信的编码方式。声、光、电等都是常用的通信介质。

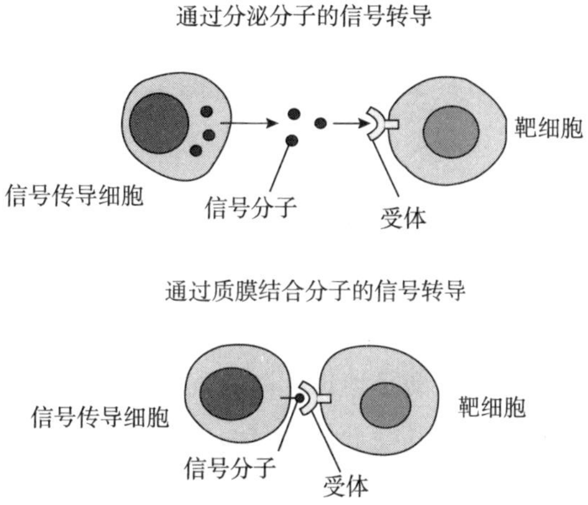

图2.14　细胞间的信息传输

生物信息系统内的信息传输就没有人造物理信息系统那么简单了。其中有些信息传输机制，尤其是信息内容的解读，解码，人类尚不能完全认识和掌握。生物细胞除了可以接受声光电这类物理信号外，细胞间的信息传输还有一种方式，即：通过生物递质（transmitter）—信号分子（signal molecule）传递信息。利用信号分子传输信息属于化学信号传递。有机体细胞间的信息传输通常采用这种生物化学信号传输的通信手段。如果，我们把每个细胞视作一个微信息系统，那么细胞间的信息传输就更符合信息通信—系统间的信息传输交流模式。有其完全不同的传输机理、通信协议、编码模式等。

以人体自身为例。我们已知人体内部的信息传输主要是靠神经系统。神经纤维，轴突中的信息传输是电信号。而神经细胞间，或神经细胞与其他生理组织间的信号传输则是化学信号传输。不过神经系统并非人体内部唯一的信息传输系统。理论上，每一个生物细胞都是一个微信息系统，相邻的细胞间都有或多或少的信息通信。人体本身不能类比成像一台电子计算机那样一个简单，单一的信息系统。人自身是一个复杂的“复合”信息系统，人类对自身这个信息系统的认识一直在伴随着人类自身的发展和科技的进步而发展着。

更抽象一些看，人体这个信息系统至少可分为大脑可控制的和不受大脑控制的两类信息系统。例如：我们身上各种感觉器官采集到的信息总可以传输到大脑中，但并不是身上的所有器官都可以直接受控于大脑的。我们可以随意地指挥眼睛和嘴巴的开合，但只有少数人可以（不借助手）使自己的耳朵随意摆动。我们可以暂时地屏住呼吸（通过切断与外界气息交换的气道），我们却不能随意控制自己的心跳和血流。这些都说明我们自身不是由一个单一的信息系统—大脑控制的。越是我们体内的生理器官，越不受大脑直接控制。

信息展现

系统内部的信息要发挥作用，必须向系统外传送，计算机系统叫输出，一般性的信息系统应该称作展现。信息展现的目的不是为了记录—存储，就是为了与另一个系统或环境进行通信交流。所以，必须要以信息接收系统和信息传输或存储介质所能接受的最佳形式展现，只有这样才最有效率。因此，信息展现的形式也是多种多样的。逻辑上来讲展现形式应该与受信系统的信息采集能力相对应。我们大致可以分为如下几类：行为动作、声音、图文符号、图像、数码等。

声音和行为动作是最原始的存在于自然信息系统的信息展现形式。图文符号是人类进化中逐步创造发展出来的，已经有了超过四五千年的发展历史，形成了今天的语言文字。数码（digital）展现形式则只是近几十年的事情。今天，人造信息系统的信息输出，尤其是对另一个人造信息系统间的通信则完全以数码形式。因为，只有数码形式才有可能是信息最完整准确的‘无损’展现形式。其他形式的通信交流都可能存在模糊性和歧义性。信息展现和传递的过程中存在信息丢失、变异，或增加的可能。受信者不一定能够百分之百的接收到信息发出系统所希望展现的信息。这就如同香农的通信理论中描述的“噪声”。

声音和行为动作是动物，包括人类最早也是最原始的信息展现和交流方式。除了人类，迄今它仍是其他动物信息展现和沟通的唯一方式。人类发明并使用语言后，沟通交流的方式进了一大步。但声音在空气中传播，不仅距离有限，而且声音传过也就随风而逝了，无法留存。为了记录信息，人类才又从结绳记事、岩壁刻字逐步发明了记录信息的图画、符号和文字[①]。直到20世纪50年代末数字电子计算机发明之前，图文符号是人类固化并记录信息的唯一方式。20世纪初，电话和无线电的发明才使得声音信息的传播距离有了大幅度的突破。之后留声机和电影的发明又使得图画文字不再是唯一可用作信息记录，存储，流传的形式。直到信息技术充分发展的今天，除了人的行为动作外，其他的信息展现形式都可以数字化，以纯数字的方式记录、存储并传播。人的行为动作则属于“智慧”类的信息，难以完整复制，我们在信息的形态中作过讨论。

今天，为了信息展现的准确、完整和高效，通常人们会同时运用多种形式展现一个信息。例如，今天的电视节目就是声音、图文同时动态展现，帮助信息接收者修正和补足单一传播形式可能造成的信息遗漏或偏差。信息的存储与重放技术，更可以令信息接收者对关键信息得以反复采集和校对，避免单次接收可能产生的误差。

近年刚开始普及的3D技术更可让信息的展现声情并茂，受信者犹如身临其境，好似在信息的原发现场。这样的信息展现和传输效果正是信息技术快速发展带来的成果。

上面所描述的信息展现形式还只是相对简单的信息展示技术。更重要和复杂的是信息展现的艺术。例如：人类或动物的情感表达都属于信息展现的艺术。歌曲音乐、舞蹈、绘画，甚至包括表情、肢体动作、一颦一笑等等都

---

① 欲做深入研究建议参考阅读王海龙先生撰写的《读图时代》。

是一种信息的展现方式。

信息展现形式是多样的。由于对信息编码选择的多样性，使得同一个信息的展现方式也是多种多样。比如：太阳。我们可以从字典或百科全书上摘取描述它的文字，对其名称、形状、结构、特性、天体运行规律、作用等等进行定义和解释。我们也可以通过摄影或摄像摄取太阳的静止或运动画面，然后重放它。也可动画、模拟，配以科普介绍。我们还可以艺术化地通过绘画展现你想象的太阳，如：印象派画家莫奈的著名作品《日出印象》。我们甚至可以用完全抽象的音乐语言描述你心中的太阳，如：意大利民歌《我的太阳》（Del Sole）。由此可见，一个信息尤其是知识类的信息，我们可以运用的信息展现形式是多么的丰富多彩。

图2.15　莫奈名作《日出印象》

图2.16　意大利民歌《我的太阳》乐谱

各种表演艺术实际上研究的就是情感表达或曰信息展现的理论、技术、技巧和方式方法。沟通的艺术、传播的技术，研究的都是信息的展现。面对特定的传播目标和沟通对象，采用什么信息展现方式，用什么样的信息传输媒介，在什么时候进行，才能最准确、高效地把要传播或发送的信息完整无误地送至目的地，并确认受信者接收到了。

7
信息媒介

信息媒介或介质可以简单分为主动型和被动型两类。主动型媒介又是一个信息系统，它获取了信息后会对信息进行各种加工处理。它也是信息源，会主动产生信息、发出信息。被动信息媒介通常只是存储信息和传输信息，不会对信息进行处理或变换。它们是单纯的存储介质，或通信介质。在通信理论中又称作有存储能力的通信信道和没有存储能力的通信信道。

信息存储介质

按照人类起源的历史传说，远古时期最早的信息存储介质应该算是绳索和石壁。人类为了记录和提醒一些日常事项，用结绳或在岩壁上刻画的方式记录信息。今天的动物仍是用粪便等排泄物来标记比如说领地或路径等信息。

图2.17　缩微胶片阅读器

再后来，距今约三、四千年前，岩壁的刻画方式复制到了骨头上、竹片木条上、陶器铜器上，这类“便携式”的介质就可以移动了。记录信息的专用符号——文字也在那前后逐步形成（西方学者认为苏美尔楔形文字和古埃及象形文字更早，始于公元前3400～前3200年）。自此，介质不仅能够存储信息，还开始成为信息传输的工具。这时期，记录信息的介质还都是天然的物质。

在中国汉代，公元前后各200年左右，人类发明了纸张，取代之前的锦棉织品，用于绘画和书写记录。这是世界上基本公认的中国人的一大发明，也是中国人对信息技术的一大贡献。纸张这种图文的载体——信息介质逐步地可以规模化生产制造了。之后将近两千年，纸张一直是信息记录、存储，包括传输的主要介质。文字和图表也自然是信息编码展现的首要工具。直到无线电、留声机、电话的发明，“鸿雁传书”才不再是唯一的通信手段；纸张也不再是唯一主要的信息存储介质。

不过，在今天数码存储成为最主要的信息储存手段，半导体、磁盘以及光盘成为最主要的信息存储介质之前，还有一段120年的光感介质——胶片存储信息的发展历史。作为记录图像信息的手段，1826年，法国的约瑟夫·涅普斯（Joseph Nicéphore

“支付”的实质

金融、财经科学是信息学的一个重要分支。让我们用信息论的基本概念解析一下我们每天都在参与的一个金融活动——支付。

支付的本质是A把其放在M银行中AA账号下的一个数字划给B在N银行中BA账号。前提是：

①M、N都是绝对可信任的银行。其中的数字表示所在国家、地区央行认可的货币单位。

②AA、BA账号是各自银行认证的，绑定各自拥有着的。帐下的数字是各自银行审计确认的。

③M到N的信息通道是几乎绝对安全、保密的；在支付行为（通信）发生期间数字不会有A意愿外的任何变化（无噪音通信）；这个信道的安全是得到M与N银行间的清算系统保证的。

当然，A可以转出的最高数额是被控制在AA账号可支付的现金（现汇）额之内的，由M银行保证。

当我们认清了这些资金操作的实质后，就不难理解在当今的通信环境下，很多传统的货币，比如：纸质货币已经是一个可有可无的介质。之所以还有需要，是因为安全的资金交换“信道”还不能无处不在。当要脱离这个安全信道进行资金划拨时，不得不借用交易参与者都可以共同信任的，由央行发行的纸质货币或者是借助信用卡等安全介质进行从M银行中的AA账号到N银行的BA账号中的资金信息交换。

Niépce）在感光材料上制出了世界上第一张照片。1888年美国柯达公司生产出了新型感光材料——柔软、可卷绕的“胶卷”。20世纪20年代，缩微胶片的技术开始向实用化、商业化发展。之后缩微技术逐步定位成图文信息的长久保存手段。直到20世纪末甚至今天，还有很多档案保存机构在使用缩微技术作为建立长久存储档案的主要手段，在缩微胶片上保存图文资料。缩微胶片，在长期存档方面在存储密度，尤其是长期存放的安全性和稳定性上仍然具有一些已经论证的优势。不过，随着数码存储技术的飞速发展，胶片这种兴盛一时的信息存储手段的用途已经越来越窄，尤其是进入21世纪以来，胶片存储技术及其代表产品胶片照相机迅速被迫退出市场。曾经的照相技术和胶片产品的世界霸主，独立胶片照相发展桥头120年的美国柯达公司不得不于2012年1月19日正式申请破产保护。

数字信息存储技术和相应的信息存储介质是随计算机的发展而发展起来的。虽然只有短短的半个多世纪，却也经过了纸卡、纸带；磁芯、磁鼓、磁卡、磁带、磁盘；半导体存储；光电存储等几类不同介质材料的发展阶段。其中的一些也已经或逐步在被新的材料和技术取代。如：纸卡、纸带、磁芯、磁鼓、软磁盘等已经完全退出历史舞台。磁带也可能终因存贮密度和效率等劣势被彻底替代。半导体技术几经起伏已经再次成为信息存储介质发展的主力。光存储，也因其密度和速度上的发展潜力而仍然保持被青睐。

信息传输介质

自然界每一种物质都带有信息，理论上只要它们可移动，都能用作信息传输。传统的存储介质，如：纸张、棉布、木板或能用作写、画的其他物品，都可用作非实时的信息传输。

我们这里讨论的主要是用于实时信息传输的介质，属于瞬时或即时性的信息载体，也称作没有存储功能的通信信道。比如：空气、光都是一种信息载体。空气可以是声波信息的载体。你说话、唱歌或发出其他的什么声音，作为一种声波都可以被你周边的空气承载并向周围传输。但是，如果没有被他人听到，或被录音系统拾音记录，这个声音信息就会瞬时消失了。影像信息则是通过光波来传输的。这些承载有信息的光波，又称作光信号，如果不被影像采集系统和设备记录到，它也就瞬时飞过了。所有经过数字化的信息可以通过电磁波或激光（脉冲）等其他的各种数字信息传输介质传播。那么这时的光、电、磁也都是瞬时存储介质。不过，不像空气中的气流传播是开放的，信息从信息源发出，向周边发散出去。电流和激光是定向的，并束缚在传输线路上进行“封闭”传输，信息传输的可控性、速度、容通量、效率等优势不言而喻。

20世纪末，尤其是进入21世纪以来，信息传播介质发展和运用最快的要数无线传输介质。

无线电（radio），其实是最早出现的通信方式。无线通信的基本原理就是利用无线电波在空中传播的特性，和同频共振的原理建立起电磁信号传输的虚拟信道；然后把要传送的信息进行编码后“搭载”在收发双方建立起来的以频率为基础的电磁波信道上，输送过去。这个所谓“搭载”有三种方式：

- 调频——把要传输的编码信息调制在信道电波的基本频率上。
- 调幅——把要传输的编码信息调制在信道电波的基本波幅上。
- 调相——信道电波的基本相位随要传输的编码信息的变化而产生位移[①]。

图2.18对三种不同的调制或载波方式有一个形象的示意。具体的实施技术和方法要复杂很多，已经超出了本书讨论的范围，我们只做基本原理的了解，知道有这么回事儿就好。

不是从事技术工作的我们通常会感觉无线通信信道是虚的，没有光缆和电缆连接起来，似乎不那么牢靠。其实，无线电波的信道资源是很丰富的，在无线通信技术高度发展的今天，无线通信的效率和可靠性丝毫不比有线的差。表2.1是可用于无线通信的频段资源表。这也还只是电波部分，纵览包括

① 实际应用中这种方法采用得很少。

光波的频谱，无线信道资源更加广阔。比如：电视机等电器设备上常用的遥控器多是用近红外线进行通信的，所用波段在960nm（31，250GHz），接近可见光。

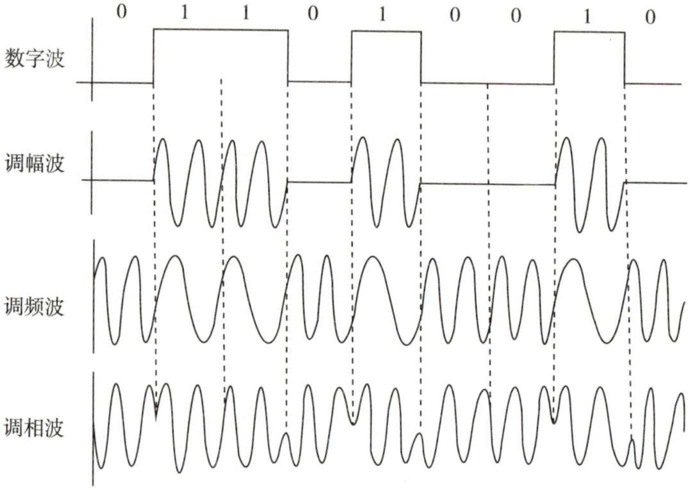

图2.18　调制波形比较图

表2.1　**频段资源表**

波段名称	波长范围	频段名称	频率范围	主要用途
长波LW	10^3～10^4m	低频（LF）	30～300kHz	长距离点与点通信
中波MW	10^2～10^3m	中频（MF）	300～3000kHz	广播、船舶、飞行通信
短波SW	10～10^2m	高频（HF）	3～30kHz	短波广播、军事通信
米波	1～10m	甚高频（VHF）	30～300MHz	电视、调频广播、雷达
分米波	1～10dm	特高频（UHF）	300～3000MHz	电视、雷达、移动通信
厘米波	1～10cm	超高频（SHF）	3～30GHz	雷达、中继、卫星通信
毫米波	1～10mm	极高频（EHF）	30～300GHz	射电天文、卫星、雷达

同时，无线通信技术的成本更低，在一定的条件下可靠性反而更高。移动通信技术在短短的二十年中已经发展到了四代- 4G。从开始时（1993年前后），百十kbps的模拟通话一代通信能力，发展到了今天超过10 mbps的四代数字通信能力，100mbps的wifi无线通信在众多大城市以及家庭通信系统中使用得也已经相当普遍。

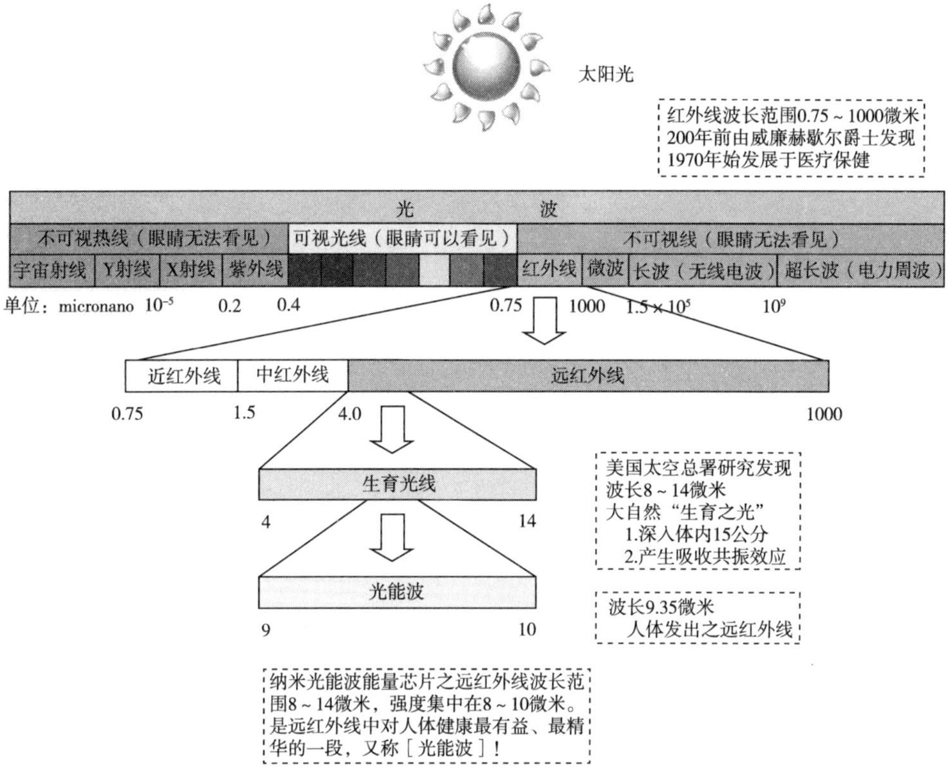
太阳光
红外线波长范围0.75～1000微米
200年前由威廉赫歇尔爵士发现
1970年始发展于医疗保健
光　波
不可视热线（眼睛无法看见）
可视光线（眼睛可以看见）
不可视线（眼睛无法看见）
宇宙射线
Y射线
X射线
紫外线
红外线
微波
长波（无线电波）
超长波（电力周波）
单位：micronano 10⁻⁵
0.2
0.4
0.75
1000
1.5×10⁵
10⁹
近红外线
中红外线
远红外线
0.75
1.5
4.0
1000
美国太空总署研究发现
波长8～14微米
大自然“生育之光”
1.深入体内15公分
2.产生吸收共振效应
生育光线
4
14
波长9.35微米
人体发出之远红外线
光能波
9
10
纳米光能波能量芯片之远红外线波长范围8～14微米，强度集中在8～10微米。是远红外线中对人体健康最有益、最精华的一段，又称［光能波］！

图2.19　光谱图

第三章
信息编码与解码

1

编码——信息“生存”、转换的基础

信息是对客观世界的认识和主观思维的表述。信息无处不在但本又无形，除非以声音、文字、图像、电磁波或其他形式表现出来，并寄宿或展现在某一种介质上。这里的形式，当然就是对信息的编码。我们最常见的形式——随时随地都在用的编码，就是语言和文字。因此，语言、文字都是常用的信息编码方式。可以想象，如果没有编码，信息就将“胎死腹中”，无法表现，无从交流，也无法通信。没有编码，信息也就无法在各种形式中相互变换，也就是无法对信息进行任何加工处理。

不过“编码”这个概念，之前很难在以汉字这类象形文字为母语，以中文为自然语言的社会中被注意到。回想起来，编码这个概念我本人也是在70年代末学计算机编程时才首次接触，但当初的认识非常局限。在这之前，我们只知道发电报要把文字变成电报码，而这只有邮电局或电报局才能办到。普通大众，年长一些的恐怕多是在样板戏《红灯记》中，第一次听到的“密电码”这个词汇，年轻人则很多是从一些谍战片或是电脑游戏中首次知道神奇的“密码”。而我们从事IT的人员，很长时间一说编码都会与编程联系在一起，脑子里反应的都是程序语言、指令、运算、执行等。没有深入系统地学习，甚至都无法建立起来所有信息都需要编码的概念，尽管我们每时每刻都在有意无意地编码和解码。

码、代码、编码在英文中都是一个词：code。code既是名词，也常用作

信息化时代，中文、汉字的继承与发展之思考

汉字简化字虽然方便了初学时的辨识和书写（可今天已经电脑化输入，这个方便带来的效率提升已经几近无存），但确实丢掉了汉字原本带有的丰富信息量。幸好鼓吹中文彻底“拼音化”的那些激进分子没有得逞，不然，可就彻底毁了中国的文化，毁掉了中华民族历史原有的优势。这些优势在过去的半个多世纪中已几乎消磨殆尽。

在这半个多世纪中，尤其在信息论、信息技术、信息化汹涌澎湃飞速发展的过程中，就语言文字（或曰编码）发展来说，中华民族与西方国家几乎是“逆向行驶”。我们没有参与到这个进程的推动者一方不说，诸如汉字中文这样的固有优势在信息技术信息化的过程中渐渐消失。反过来，我们还不得不学习、适应和追赶由西方世界主导的这次“文化”变革。追赶的过程中又由于没有认识和理解到其精髓之处（因为你既没有参与其中，又没有深入学习研究和反思），时常会走弯路，误入歧途。汉字西化，拼写字母化、拼音化就是典型的“歧途”之一例。

动词，词义上，还有法规、密码、编程等多种含义。只有在维基百科中明确地写明了：编码是将信息从一种形式变换成另一种形式或表现形式的规则。这个表述最符合本书中介绍的信息、信息论中的编码概念。而现在市面上以《编码》为名的书籍，大多是以讨论计算机科学中的编码理论和方法，包括程序设计、代码变换、压缩和加密解密等为主的论著。此外，也有遗传生物学方面专门研究和讨论遗传密码（Genetic Code）的。我们这里的讨论的是更基本的“编码”概念，是信息的存在及其表现的基础，也可以说是认识世界的基础。

编码（Coding）

像我们每个人出生后开始认识和了解这个世界时一样，编码的第一步是要赋给我们认识的每一个事物一个名称，术语上叫标识（Identification），并在我们的大脑、我们的信息存储系统中建立起一个列表。比如：想吃东西的感觉是“饿”；渴了要“喝”；解渴的是“水”；困了就“睡”；高兴就“笑”；不高兴就“哭”等等。婴儿大约一岁半左右就可以开始把这个“列

表”——已经建立在他大脑中的部分，用语言表述，三岁就可以与文字符号相对应[①]。这其实就是编码的基础，每个人，也是每个信息系统建立其自己的“字典”和基本编码模式与规则的起始过程。

字典实际上是最基础的信息编码表。据考证，世界上最早的字典是公元前300年左右出自中国的中文字典《尔雅》。之后中文有《说文解字》、《辞海》，以及大众最常用的《新华字典》。世界上每种文字，也都有其自己的大字典，如英文有英国的《牛津英语词典》和美国的《韦氏新国际词典》。拼音文字因为其词汇量大，随着科技的发展，新词的产生量大，也常用简化的词典，称作词表（glossary）来辅助统一词汇词义的注释。

不过，在文字出现之前，是先有语言的。语言最初的建立是通过人群之间自然情绪与感受的交流而发出的一些声音开始的。你会发现，对那些最基本的情绪表现，表示高兴的英语的Happy和汉语的“哈哈”（高兴、快乐）发音类似，都出自笑的时候的自然发音。同理，英语的Cry和汉语的“哭”基本都是模仿哭时的口型、发音或表情。Cry，这个词在以拉丁拼音文字为主的欧洲，不管是北欧还是西欧、东欧的几十个语种中，拼写都是一样的，尽管发音有些细小的差异。多数语言中对母亲的称呼也都差不多，如：英文的mom，中文的“妈妈”。“爸爸”也是类似，英语儿语的称呼也是papa。之后发展到文字时，有了字典，也就是信息交流的正式约定，会把这些词汇的定义更规范，更完整，更正规。于是有了父亲、father等对爸爸这种口语称呼的正式文字标识，母亲、mother等对应的是口语的妈妈。

不管汉字中的“母亲”，口语的“妈”，还是英文中的mother，口语的mom，实际上都是对同一个信息的编码。这个信息就是自己的身生母亲的标识或称谓。如果每一个信息只有一种标识，一个表述、展现方法，世界就简单了。有一个大字典，列出所有的编码对照表，就不再有模棱两可的信息了。可惜现实世界不是这样。不同人群有各自的发源地，各自的发展历史，各自

① 在中国这种用象形文字的环境中，或许更容易一些。

的文化演进，形成了各自的语言、文字编码系统。哪怕是在一个国家或地区的人们，对同一个事物也有不同的语言或文字的表述方法。这使得自然语言的发展本身就有了一对多、甚至是多对多的编码关系。例如：母亲，汉语中既可以称作妈，也可以是娘。百度上市前后有一个宣传广告，标题是：Ｉ。“我”在中文中有至少38种表示法，其中常用的有：俺、咱、吾、己、予、余、愚、朕、偶、涯、阿拉等。

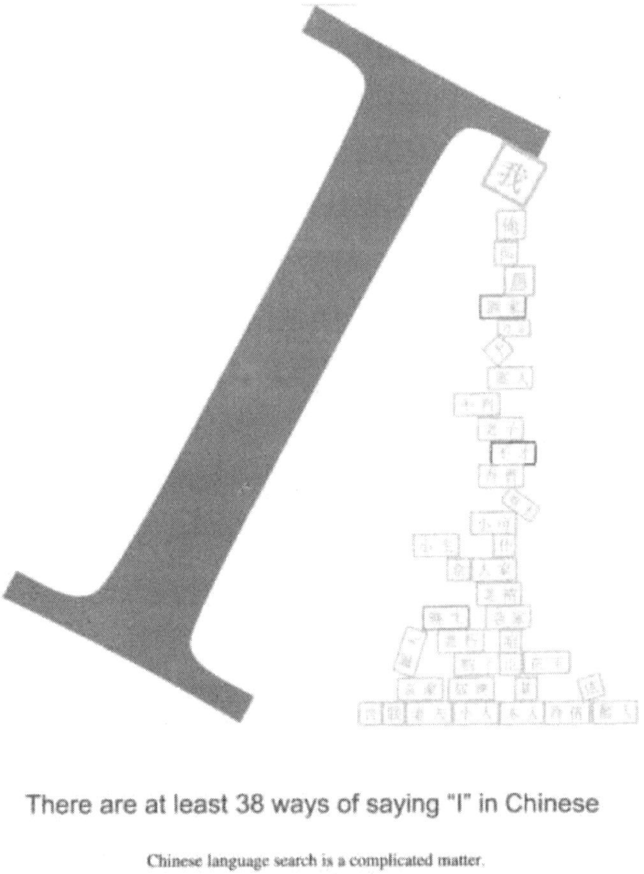

图3.1　百度广告“我”

编码方式的选择：自然语言、科学语言、艺术语言

一个现实情况是，在人的日常信息交流过程中，很多情感成分是无法用文字记录和展现的。语言对话交流中的语音语调会对情感信息的表达有很大帮助。面对面交流时，加上了表情、情绪等情感信息，以及肢体语言等隐含的信息，信息的传达才更完整和充分。这就是为什么在人际交流的培训中老师都会告诉你，书面交流不如电话沟通更有效，电话沟通不如面谈更好。这也印证了我们前面章节提到的，在信息通信中，文字是效率相对较低的编码方式。

简单的字符、标识、词汇虽然可以表示一个信息，但不一定完整、全面、准确。人们需要通过语言环境的限定，情感助词的辅助，语法、上下文等来保证信息准确、完整地展示。所以，信息的准确编码是基本符号（character）在模式（pattern）与规则（rule）的约束下完成的。

即便如此，自然语言还是有很多“多义性”、“歧义性”、不确定性。人们要确保完整准确地描述，比如说，科学、工程技术相关的信息，就需要更严谨的“语言”——编码。于是，就有了数学、物理学、生物化学等各种学科的专用术语——专业字典，及其各自相关的原理、定律、公式、函数、约定等各自相应的模式（pattern）和规则（rule）。这其中必须是严谨的、一对一的，不能有歧义和模糊性存在。我们可能都听说过，一个科学的原理必须用数学语言来证明和描述，这就是其原因所在。因为，符合数学专业的原理、定理、公式、规则等，不允许有不确定性、模糊性。或者，即便有“可能性”也是用概率等数学的公式描述和标出的。相对于在人类发展进化中为了交流沟通而形成和发展的自然语言，这类编码方式叫作人造语言或“科学”语言。

当然，在这些“科学”语言中，为了信息表述的准确，消除了不必要的虚词、副词、情感形容词等最容易产生不确定性和歧义的元素。一些语言和文字甚至就用简单的符号来表示。用这类语言撰写论文和著作，所谓“文学美感”也就随之消失了，使得这些文字、编码对我们常人来说是枯燥无味的。

人文文化生活中，诗歌、音乐、舞蹈、戏剧、绘画等艺术语言常常是更好的信息表达（编码）方式。这类语言的“美感”恰恰是缘于其相对的模糊性和不确定性，使得信息传送者，歌者、舞者、作者、艺术家等有较大的“发挥”空间，同时信息接受者也有较大的想象空间。而且，这种纯“艺术语言”通常都超越地域和种族文化的局限，成为一种信息传递与交流的通用语言（编码）。

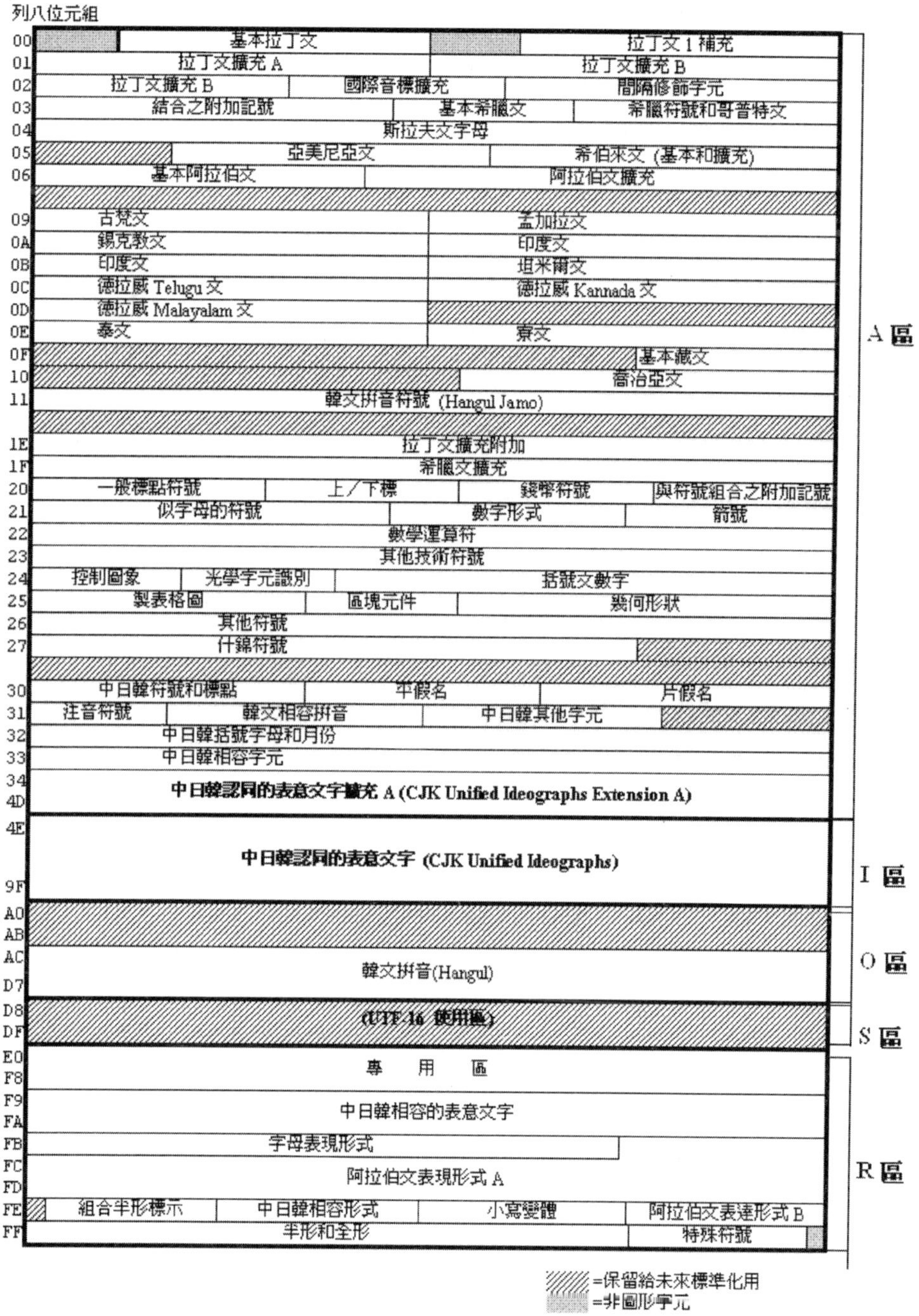

图3.2 图际计算机内码分区标准

数字化

把这些自然语言文字、消息或数据形式的信息变成以二进制表述的数位形式的信息的过程就是所谓数字化，这个过程必须是严格一对一对应的。为此，每一个基本的文字元素，汉字中的字，或是组成英文的字母，以及其他各种符号，都有一一对应的二进制编码。前面介绍过，英文字母和常用符号的标准转换表是ASCII码表。中文汉字则开始时在大陆建立了国标汉字内码表：区位码GB2312，之后又发展出能容纳繁体字的GBK；台湾地区则建立了BIG5（大五码）。20世纪90年代，为适应计算机信息技术的快速发展和全球化的普及，国际标准化组织研究发布了多语种统一的代码表ISO 10646，Universal Multiple-Octet Coded Character Set –UCS（通用多八位代码字符集），俗称Unicode。在这个字符集中，不仅是中文的汉字，日文和韩文中的汉字也统一编码在划定的表意字编码区。开始只有I区，后因“码位”不足，又拓展到了A区的尾段和R区。有了这个通用编码对照表，可以说全世界所有可以用标准的文字和符号表示和描述的信息，都可以数字化成统一的二进制数位形式——机内码，便于用现代化的信息技术、计算机和各种数字设备进行存储、传输和处理。同时，电脑等数字设备中二进制形式的信息也可以以各种适合的形式编码并展现出来。

以汉字“母亲”为例，其对应的各种数字编码，内码如下表：

母　亲	简体汉字
母　親	繁体汉字
C4B8 C7D7	GBK （十六进制码）
6BCD 4EB2	Unicode （十六进制码）
3624 3955	区位码 GB2312 （十进制码）
3018 6024	电报码 （十进制码）

编码、代码转换是信息处理工作中最基本的操作。现在不要说科学研究，就是人文科普类书籍的写作、出版、印刷、发行等等都必须依赖计算机

和网络等信息处理工具。中国引为自豪的“活字印刷术”，以及沿用了差不多二百年的铅版图书出版方式，在刚刚过去的不到二十年中，随着信息技术的发展和数字化的浪潮，已经被彻底淘汰。而今，我们每写下的一个字、标点、符号、图表，在计算机和各种处理设备内部存储和处理的都是“数位”形式的代码。我们有意无意地都在进行着从客观认识加主观思考（信息）向语言或文字图表的信息编码转换。同时，我们都是在用计算机辅助完成文字图表向数位代码的信息编码转换。出版社的编审在编辑和审稿时，进行逆向信息编码转换过程，或者称作解码（decode）。数位代码→文字图表→编审看到的信息展现，即作者表达的内容。这个过程在随时随地反复重复着，直至最后的成品——书籍交付到读者手中。在整个过程中，在任何一个小环节，尤其是重复数量多的环节，节省一点信息（编码）处理的时间，提高一点效率，就可能大大地缩短写作、编辑、出版的时间，提高整个流程的效率。因为这一切都是编码、代码转换、解码，自然会牵扯到一个信息管理技术，编码管理（Code Management）。

2

提高效率的编码管理

编程（Program/Code）

我们都知道，今天无处不在的电子计算机都是靠“程序”指挥其工作的。无论是电脑、计算机或是其他什么机器人和电脑控制的设备，都是依照人们设定的程序进行工作的。这些程序是我们根据让机器进行的特定工作，以及完成这些工作所需执行的步骤，编写的相应的控制指令。这项工作就叫作编程（programing），俗称coding，编码。

说起编程，今天大家都会想到C++、Java、Delphi等当今较为流行的“编程语言”人工语言，或称作工程语言、科学语言、人机交互语言。不过，最早引入编程（program）这个概念的是英国天才数学家查尔斯·巴贝奇（Charles Babbage）。巴贝奇也是现代计算机和程控分析仪的发明人。当然，生活在19世纪上半叶的巴贝奇时代电子技术、半导体等都还没有诞生，他发明的这些计算设备都还不是电动的，而是一些精巧的机械装置。

巴贝奇出生在18世纪末期。18世纪是现代科学的萌芽期。在同时代，英国的物理学家、数学家艾萨克·牛顿爵士（Sir Isaac Newton）发现重力、创立牛顿运动三定律，惯性定律、加速度定律和作用与反作用定律开启了物理学中的经典力学。

在这段时间里，牛顿和德国的数学家、哲学家戈特弗里德·威廉·莱布尼茨（Gottfried Wilhelm Leibniz）又分别独自创立了以微积分为代表的数学分析。从时间顺序上分析，微积分的概念可能是牛顿最早发展出来的。在他1687年发表的巨著《自然哲学的数学原理》中已经利用了微积分的方法，由万有引力及运动定律出发说明了他的宇宙体系。但因害怕这些方法和概念太新，可能招致当时人的质疑和批评，他仍把微积分的痕迹抹去，而以古典的几何论证方式论述。1693年以前，对于微积分他几乎没有发表任何内容，直至1740年他才给出了其完整的叙述。

其间，莱布尼茨在1684年就发表了他的方法的完整叙述。此外，莱布尼茨发明的相关数学符号和“微分法”被欧洲大陆全面地采用，进而成为数学分析的标准语言——数学信息的编码。牛顿所在的英国皇家学会曾于17世纪的最后一年发起了指控，指控莱布尼茨剽窃了牛顿的成果，导致了激烈的牛顿与莱布尼茨的微积分学论战。不过，莱布尼茨的笔记本记录了他的思想从初期到成熟的发展过程，而在牛顿已知的记录中只发现了他最终的结果。后来，学界认可牛顿与莱布尼茨分别独立发展出了微积分学。不过，他们发明出来的标识系统是不相容的，不同的语言，或曰编码系统。而实践中这些表面上的不同比其后面实质的信息相同更要紧。毕竟数学家是靠符号和算式来完成其全部工作的。最终，由于莱布尼茨对数学分析的编码元素——标识符号完整实用，数学界还是普遍采用莱布尼兹方法。包括英国，1820年后也转用了莱布尼茨体系。这个科学发展史上著名的历史故事从一个侧面再次说明了编码、编码系统对信息表述、展现和记录、传承的重要意义。

莱布尼茨不仅是数学家，他在哲学尤其是形式逻辑和符号思维（在此基础上约1884年前后发展出了符号逻辑）上的研究与贡献远比数学更出名。研究工作使他一次次地发现并深刻地意识到：要使一个题目适合于哲学上的研究，语言本身常会令你无言以对，语言描述的问题常会造成研究主体偏离轨道。以语言的思考来思考语言就会引入迷宫和似是而非的窘境。试想，当操着如此多样的世界各地方言的哲学家们面对面时，他们经常发现语言不是一个交流事实的理想管道，而是一个大“漏勺”。词义的混淆导致矛盾。模棱

人的行为是其“价值观”的展示

什么是价值观-Values。价值观就是一个人做人行事的准则。这些准则基于一个人对周边事物的总体评价及其价值判断。一个人的价值观是在与其生长环境的长期互动中形成的，因此也是相对稳定的。环境的变化，会影响其价值观的变化，这都是生存和发展的必须。从信息论来看，它就是宿主于人的大脑这个超级信息系统中的一组信息，一套方法库，一套行为指南。

是信息，当然就会展现出来，否则，岂不如同没有。但是，除非你是专事研究价值观，传播你认为好的价值观，这些信息通常不会通过语言、文字的方式（编码）或图示的形式（编码）展现。有些甚至说不清道不明，它的展示蕴含在这个人的所有待人处事的行为中。遇见油瓶倒了（中国的民间老话儿），有的人会马上扶起来，不管是谁的，也不管是谁碰倒的；有的人却视而不见。不见得有绝对的对与错，只是这表现了这两个人价值观的不同，比如：对身外事物的关注度，关心程度；自我或是利他。有人外向，喜欢交友，展示自己，分享信息；有人内敛，喜欢倾听和思考，默默做事，不在乎他人是否关注自己。这就更没有对错之分，但其价值观是有很大差异的。

还有一些基础价值观或曰“底线”，多数人是有共同准则的，如正直、诚实、相互尊重、平等、同权等。因为，长期的社会实践证明，如果违背了这些基本准

两可和错误的隐喻想必决非事情本身所固有，而是由错误符号的选用而生。研究符号思维的过程中，莱布尼兹曾经宣称：他几乎到了做出“通用符号”的地步！那将带给人类“一种全新的工具，其功力远比光学仪器帮助人们增加视力要更强大”。莱布尼茨坚信，大量的人类推理可以被归约为某类运算，而这种运算可以解决许多看法上的差异：“精炼我们的推理的唯一方式是使它们同数学一样切实，这样我们能一眼就找出我们的错误，并且在人们有争议的时候，我们可以简单地说，让我们算一下，而无须进一步的忙乱，就能看出谁是正确的。”

今天，我们日常使用的计算机或曰电脑正在帮助我们做着莱布尼茨三百年前预示到的运算。

比莱布尼茨晚一个世纪的巴贝奇，也在做着同样的尝试，试图创造一种通用的标准的科学或哲学语言。它所采用的符号需要精心选定，必须是通用的、含义明确且不可变的，巴贝奇认为。

巴贝奇系统地规划、设计，建立语法规则，并开始编写字典。不过问

题来了，如何对这个“符号”字典排序、存储，以便使用时有效的检索？不像我们今天，已经有了电脑，一切在电脑中的最终编码都是统一的二进制数码——比特，能够快速、准确、大规模地进行各种编码间的海量信息查询和处理。当时，可真是没有技术手段来支撑巴贝奇的设想。不过，他依然认为语言是可以人造的东西。理想的语言，应该是合理化的，可以预见的，而且是机械的。就像好的齿轮之间应该是相互紧密啮合的。

先从自动计算入手，巴贝奇1820年完成了设计，1822年向英国皇家学会展示了世界上第一台机械式计算机的原型机，如图3.3。这个计算机的概念证明，数字计算这个工作是可以机械化运作的，不必只靠人的心算，或只是借助于纸笔、算盘类，实际上是信息暂存的工具。当时，这种计算机被命名为差分仪（Difference Engine）。差分仪在其生命期的一百多年里，在欧美得到了持续发展，发展到能够解多阶方程的数学题，运用于各种科学计算研究。直到真正的电子计算机发明和普及后的20世纪中期，它才退出历史舞台。

而巴贝奇的发明和创造并没有止步于此，受当时提花织布机操作模式的启发，巴贝奇又发明了可以用打孔卡片编程控制的自动分析仪（Analytical Engine）。它正是今天程序自控的启蒙原型，虽然卡片这种指令存储介质早已被电、磁或光介质取代。

那是1824年，在斯特兰德展示的一台织布机约瑟夫·玛丽提花机厂发明

则，最终吃亏的会是自己，当然也危害环境。这些也称作universal values（普适价值观），也有译成普世价值观，意思相同。

我们了解这些有啥现实意义？是去改造环境，还是修正他人的价值观？当然不是，这两项都是个人所不可为的，尤其是试图“帮助”他人。上面的原理中已经说了价值观的形成及其特性，其现实意义是：首先，你看多了，知道在什么环境下多会形成哪样的价值观，你就更容易理解和知晓一个人的行为背后的因果关系。认识现实环境，并思考如何与不同价值观的人相处。再者，也是一个自检的参照，你知道哪种环境中可能形成什么样的价值取向，自己的成长环境可能使自己形成哪些优良的品行和习惯，更加自信和坚持；同时可能有哪些局限，如何调整可令自己更加积极，可能提升对社会的价值贡献。知人易识己难啊。

图3.3　世界上第一台机械式计算机

的，通过编码存储在穿孔卡片上的指令控制织布编织工序。当然，令巴布奇着迷的不是编织，而是编码。提花机把图案从一种介质上转移到另一种上。随着编织机穿梭运转而渐渐地显现在缎面上的编织图案，编织前是送到一个神奇的“艺术家”那里去的。如他所说，技师是在一组纸板卡上打上许多孔，当这些穿好孔的卡放入提花织布机中后，机器就会按艺术家设计的图案，丝毫不差地进行编织。巴贝奇注意到的要点是，要绘制的图案作为一种信息从物理的编织过程中抽象分离了出来。他解释道，例如：编织工可能选择不同的丝线和不同的颜色，但在所有这些变化的情况下，编制出的图案形状却是完全相同的。今天，我们思索一下，我们日常工作中很多时候并没有清楚地分辨是在处理信息，还是具体的实物操作。而实际上，对多数人来说，我们每天进行信息处理的工作量远远大于对实物的物理操作。可以说，几乎所有事项，只有相关的信息处理得充分，实操才最快捷、最节省、最有效率。

尽管在巴贝奇的有生之年并没有真正做出来一个完整的、程序控制的自动分析仪。但是，是他最早把这样的指令编程的概念引入了自动计算，以及自动控制领域。人们可以把包括计算在内的一些程序化的操作要求（信息），通过指令编程（编码），交代给机器设备（传输、通信），由机器设备去完成操作（处理），并给出结果（展现）。这正是一套完整的，当今信息系统的运作流程和概念！

而第一个用巴贝奇的概念进行程序编码的人是英国诗人拜伦的女儿，那个时代罕有的女性数学家，也是作家艾达·拜伦（Ada Byron）。艾达也成了世界上第一位“程序员”。后人为了纪念她，以她的名字命名了一种高级程序语言，即ADA语言。

计算机编程

电子计算机发明以后，编程，编写控制它运行的指令，刚开始都是用纯粹的二进制代码——机器语言。为了人记忆的方便，用缩写的英文字母来助记。例如：相加指令 = add、跳转 = jmp、中断 = int，形成完整的编码语言称作汇编（assembly）。但这些近乎直接操控机器工作的机器指令还是不便于编写复杂程序，不管是计算程序，还是控制程序。可前面说过，我们的自然语言实在太不严谨，模糊性、歧义性太多，哪怕电脑功能包括存储能力发展到如此强大的今天，自然语言的解析与控制仍然是研究课题。我们不得不发明一种既保持严谨、无歧义、稳定可靠的语言编码，又能尽可能地接近人们常用的自然语言习惯，形成人机沟通与交流的桥梁。于是就诞生了Fortran、Cobol、Algol、Basic、C、Pascal、Ada、Lisp、Prolog、Ada等一系列的编程语言，统称为高级语言。这些为了更适合从科研计算、商业数据报表处理，到自动控制、人工智能，甚至游戏操纵等不同需要而先后发展出来的各种编程语言大大地方便了人们的使用，拓展了计算机的应用空间和应用领域，从而充分地开发了计算机的各种信息处理能力。

这些计算机编程语言，根据各自的应用目的虽有不同的变化，但基本上都包含有算术数学计算、逻辑计算公式和函数，条件控制、转移和循环等结构语句，子程序、函数或过程等嵌套逻辑结构，存储地址访问寻址和输入输出控制管理等。用它们编写并构成的程序或应用的实际功用，就是把一组信息自动地或交互式地根据需要和环境变化转换成另一组信息。最后的结果，或是输出在某种介质上的结果展现，或是控制其他的某种物理装置和设备。前者统称为信息编码变换，后者是自动控制。其中有人参与的就是人机交互式的信息处理，否则就是全自动的信息处理系统。

编程管理

随着电脑硬件技术的发展，功能飞速增强、性能越来越高、成本却越降越低，应用范围迅速扩张。应用软件的开发自然越来越庞大和复杂。动不动几百万条语句构成一个软件系统，需要大量的人员协同编程。要提高效率，协调工作，就需要有相应的编码管理。为此，20世纪80年代，如日中天的美国数字设备公司（DEC）先在内部开发出来一套软件开发管理系统DECset，之后又作为软件应用产品推向市场。这套系统从程序编码，到生成最终的可交付系统，由六、七个模块构成，包括：

①语言敏感编辑器Language-Sensitive Editor （LSE）

②编码管理系统Code Management System （CMS）

③模块管理系统Module Management System （MMS）

④源代码分析器Source Code Analyzer （SCA）

⑤测试管理系统DEC Test Manager （DTM）

⑥规模与性能分析器Performance and Coverage Analyzer （PCA）

⑦运行环境管理DECset Environment Manager

20世纪90年代初期在香港，笔者曾用这套系统协调来自印度和香港的多间软件公司的程序员共同开发屈臣氏公司的超市管理系统。其中最核心的是前三个模块：语言敏感编辑器、编码管理系统和模块管理系统。之所以提出这三个模块，是它们的概念其实不仅适用于大规模的软件编码开发，也适合于其他需要多人协调编码开发，包括并行和串行，甚至是混合流程的编码工作，比如：书籍的编写或翻译、出版。

语言敏感编辑器，就是当你编码时，编辑器会根据你选择的编码语言，自动地帮你检查字词拼写、语句结构、程序结构、变量或函数引用的合法性等等。从而避免机械性的错误，大大提高你的编码效率。当然，具体的这个LSE主要是针对各种常用的程序语言的，例如：C、Fortran、Cobol、Basic等。今天，微软公司的word、金山公司的WPS等文本编辑软件已经可以对多种自然语言，包括中文进行辅助词法、语法等自动检查，并辅助修正，减少文章撰写过程中的词法、语法错误。当然，如果真要像编写程序语言那样做到免除语法错误，对自然语言这种复杂的语言，还有待进一步发展完善。或许将来会出现如专门帮助你填词作诗或某类格式文章的专用中文编辑软件。

最值得参考的是编码管理系统和模块管理系统。编码管理系统可以把一个系统中的不同的程序分成模块，分程序、子程序、数据库等所有文件都放在一个大文档库中统一管理。这样，很多人可以同时在这个系统中建立、编辑或修改完善不同的模块、程序段，甚至是分工协作的同时或先后修改相同的一段程序。系统会记录和追踪所有的编辑修改过程，记录修改的内容和注解，合并同一个文件中不同处的修改，提示同一处先后修改可能产生的不一致性或冲突。在这个过程中，系统还会协助建立统一的字典和被多处引用的公共子程序或函数的调用规则。系统还会对其中的每一个段落，以文件为单位，设立版本管理。同一段落不同版本间的差异可以随时比较查看，以帮助你确定修改的正确与否。你发现新做的修改不合适，它甚至可以根据需要，把某一段文本退用较早一些的版本。模块管理系统则可以配合编码管理系统建立整个系统的模块结构，每一个模块采用哪一个编辑版本，最终合成哪一个版本的系统。最后，可以一个指令让系统自动地编译链接合成整个系统的执行系统。

设想一下，如果把软件系统开发换作一本书或一套书籍的编写，把程序语言换成自然语言，把版本更新升级的过程比拟成逐级审校，最终的系统合成交付比作图书的定稿出版，这个系统不就是图书编辑出版的系统么！它或许会大大提高出版社的图书出版效率，甚至可以使撰写、编辑、审校等不同工序的串行工作某种程度上并行起来，对多人协同翻译的大部头书籍和丛书尤其有效。这其实已经不是概念和想象，笔者了解到不仅在国外已经有以此概念组织书籍出版管理的出版公司，国内也有出版社在试着建立这样的出版管理平台。甚至是开放式的平台，因为它尤其适合现代数字化多媒体、数字版图书的出版管理。摆脱了印刷工序的实物操作的过程，数字图书出版已经变成了一个纯粹的信息管理。配合当今的网络化环境，这样的图书出版系统可以从书籍撰写、校改、编审， 一个平台追踪管理到销售、交付，包括更正、反馈、书评等售后客服的全过程，及一本书籍初版、再版的整个生命周期。著名的亚马逊公司已经在开始这样的过程，它正在从一个最大的网络书商拓展为一个集出版、发行、销售为一体的图书巨无霸。

3
无处不在的“解码”

1898年，五十岁的法国后印象派画家保罗·高更（Paul Gauguin）完成了他人生最著名的一幅画作《D'où venons-nous？ Que sommes-nous？ Où allons-nous？》这句法文译成汉语意思是《我们来自哪里？我们是什么？我们去哪儿？》看似简单，但它已经远远超出了一般绘画艺术的范畴，而是提出了人类持续在探寻和破解的终极哲学问题。

图3.4　法国高更的名画

第一个问题：我们从哪里来？

实际上探究的是人类的起源、生物的起源，进而也要涉及我们生长的环境，地球的演变发展史，太阳系乃至宇宙的起源。这是对更久远的客观世界的追溯、了解、认识，及其相关信息的解码；是从20世纪创立相对论的爱因斯坦，到后来发展量子力学、发现构成物质的各种粒子的全球顶尖物理学家、生物学家、历史学家以及考古工作者至今都一直在孜孜以求的研究课题。

生命的起源或生物的起源在十八、十九世纪前基本就是近乎神学的臆测。典型的有“神造论”，如《圣经》中的：“起初，神创造天地。”中国则有“盘古开天地”，然后是“三皇五帝”领导着人类的发展。在科技尚未充分地展开，人类对客观世界的认识还很有限的古代，这自然也是一种统一思想意识的信息解码，尽管基本上是主观信息。

不信神的，则是以古希腊的亚里士多德（Aristotle）为代表的“自生论”或“无生源论”，对应有中国古代的所谓“肉腐出虫，鱼枯生蠹”。这种学说认为生命是从无生命物质自然发生的。之所以这种解释广泛流行于十九世纪前，也是由于人们对大自然认知的局限和对科学了解的局限。直到1860年，法国微生物学家路易斯·巴斯德（Louis Pasteur）设计了一个简单但令人信服的“肉汤实验”，彻底否定了“自然发生论”这个当时被普遍接受的生命起源假说。今天，它也成了一种淘汰废弃了的“解码”。

第三类有关生命起源的假说，是有生源论，这在19世纪的西方也相当流行。有生源论认为，“生命是宇宙生来就固有的，你要问我生命从哪里来的，你首先给我回答一个问题，宇宙怎么起源的？物质怎么来的？你给我回

“价值观”的转变，重塑

我们讲到，价值观的形成，是一个人与其生长生活环境长期互动的结果。那么价值观的转变，也不是可以说说就变的。既然是在“做”的过程中形成，也只能在“做”中改变。所以，类似于传销公司那样，集会口号式的“教育”，心灵鸡汤般的灌输，即便不是迷魂汤，也是徒劳的。

回到一个企业，一间公司里面，老板天天“吼”着员工：要忠心耿耿，要感恩，要尽职尽责，不然就罚你，不然你就没饭吃，等等等等。都是徒劳无功的。无论是责骂，还是诉苦，都不可能从内心里唤起员工的同情和认同。该做的就是以身作则，创造好的积极向上的氛围和环境；分享公司对未来的憧憬；讲明公司的奋斗目标；引导和鼓励员工共同进步和发展。在这样的过程中，多数的员工自然会修正他的价值观，与公司“同步”。否则，也将自然被淘汰。谁不希望自己能有更好的发展呢？

答了物质是怎么来的，我就可以说生命是从哪儿来的”，其实这是一个不可知论。20世纪后半叶，有生源论逐渐发展到现在的宇宙胚种论。直到现在，有许多科学家认为：生命必需的酶、蛋白质和遗传物质的形成，需要数亿年的时间，在地球早期并没有可以完成这些过程的充足时间段。他们认为生命一定是以孢子或者其他生命的形式，从宇宙的某个地方来到了地球，这种观念也是有一定的依据的。近三十年飞速发展的天文学、天体物理学、量子物理学和对宇宙空间和星系发展的研究与探索，正在不断助力这一分支上的解码。

1859年，伴随着达尔文《物种起源》一书的问世，生物科学发生了前所未有的大变革。同时，它也为人类揭示生命起源这一千古之谜带来了一丝曙光，这就是现代的化学进化论。生命起源的化学进化论在1953年首先得到了美国科学家斯坦利·米勒（Stanley Miller）的证实。这种理论基于更多地对生物体生长环境的研究，结合与参考地球本身发展演变的科学和考古研究成果。既然地球早期温度比较高，又充满了很多还原性气体，还有水，那么我就把这些气体和水都放在一个瓶子里，看看它是否能产生生命，或者产生有机化合物。1953年，米勒把氨气、氢气，还有水、一氧化碳放在一个密封的瓶子里，并在瓶子里面

图3.5　路易斯·巴斯德

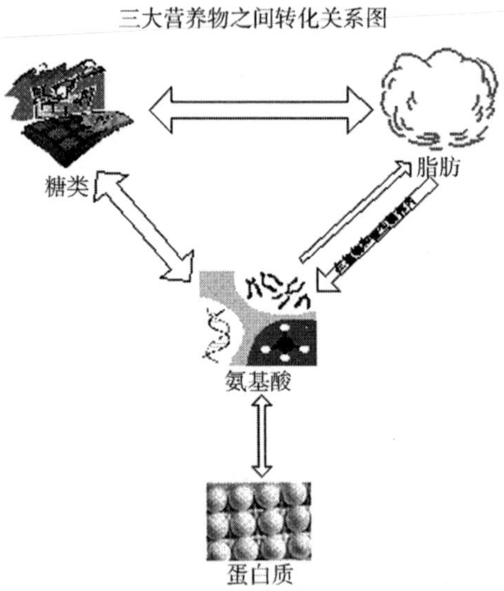

图3.6　营养物之间转化关系图

两头插上金属棒。之后加上电源，通过类似于闪电的作用，在几天之后确实产生了大量的氨基酸。那么就是说在地球上面，通过闪电的作用，在常温下，也能使无机分子合成有机分子。氨基酸是组成蛋白质的最重要的物质，也可以说是组成生命起源最重要的物质。因此，依米勒实验描述的生命起源事件可推断：在早期，地球上因含有大量的还原性原始大气圈，比如：甲烷、氨气、水、氢气，还有原始的海洋，一些闪电作用把这些气体聚合成多种氨基酸；而这多种氨基酸在常温常压下，可能在局部浓缩，再进一步演化成蛋白质；蛋白质和其他的多糖类，以及高分子脂类，在一定的时候有可能孕发成生命。这就是米勒对生命进化的过程的一种有科学实验依据的“解码”。

不过这还只是生命形成的一个开始，算是一个首要过程：把无机物合成为有机小分子。有了这个基础，理论上至少还需要有两个过程。第二个过程是有机小分子到有机大分子的聚合转化，氨基酸→蛋白质。最后，第三个过程，也是最难的是：生物大分子到原始单细胞的转化。这还是当今分子生物学和生物遗传学研究的主要课题。它涉及①自我遗传系统，就是能自我复制的生物大分子系统的建立，DNA、RNA系统的建立；②纳入到自我复制系统，遗传系统控制的蛋白质合成；形成新陈代谢，能量和物质在细胞内的交换；③生物膜系统的形成，有了细胞壁、细胞膜等生物膜，才能构造成一个个生命的基本单元——细胞，进而逐步完成“细胞→组织→器官→生命体”的构建过程。

虽然理论上的可能性被实验证明了，可是如何能找到事实依据呢？毕竟都是成千上万年前的事情，成千上万年前的生命，除了推测还能怎样？这时候，正是因为有了信息论，有了人们对信息的特性的认识，使得我们有机会追溯历史。我们前面说过，信息不是物质，但信息是承载在物质或生命体中的。每一个组成生命的基本单元——细胞中都有描述整个生物体的遗传基因，遗传信息驻留在细胞核的DNA上。生命在其生命周期结束时可以死亡，组成它的细胞逐渐衰败，但DNA上的遗传信息很“顽强”。首先，它们的副本非常多，存在于每一个组成生命体的细胞中；其次，它们实质上是信息，并不随着生命的消亡而消失。这就是，为什么人死了，只要能找到他的毛发、皮屑，甚至体液等残留物，都可以提取出DNA做检验、比对，来判断人的身份和特征。通过考古发掘，只要能够找到古人的化石或其身体上的任何残骸、碎屑，都有机会找到其活着时的相关信息。同理，考古中发现的各种器皿，哪怕整体上已经不完整，甚至是碎片；哪怕并非生命的残骸，是纯粹的无机物质，也会载有它“活着”的那个时代的相关“基因”信息，只是需要我们去“解码”。

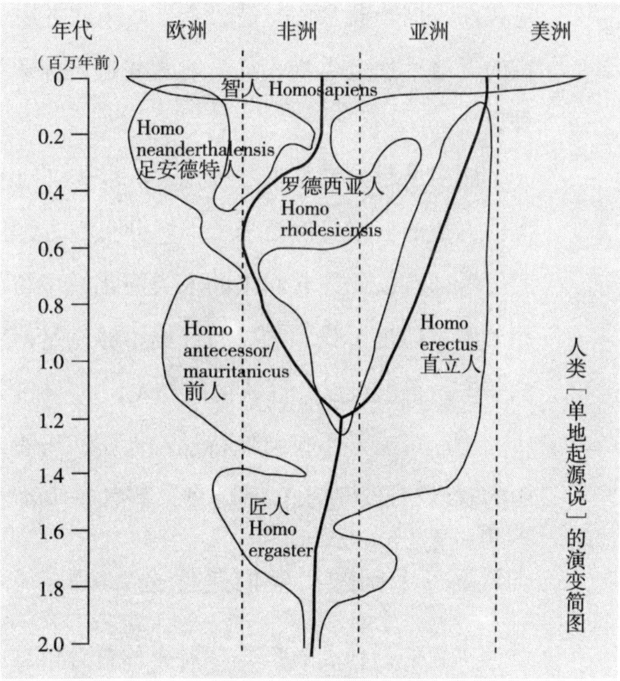

图3.7 人类演变简图

当今，研究人类起源的人类学家对人类的演化过程主要分两种观点：单地起源说和多地起源说。

尽管早在1871年查尔斯·达尔文在他那著名的《人类的由来》中就已经提出了人类源于同一个祖先，即源自非洲的单地起源假说。可直到20世纪80

年代前，这个概念还只是一个推测。这之后，由于线粒体DNA等遗传基因研究的发展，加上生物人类学对古代考古标本的研究证据，才确切地证实了这种说法。

而多地起源说是米尔福德·沃波夫（Milford H. Wolpoff）于1988年才提出的。他的依据仍然是基于地域分布考古、化石和DNA基因组遗传信息的研究与考证。依此建立起来的人类演化模型与单地起源说假定的物种形成过程相矛盾。但由于找到的化石证据不够充足，所以至今还无法解决两种假说间的争论，得出可以共同认可的结论。

由此可见，不仅自然科学，人文、历史、考古都已经是综合科学。而其中的重要纽带，都归结到信息，信息载体的寻找及其承载的信息的解码。

第二个问题：我们是什么？

“我们是什么？”则是对人体自身信息的解码，是当今生物、生理、医学在不懈探求的课题。

生物学与信息、编码原本是两个天地的事情。20世纪40年代末，美国神经生理学家沃伦·麦卡洛奇，通过一系列跨学科交流的梅西会议，才把香农、维纳等学者刚创立的，原本只限于物理、电子通信工程方面的通信、信息科学，从神经、心理到生理、医学地引入到了生命科学这个大门类中。更多的人开始认识到生命与生命间的交流，甚至细胞与细胞间的信号传递都是信息，都要用某一种信息的编码来解读。这正是当今生命信息科学研究的一个分支，我们权且称作“生物实时信息解码”。

当笔者在电脑上写这段文字时，大脑中发出了怎样一些指令信息？它是如何编码传递到指尖，指挥着十指敲击键盘来实现的？这个“编码”今天虽然还不能获解，但就在2012年春科学家已经取得了一点突破性的进展。据相关媒体报道：来自浙江大学研究组的科学家2月21日下午宣布，他们已在猴子身上实现了大脑信号“遥控”机械手做出抓、勾、握、捏等较精细的手势。这是国际“脑-机接口”领域取得的最新成就。研究人员在一只名为“建辉”的猴子的大脑运动皮层植入了芯片，芯片与猴子大脑的200多个神经元相连接，把截取到的神经信号，实时送入专门研发的神经信号分析系统，并对记录到的200个神经放电信号进行解码，最终区分出了“建辉”抓、勾、握、捏四种不同信号的“密语”，之后去控制机械手就是相对简单的纯物理自动控制了。

生命科学界的另一个研究领域是“非实时”的解码——遗传密码的研究。人类一直以来就在不断探究，人的个性特征可以从一代传到下一代，这些特征必须得有某种基本的形式及其传递的载体。开始有人认为有某种类似于物理学中的原子、分子类的生物“粒子”，当时称作“塑子”具有这个功能。可经过数百年的研究推测，无数的试验论证还是未能找到。1910年，丹麦植物学家威廉·约翰森（Wilhelm Johannsen）在研究过程中自然不自然地想到并发明了“gene”—“遗传基因”这个词。他想或许这个词可以帮助纠正大众对生物遗传认识上的诸多误解。奥地利理论物理学家，量子力学的奠基人之一，被称为量子物理学之父的埃尔温·薛定谔（Erwin Schrödinger），除了对量子力学的贡献而获得过诺贝尔奖之外，1944年还著有一本《生命是什么？》（What is Life？），自己发展了分子生物学。当薛定谔深入地思考遗传基因时，面对的问题是：如此一个微小的颗粒物如何能承载决定整个生物体生长发育的，那么完整复杂精细的编码脚本？要解决这个难题，薛定谔考虑波动力学和理论物理都使不上劲儿，倒是电信技术中的摩尔编码给了他启发。他注意到仅仅由两个符号“·”和“-”的有机编排，竟然可以组成人类自然语言千变万化的全部内容。于是他建议，“基因也是一样”，必须引入一种编码：“这种微型的编码应该与高度复杂且特定的（生物）发育蓝图精确一致，同时似乎还应含有如何实施这个蓝图的方法”。自此，可算有人首次把物理学、电信技术中信息编码的概念引入了生物遗传的研究。它实际上开启了遗传信息解码的研究时代。后来发现了DNA双螺旋结构的詹姆斯·沃森（James D. Watson）与弗朗西斯·克里克（Francis Crick）均深受薛定愕的影响。

美国的少年才俊沃森十五岁就进入芝加哥大学学习。因为阅读了薛定愕的《生命是什么？》一书，促使他去“发现基因的秘密”。22岁获得博士学位后，沃森去了大洋彼岸的欧洲继续博士后的学习研究。一次他与导师一起到意大利那不勒斯参加一次生物大分子会议，有机会听英国物理生物学家威尔金斯的演讲，看到了莫里斯·威尔金斯（Maurice Wilkins）展示的DNA X射线衍射照片。寻找解开DNA结构之奥秘的念头再次在沃森的头脑中索回。为此，他转到英国剑桥大学卡文迪什实验室学习，在此认识了克里克。比沃森年长一轮的克里克本是学物理的，也是在一九四六年读了薛定愕的《生命是什么？》一书，倍受启发。他不仅对生物学产生了兴趣，更决心把物理学知识用于生物学的研究，一九四七年重返研究机构开始研究生学习。同为研究生物分子结构和遗传而相逢卡文迪什实验室；同欲探索DNA结构，沃森和克里克可谓志同道合相见恨晚。他们认为解决DNA分子结构是打开遗传之谜的关键。而只有借助于精确的X射线衍射资料，才能更快地弄清DNA的结构。为此他们多次与在国王学院医学研究委员会工作，同是研究DNA的威尔金斯和他的同事罗莎琳·富兰克林（Rosalind Franklin）进行了多次研讨。威

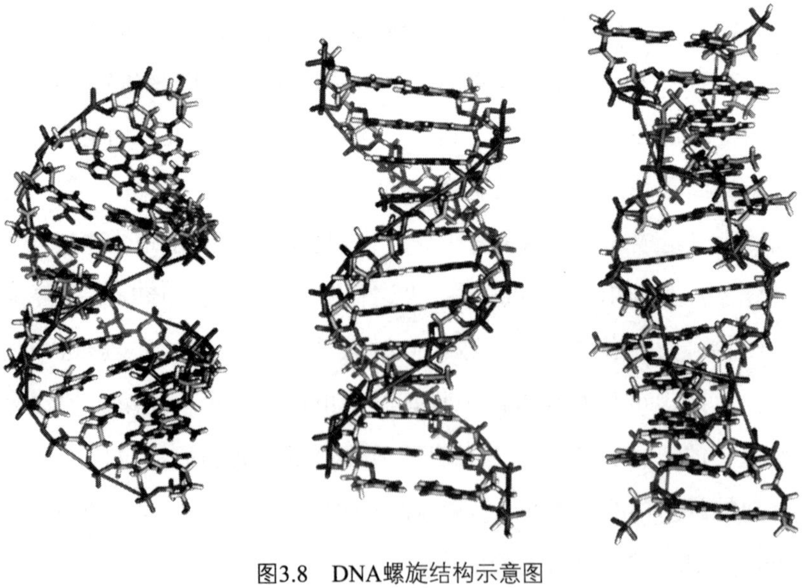

图3.8　DNA螺旋结构示意图

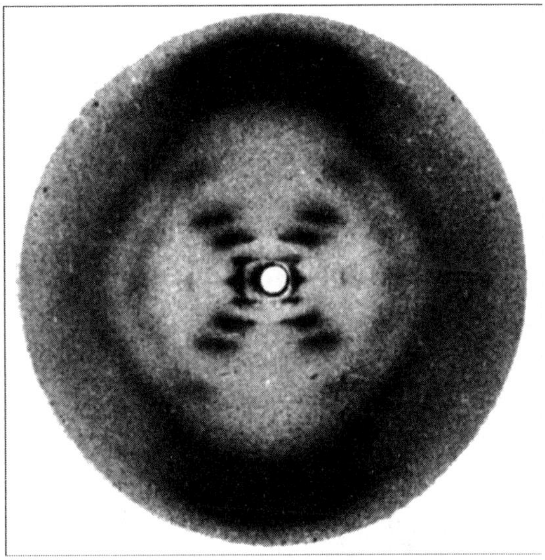

图3.9　“B”型DNA的X射线衍射照片

尔金斯和富兰克林都是X光衍射技术的专家。他们用此技术进行过物理、化学和生物等多个领域的研究。尽管在DNA结构的研究推测方面富兰克林与沃森和克里克有很多不同的看法。一九五一年底富兰克林还曾对他们初次提出的一个三股螺旋DNA结构的设想给予了批评和否定。不过，还是一幅富兰克林拍摄的“第51号图”——“B型” DNA的X射线衍射的照片，给了沃森最关键的线索提示。随后，沃森和克里克紧张连续的工作，很快就组装完成了双螺旋结构DNA金属模型。之后，他们又一次打电话请来了威尔金斯。不到两天工夫，威尔金斯和富兰克林就用X射线数据分析证实了双螺旋结构模型是正确的，并写了两篇实验报告同时发表在英国《自然》杂志上。正是在一九五三年四月份的这期《自然》杂志上，沃森和克里克正式宣布他们成功推演出了DNA的精确模型，并得到了威尔金斯和富兰克林的X射线衍射数据认证。一九六二年，沃森、克里克和威尔金斯因这项伟大的发现获得了诺贝尔医学和生理学奖，而富兰克林因患癌症于一九五八年病逝而未分享该奖。①

这项重大的生物遗传研究成果证实了薛定谔为代表的遗传学前辈的猜想：遗传基因实际上是一种信息；遗传信息的编码是双螺旋结构；遗传信息以双螺旋结构的编码展现在DNA，脱氧核糖核酸中；DNA正是承载遗传信息的一种介质。每一个生命体，包括构成生命体的每一个细胞，都是其遗传信息的一个展现。“每个活物出自一枚卵子”。一个有机组织的完整描述已

① 诺贝尔奖规定只颁发给健在的杰出科学家。

经记录在组成这个有机体的每一个细胞的细胞核中，这就是其遗传基因。

当然，DNA结构的发现对揭开生物遗传的秘密还仅仅是一个开始，只是人们找到了认识遗传因子、解读遗传信息、了解遗传机制的一个关键的途径和方法。过去快六十年了，难以计数的科学家投入到遗传研究与“解码”的工作中。为破译人类遗传信息，美国、英国、法国、德国、日本和中国的科学家一九九〇年提出，一九九五年正式启动了人类基因组计划（human genome project，HGP）。这一预算高达三十亿美元的研究计划历时十余年，最终通过测序完成了人类染色体中所包含的三十多亿个碱基对组成的核苷酸序列的全部草图，解开了人体十万个基因密码，并绘制出了人类首张基因图谱。这之后，作为此计划的延伸，多过科学家又开始了“千人基因组计划”。新的计划试图通过前所未有的大样本量，研究人群罕见变异的表达图谱，从而定位、发现和分析致病遗传因子，并直接用于医学研究和疾病预防和治疗。“我们是什么”的解码还在继续。以期在对自身深入彻底深入了解的基础上，能够抵御或减少疾病侵扰、保持健康、延长生命。

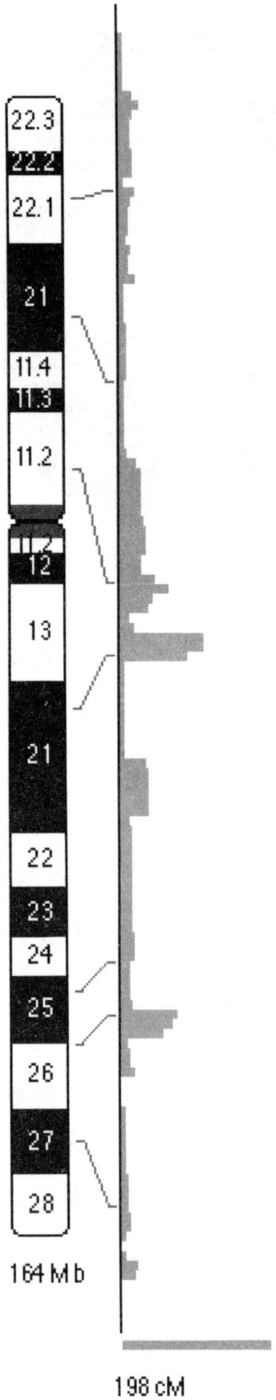

图3.10　人类基因图谱示例

第三个问题：我们去哪儿？

要科学地预测人类、世界、宇宙的未来走向，更是难上加难。传说中的玛雅预言已经预测了现代社会、人类、地球要在2012年底毁灭。世界为什么要毁灭？为什么恰在此时？玛雅文明是一种考古的推测。玛雅预言本身只有遗传下来的一本手卷，也就是著名的“德雷斯顿抄本”。在“德雷斯顿抄本”的最后一页，关于世界末日场景的设想是一场洪水将毁灭整个世界。时间的依据是玛雅人认为的循环规律。在玛雅历法中，1872000天算是一个轮回，即一个轮回5125.37年。玛雅文明的开始时间是公元前3114年8月11日，称作第四个太阳纪。一个轮回5125.37年，这一纪将结束于2012年12月21日（冬至）。当时的玛雅人认为，在每一纪结束时，都会在我们生存的家园上演一出惊心动魄的毁灭悲剧。不过，这种世界末日的假想在许多文化中都有存在，并不仅仅是玛雅人才有的预言。认可玛雅历法的科学性的科学家，恰恰认为玛雅预言中关于2012年12月21日是世界末日的说法是一种被误解的说法。那一天是玛雅历法中重新计时的“〇天”，表示一个轮回结束，一个新的时代的开始，而并非指世界末日。没有其他科学或自然的迹象能表明这一天，或这一年就是地球文明毁灭的时刻。天体物理学家和地质学家们对前面讨论过的第一个问题“我们从哪里来？”研究得越透彻、越深入，反而越无法认同预言中的假说。只是那些借题发挥的艺术家和商家在利用人们的“迷信”暗含的商机，催生了《2012》等著名灾难片。我们到底会去哪儿？只有科学在对第一个问题和第二个问题都有了相对深入的解码时，才可能有答案。

由此看来，解码要比编码不知道难多少。客观世界，只要我们能认识清楚的，总能用一种编码来加以描述和解释。我们的所思所想总可以用文字、绘画、声音等任何一种语言编码展现，或借助于肢体、声光电等其他工具表现出来。哪怕是密码，只要是人编的，总该有解。唯有遥远的宇宙空间，和微小的微粒子世界，包括我们的人体自身的构成，这些信息编码是最难解的。人类仍在不懈的努力中。

4

代码转换：一首诗的多样表述

一个信息系统从外界采集到的信息是以各种各样的形式存在和展现出来的，但在其自己内部的存储形式是统一的。在所有的计算机电脑系统中，信息都是以二进制数位形式存在的。这之间当然都需要进行代码转换，我们前面已经讨论过。不管采集到的是文字信息、语音等声音信息、图像信息或是光电信号，都会根据各类信息所对应的码表或采样数字化方法，最终转换成以“0”和“1”组合成的数位形式。

系统中的这些信息不管是否经过处理，或就是以数码形式简单地存储和传输的，当要输出或展现时，除非信息的受体仍然是一个电脑类的数字系统，都要根据信息受体可接受的形式进行一个逆向的代码转换。比如，要让我们可阅读，就要把数码形式的信息转换成文字符号显示在屏幕上或印制在纸张等介质上。要是语音或图像信号，就要用音频或视频解码处理转换成音频、视频信号，展现在音视频播放装置中。如果是一些控制自动化设备的指令和程序，就要转换成相应的光、电、磁信号，去驱动和操控相应的设备。

技术性的代码转换

进入21世纪的今天，这些物理信息系统的代码转换大都很成熟了。信息技术的利用，大大地解放了人类过去不得不手工做的很多机械化的劳作。比如书写，过去我们不得不用笔纸进行，今天用电脑上的键盘，手机和pad上的

多研究成功的管理机制，不必过多关注创造机制的个人

我们看国外的管理书籍，其中都会有很多案例分析。通常都是介绍某个知名公司，在某个时期的经营管理模式、系统、流程、方法、理念，及其带来的效益，或经验。很少有一味地介绍其中的CEO或是创始人的“丰功伟绩”的。在国内，你看到的这类书籍，基本全是“传记”，基本是创业“英雄”的一部部个人奋斗史。你可能会问，有什么不同么？不都是学习他们的企业经营管理理念或经验么？非常非常不同！

每个人的成长和发展环境可能不尽相同，或者时机并不相同，其发展中各种‘促成’的人和机遇基本不可能重复，你怎么学？每一个成功的创业都是一次或一次次智慧的展现和创造。根据信息论的理论，智慧是无法完全复制，难能传播的。你看到那些奇妙的英雄故事，我们就算那是完整的历史描述，你除了能羡慕和感叹，还能怎样呢？

那么，照此说来为什么还要研究他们成功的管理模式和系统呢？还是根据信息论的原理，一个相对固化的系统、流程、方法…能总结成理念的“信息”，我们就称作“知识”，或曰“知识系统”。智慧提炼成知识，固化成系统后，就可以复制、转播、学习…指导同类的工作、行为…再实践。

这就是我们要去学习系统，而不必盲目崇拜英雄的原因。当然，为了深入研究“系统”、“知识”的来龙去脉，成型的前因后果，了解英雄们的奋斗过程，尤其是形成这些系统，创造这些知识的原委，很多时候是必要的。

触摸屏，或虚拟键盘。也可以根本不需要“动手”，用语音识别转换输入工具，你说一下，文字就可以进入手机或电脑，跃然屏上。人文艺术家们已经在疾呼：今天，我们几乎已经不会书写文字了。多数人从小就在用键盘输入文字。

我们日常接触的商品也都有了条码或二维编码。购物时，商品的名字和价码都已经不需要手笔记录或计算。大的市场里甚至连键盘都不用了，一切需要的相关信息有条码阅读等电脑辅助设备帮助采集、代码转换、统计计算直至银行结算。我们所要做的只剩下选择、决策，最后把东西拿回家，若是再懒一些，拿回家也可以请物流送货代劳。信息技术的广泛应用，真不知道是让我们自身进步了，还是退化了。

但是，代码转换从技术上看，就是要求具备一对一的准确性。当然，这是在一定的条件和环境约定下的一对一转换。比如：汉字与汉字内码间的一一对应关系；数字与计算机内部表达数字的二进制内码间的一一对应关系。只有在具备一对一关系、准确无误、没有二义性存在的情况下，才可能交由计算机、电脑去进行自动处理。

人文社会中的代码转换

平常我们最常遇见的代码转换的例子之一是不同自然语言间的翻译。但是，这远没有上一节中讨论的技术性的代码转换那么简单。尽管我们早就有比如说《英汉字典》或《汉英字典》这类的编码对照表，可是，人们研究了五六十年的机器翻译（machine translation）[①]，迄今为止仍然只能起辅助作用。不同语言间的文字翻译工作还是要靠人工。而且，需要很有经验或曰智慧的翻译家，才有可能使翻译的作品（代码转换后的信息）保持原意（不产生变异）。

一对多，一字（英文中的词— word）多义性使得我们无法仅凭一个简单的码表确定一个汉字编码所表达的信息，或曰代表的含义。举例来说："行"这个汉字。这个字型（技术上叫"字模"）与计算机中代表它的内码是一对一的。区位码：4848，GBK：D0D0，或者大五码：A6E6。但它可以表示的信息是很多的，可以表示：1，行走；2，行为；3，行动；4，行头；5，行列；6，行业；7，商行；8，发行；9，品行；10，行（可以）；11，行将。这还不算是完整列出，就已经有十多种可表示的信息，含义。必须要根据组词，和行文中的上下文才能确定其具体在某一个地方所表示的信息。

同时，一种信息，同一个含义又可以通过不同的字词编码来表示。比如

---

① 世界普遍认可，曾经协助香农推广信息论的沃伦•韦弗-Warren Weaver是"机器翻译"概念的首创者。沃伦在一九四七年三月给《控制论》创立者维纳的一封信中首次提到数字计算机用于文件翻译的概念。并在一九四九年七月写出了"Translation备忘录"正式给出了完整的机器翻译框架。

前文列举的“我”这个信息，用汉字代码就可以有30多种完全不同编码，或曰表达方式。综合看起来，现实人文环境中，信息与编码是多对多，对多的关系。一种，一个信息可以有多种编码表达方式。同一种编码又可以表达多种可能完全不同的信息。‘语言’，编码又可以有多种不同的选择。声音、语音、文字、绘画、舞蹈、歌声…是一种分类；汉语、英语、法语、俄语…又是完全不同的另一种分类。这种复杂性使得自然语言比科学语言要更丰富多彩，传达的信息内容不再只局限于知识形态以下的信息，可以用于智慧的创造和展现，表达。下面的这段英文短诗，及其多种汉语的翻译表达，就可以让我们既感受代码转换上的多对多复杂度，同时又可以欣赏到自然语言之丰富多彩的美感。这还只是两种语言表达同一个，一组信息。

英文原诗：

You say that you love rain，
but you open your umbrella when it rains.
You say that you love the sun，
but you find a shadow spot when the sun shines.
You say that you love the wind，
but you close your windows when wind blows.
This is why I am afraid，
You say that you love me too.

简单汉译：

你说你爱雨，
但当细雨飘洒时你却撑开了伞；
你说你爱太阳，
但当它当空时你却看见了阳光下的暗影；
你说你爱风，
但当它轻拂时你却紧紧地关上了自己的窗子；
你说你也爱我，

而我却为此烦忧。

意译，译中增加艺术修辞：

你说烟雨微芒，兰亭远望；

后来轻揽婆娑，深遮霓裳。

你说春光烂漫，绿袖红香；

后来内掩西楼，静立卿旁。

你说软风轻拂，醉卧思量；

后来紧掩门窗，漫帐成殇。

你说情丝柔肠，如何相忘；

我却眼波微转，兀自成霜。

诗经版：

子言慕雨，启伞避之。

子言好阳，寻荫拒之。

子言喜风，阖户离之。

子言偕老，吾所畏之。

离骚版：

君乐雨兮启伞枝，

君乐昼兮林蔽日，

君乐风兮栏帐起，

君乐吾兮吾心噬。

七言绝句：

恋雨却怕绣衣湿，

喜日偏向树下倚。

欲风总把绮窗关，

叫奴如何心付伊。

七律：

江南三月雨微茫，

罗伞叠烟湿幽香。
夏日微醺正可人，
却傍佳木趁荫凉。
霜风清和更初霁，
轻蹙蛾眉锁朱窗。
怜卿一片相思意，
尤恐流年拆鸳鸯。

自然语言的发展历史与人文环境决定了它的差异性。也正因为此，虽然信息技术发展了近七十年，可以说发生了难以想象的，翻天覆地的变化；机器翻译也研究了这么长时间，但还是很难实现两种自然语言之间的自动翻译，尤其是文学作品。这也从另一个角度说明，计算机、电脑今天还做不到处理“智慧”形态的信息。

编码冗余度— Redundancy

既然如上节例举，一个中文字可以表达多种意思，字形与字义多存在一对多的关系，那么当在某一次具体的行文（编码）时，它只是表示其时适用的一个具体的含义（信息），而其原本带有的其他寓意就是无用的，多余的。于是，冗余度就存在了。

每一种自然语言都存在其固有的冗余度。这在香农研究通信原理的早期就发现了，并对此进行了很多相关的深入研究。

而自然科学家们，为了某种研究目的创造的人造语言或曰科学语言，都是要消除歧义性消除冗余度，使得其对特定信息的编码表达准确无误。典型的如数学，数学语言。

再回到信息论发明初期，香农在研究消息传输中遇到的主要问题是传输过程中的准确和高效的问题。通过什么样的方式传输才准确和高效，很大程度上取决于通过怎样的编码。当时常用的通信方式是电报，电报码是一种编码。要把一段消息的文字拆成字符，字符再变成点与线构成的电报码，这

图3.11　电报码表

是传统电报的工作方式。要高效，就是最后传输的代码要优化，要尽可能的短。要准确，就是代码转化的过程中要不产生歧义。不会丢失内容，也绝无多出来。可是，编码前的文字本身就能准确地有效地表述消息了吗？在这些研究过程，香农实际上发现了另一个事实： 文字其实也是一种编码。字符组成字词，字词再组成短语的过程，实际上也是一个编码转换过程。字符到点和线的电报传输码已经是一对一的码表转换了，几乎没有进一步缩减的可能。而用来描述消息的文字，字词的组成；语句的构建却大有文章可做。这实际上正是香农的研究课题之一——英语语言文字的冗余度。在不影响准确性的情况下，消除冗余度就提高了效率。

尽管从信息传输和存储的角度看，编码的冗余度越小越好，可从另一些角度看，编码的冗余也有益处。比如：纠错。

“研表究明，汉字序顺并不定一影阅响读！事证实明了，当你看这完句话之后才发字现的序顺都乱是的。”

当你不经意地快速读过上一段话时，或许你并不觉得有啥奇怪。可是，这段话本身的字序确实是乱的！正确的字序应该如下，下划线处就是原来的“乱”点。

研究表明，汉字顺序并不一定影响阅读！事实证明了，当你看完这句话之后才发现字的顺序都是乱的。

短短一句话，有九处字序颠倒，竟然不影响阅读，不影响信息的传达，说明两点：①汉字编码有冗余度，所以错了还能传达原本的意思；②这个冗余度可以帮助“纠错”。因此，写错了，编码不准确的情况下，仍然能把意思传递过去，这个通信的过程中，实际上恰巧是冗余的编码帮助实现了纠错。

这不是汉语特有的特性，是自然语言编码共有的特点。看看右图这是典型的英文例证。字词错序得更明显！原文的实际信息可以译为：

我能读懂！你呢？

如果你读这段儿，你也会心生疑虑。你能读懂么？只有部分人可以。我简直不敢相信我可以准确无误地明白我在看的是什么。根据剑桥大学的一项研究，人类的心智力量惊人，字母在单词中的顺序并不太要紧，重要的是其中第一个字母和最后一个字母是否在正确的位置。其他的字母顺序哪怕完全错乱，仍然可以照读不误。这是因为，人们在心里并非逐个字母地阅读，而会把整个词单词作为一个整体。神奇吧？是啊，我曾经认为拼写是非常重要的。如果你能读懂，请分享它。

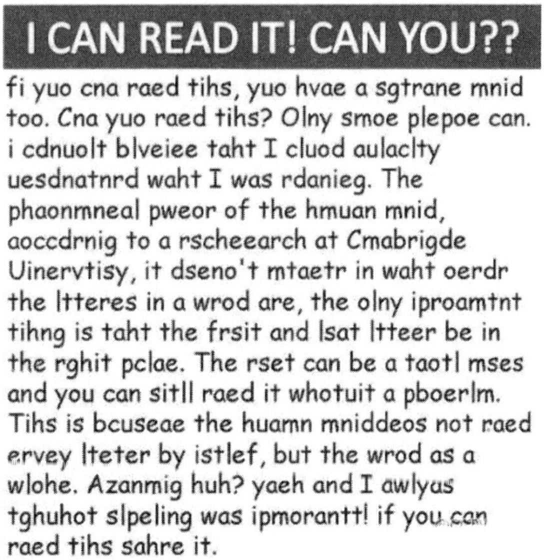
I CAN READ IT! CAN YOU??
fi yuo cna raed tihs, yuo hvae a sgtrane mnid too. Cna yuo raed tihs? Olny smoe plepoe can. i cdnuolt blveiee taht I cluod aulaclty uesdnatnrd waht I was rdanieg. The phaonmneal pweor of the hmuan mnid, aoccdrnig to a rscheearch at Cmabrigde Uinervtisy, it dseno't mtaetr in waht oerdr the ltteres in a wrod are, the olny iproamtnt tihng is taht the frsit and lsat ltteer be in the rghit pclae. The rset can be a taotl mses and you can sitll raed it whotuit a pboerlm. Tihs is bcuseae the huamn mniddeos not raed ervey lteter by istlef, but the wrod as a wlohe. Azanmig huh? yaeh and I awlyas tghuhot slpeling was ipmorantt! if you can raed tihs sahre it.

与冗余度关系密切的编码理论中还有两个关键的技术，加密与解密和压缩与解压。技术细节不是我们这里讨论的重点，我们不在此过多地展开。同时，这里每一种技术可以说都是一个专门的学科，研究的相关问题都不是一两本书可以承载的。我们只要知道，其“根”都在于编码的冗余性或曰冗余度。

第四章
通信：信息存在的目的

了解了信息、信息系统、信息论的基本概念和理论，我们再回来，更深入地认识和了解“沟通”通信，这个我们每天随时都可能做的事情。这既是我们研究信息的初衷，同时，人们对信息的深刻认识也是从研究“通信”开始的。

今天，当人们说起“通信”很容易联想到科技上的通信技术、通信工程，通电话，网上聊天，短信祝福，微信交流等等。换句话说，通信交流是信息存在主要目的和意义。一个人的生存与发展离不开与其他人，及其生存环境的交流与沟通—通信。我们在仔细研究自然科学的通信技术和方法时得出的一些结论和规律，同样可以用来从技术的角度分析人与人面对面的沟通，从而改进人与人之间直接沟通的效率。

1

通信的概念

英文 communication的词义

英文的communication是从拉丁词[communic]演变而来的，意为分享、共享、交流。到了英文的动词原形是communicate，表示以声音、视觉、信号、文字或行为方式交换思想、消息或信息。说白了，就是在两个信息系统之间，以任何可能的有效方式交换信息。要注意的是通信一定至少在两个或两个以上的“信息系统”间进行。至少需要一个信息发送者发出信息，也就是我们在讨论信息系统的五大基本功能时说的“信息展现”。其他的一个或多个系统接收，或采集发送者展现、发出的信息。通信是一个过程，一个事件，始于发信者发出一个信息，终在接受者收到这个信息。

中文“通信”词义

中文早前比较普遍的用法是“通讯”，而非通信。其中“通”，是表示通达、通报、通知、往来交接和沟通的动作，是动词。而“讯”则是讯息、讯号，是要通报、通知、沟通的内容，相当于英文的message——消息、报文。如：《南史·谢弘微传》中有，“内外或传语通讯，辄正其衣冠”，意为通报音讯。而《旧唐书·赵隐传》中的：“岁时伏腊，公卿大臣盈门通讯，而大臣及母之荣，无如其比”，是互致问候的意思。

新闻媒体发布的新内容、新消息又叫通讯、快讯，通常是指在新闻发生地采集到的新闻，以当时最快的手段，电报或电传，后来还有传真等，第一时间发回新闻采编机构——通讯社，编辑后形成电讯通稿。报纸上常见例如：“每日讯”的新闻开头。古时，其实也有通信这个词。不过，其中的“信”指的是信函（Letter）或口信儿（Message）。如：唐朝李德裕的《代刘沔与回鹘宰相书意》：“又恐回鹘与吐蕃通信，已令兵马把断三河口道路”，意指互通音信，或通风报信。

笔者年轻时，研究的是无线电通讯。其中，通的是“讯号”，而非信号。人们当时的实践认识到，以电波方式传递讯息的速度是最快的。因此，以电报、电传、电话等各种电传输通讯，通称为“电讯”，而非现在通用的“电信”。20世纪80年代出版的《辞海》等辞典中甚至都没有收录电信、通信这类的词汇。

到了约20世纪80年代中后期，“信息”这个词开始被国内相关行业广泛接受和认识，逐步有了电子技术、信息技术，而不再只限于无线电和电讯技术。这时候，把“信”的概念逐步从传统的信函、口信儿的概念拓展到了“信息”。讯号统一改成了信号，与英文词汇signal对应。除了传媒行业，电子通信、电子技术一律把电讯改成了电信，实际上拓展了所谓信息的范围

“同权”育儿的基本理念

最近，多次与不同的年轻朋友讨论亲子教育的话题。80后的一代才俊都在这个年龄阶段，事业初成，孩子小的刚刚出生，大的甚至已经到了学龄前教育期。大家普遍对亲子教育的话题，比职业经理的经验分享更感兴趣。

那么，先给大家分享一个我的教育理念，就是两个字“同权”。所谓“同权”，就是任何人生来与其他所有人享有同等的权利，一切你有的他也应该有的权利。听起来好像非常西化，人权观是吧。没错。但是要用在你的家中，你与你初生孩子之间。父母对孩子只有哺育、保护、教育的责任和义务，没有指挥、强迫和要求他/她的权力。孩子们一出生就与父母、家长是同权的。你能接受么？能做到吗？

小孩不懂事，胡闹怎么办？的确是他不懂事吗？是胡闹么？有危险么？

如果有危险，比如说磕碰，电器，尖锐可能造成误伤的器物，家长有责任和义务去防范、去保护，这个不用提醒，你都会做。如果没有危险，仅仅是你不喜欢的东西、做法，他却感到新鲜和好奇，为什么不允许他去探究呢？这就是是否有同权意识；是否能尊重孩子，像尊重一个成人一样的问题。

小朋友一出生就与你有同样的信息系统——大脑，就与你有同样的信息处理功能，信息采集、记忆、处理、传输、展现。当然，他的“系统”生理上虽然存在，但还在成长与开发的初期阶段。他的存储记忆系统中的内容还很少，很有限。但他们的信息采集能力已经很强，渴望汲取信息，来充实他们的记忆。他们的信息量少，信息处理的能力也还没有开发出来，就像一台全新的电脑。他们还没有学会信息展现的方法、技巧，尤其是“编码”语言。所以，他们还无法跟你自如沟通。但，并不是他们什么都不懂。

家长的主要教育责任和义务，就是帮助他更多地采集信息，尽快地充实他们的信息系统中存储的信息。而他们信息处理能力，对信息选择、判断、比较、分类、转换的能力是他们自己开发的范围，家长不应也不能代替。只有他们信息采集的越多，他们的信息处理能力才会发展得越快、越强。

和覆盖。正像信息论的概念中消息message，原本我们称作的讯息，仅仅是信息的一种存在和表现形式。同样，现今通信取代了过去通讯的叫法。电信行业，涵盖和取代了之前的电讯业。其中的信息涵盖的范围更广泛。尤其是到了20世纪90年代后期，通信中的“信”，已经全面数字化。无论是语音、文字、图像，还是其他的什么信息，在以电脑为核心处理手段的现代通信系统中，一律转化成信息的终极颗粒化形式“比特”——二进制数位形式，进行处理和传输。通信手段、工具、系统的发展，已经淘汰掉了一些古老的模拟通讯方式，如电报、电传等。通信这个词的使用，也准确表示了信息科学在通信技术这个重要领域的发展、进步和标准化，统一化。

通信机制

通信是信息系统间的信息交流和分享。第二章中讨论过，任何一个信息系统必然有信息采集或接收的功能，以及信息展现或曰发出信息的能力。不过，两个系统间要能够成功地进行信息交换，实现通信需要有四个基本前提：共同的信息编码（Code）；统一的通信协议（Protocol）；连接两个系统的信息传输介质（Media），或曰信道（Channel）；同步（synchronization），或曰共振（resonance）机制。

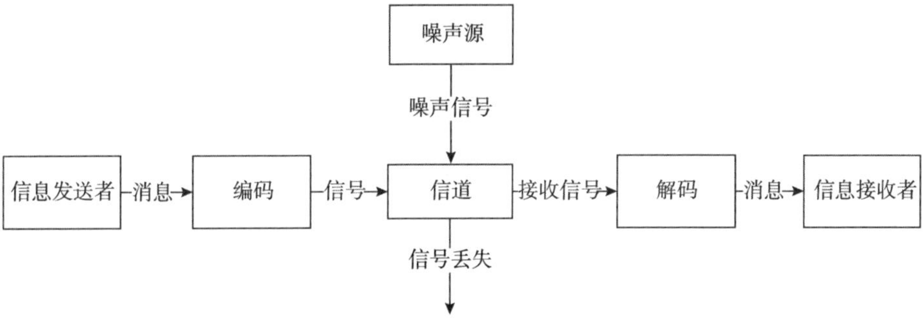

图4.1　通信机制

编码，前面我们已经有专门的章节讨论。以我们人与人之间面对面语言交流为例，我们交流的语言就是一种编码。我们必须使用两个人都能听得懂的语言，同一种编码。任何两个信息系统之间的通信，必须使用同一的编码，至少是相互兼容的编码。

协议，也是交流时的默契，在英文中protocol-协议还有礼仪的含义。就是说我们交流过程中要遵守基本的礼仪，要遵守规程默契。例如：见面后我们如何开始这次沟通的过程，是先握手，还是拥抱。交谈过程中，我说的时候，你听；你说的时候，我只能听。一段话说完是用停顿表示，还是要明确说明我这段儿说完了，而不能两个人同时说，那样交流沟通就无法进行。

信息传输介质或通信信道，听起来比较专业，在上述这个例子中好像看不出来。其实我们之间的空气就是我们面对面沟通中信息传输的介质。因为有空气的存在，说话者的声音才能够传送到听者的耳中；反之亦然。若是在真空中，没有传载声波的物质，说话者的话音就无法发出。如果，我们相隔两地，通过电话系统交流沟通，就容易明显地意识到，电话系统是我们之间沟通交流的信息传输介质或曰信道。

同步，因为是两个系统间的信息传递与互动，必然需要两个系统间的同步机制。每个系统的运作都有自己的时钟，或曰频率。其自身内部的信息传输和各种运作，必然是依据自身的频率运行的。可要与外部沟通和交流，必须适应对方的节奏或曰频率。不然，这个通信就不可能进行。试想，假如你以每分钟500个字的速度朗读，我的听力最快能适应每分钟200个字，你说什么我能听到么？就像以每秒25帧拍摄录制的影视，你只能以同样的频率回放。要以每秒100帧的速度快播，你看到的如同疯狂的木偶动画，将是失真的画面，很多内容（信息）将无法捕捉到。

通信的时空概念

通信信道也分两类：无存储信道和有存储信道。

从通信时空看，无存储信道仅适合于实时通信。发信者发出的信息，在信道中没有任何的停留和延迟，直接传送到收信者。或者说，延迟的时间只是传输的距离除以声、光、电信号在该介质中固有的传播速度——$t=l/v$。上述面对面交流的例子中，空气就是一种开放式的无存储信道。老式的模拟电话也是典型的长距离无存储信道通信。各种仍在使用着的有线或无线对讲机，还没有数字化的有线或无线广播系统大都是采用无存储信道。

有存储信道是指信道中对传入的信息具有暂时存储的能力。信息在信道中根据需要可以进行代码转换，然后才发送出去，送给接收方。这种信道已经是一种专用于传输通信的信息系统，而非简单的传输介质。它可以用作实时通信，也适合延迟通信。对于今天普遍采用的数字通信，信道里面一定要经过代码转换的信息处理工序，就算是实时通信，也必然是有存储信道。

极端地说，任何存储介质也都可以算作通信信道，这就成就了非实时通信的需要。传统的书信、图书、报纸、杂志都是典型的利用存储介质实现通信交流的“信道”。正是有了这些信息存储媒介，事件才可以记录，不同时空的信息才可以沟通，文化、知识才可以交流、传承，历史才可以延续。

今天的多媒体播放设备，也都可以帮助我们播放存在优盘、闪存卡上或者网络上、“云”中的各种数字化、多媒体信息，不管它们是音乐、影像、书籍或是游戏。加上今天无处不在的无线网络，信息通信几乎可以做到任何时间、任何地点按需访问。现代信息技术，尤其在通信方面，已经大大地改变了上个世纪人们的时空概念，从逻辑上，大大缩小了空间的距离，缩短了时间的长度。因此，现代通信技术利用得好，一定可以大大地改善你生活与工作中的时空利用效率。

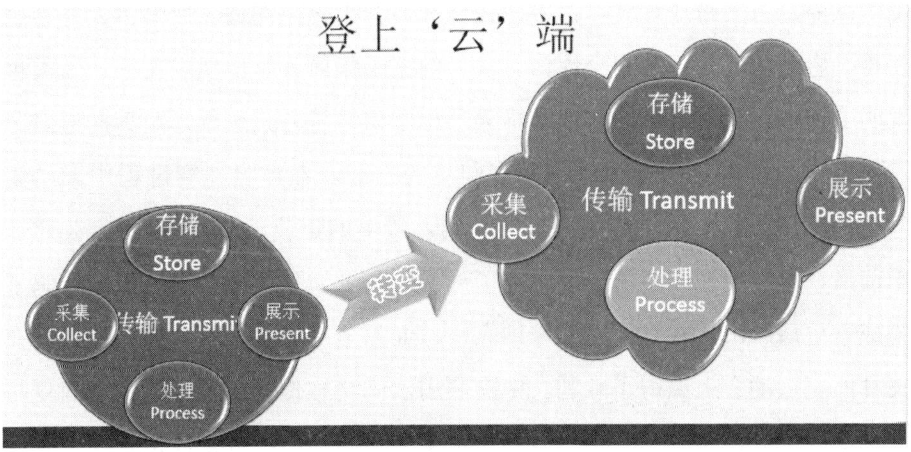

图4.2　“云”化的信息系统

2
通信发展简史

有人类，有生物，就有通信。这与我们前面讨论过的这个世界是由信息流支撑的道理相同。所以，通信的发展自然与人类自身的发展相伴随。

古代通信发展简史

古代长时间的发展过程中，人类一直保持着传统自然的通信方式。语言发明以前，古人是通过肢体语言、表情和声音来交流沟通。后来古人开始用图符、岩画等方式记录和交流信息。大约三千年前开始出现了文字。人类也发明了击鼓、鸣号、敲钟，或是烽火、标志信号等方式进行远距离的通信。古罗马人很早就已经知道鸽子具有归巢的本能。在休育竞赛过程中或结束时，通常放飞鸽子以示庆典和宣布胜利。最早的记载，公元前43年~公元17年前后，奥维德在一本著作中记述了一个叫陶罗斯瑟内斯的人，把一只鸽子染成紫色后放出，让它飞回到琴纳家中，向那里的父亲报信，告知他自己在奥林匹克运动会上赢得了胜利。中国利用信鸽鸿雁传书或许更早。在西夏与北宋的战争中，西夏军队利用信鸽做军事通讯。相传我国楚汉相争时（公元前二百年前后），被项羽追击而藏身废井中的刘邦，放出一只鸽子求援而获救。西汉外交家张骞，东汉的军事、外交家班超，都曾在出使西域时用鸽子来与皇家传送信息。

延续时间最长、最普遍的一种传统通信方式是邮政。据考证，中国殷商盘庚年代有甲骨文的时候就有了通信兵。那时，边戍向天子报告军情的记述，有“来鼓”二字，即：通信兵。秦始皇统一中国后（公元前221年），在全国修驰道，“车同轨、书同文”，建立了以国都咸阳为中心的驿站网，制订了邮驿律令，建立了中国，或许也是世界上最早的“邮驿法”，可见当时的邮政通信系统已经相当完善。汉代邮驿继承秦朝制度，并统一名称叫“驿”，规定五里一亭，十里一亭，三十里置驿。邮驿还随着“丝绸之路”的形成而通达印度、缅甸、波斯等国。《后汉书・袁张韩周列传》中，安曰：“公事自有邮驿，私请则非功曹所持。”中国古代，在以文字表达、记录和交流信息方面对人类发展与贡献是功不可没的。

现代通信

我们权且把以电子技术为通信手段的通信算作现代通信。电子技术原来的目的就是为了改善通信，利用新的通信方式和相应的通信技术、通信方法，提高通信效率。以电子通信为代表的各种现代通信技术则多发源于西方社会。在现代科技迅猛发展的十九世纪、二十世纪初期，中国在无休止的战乱动荡中。

1835年，以美国发明家塞缪尔・摩尔斯（Samuel Morse）发明电报机为标志，人类开启了以电磁波为载体和信道的电通信方式，电信（telecom）时代到来。通信发展的追求始终是以最快的速度，在任何需要的距离，准确地传达发信者希望分享的信息，不管是对客观世界的认识，或是发信者自己的所思所想。电报的发明，实现了比以往更快的通信方式，不过还只能用文字、字符编码来表述信息。

1876年苏格兰出生的加拿大科学家（1882年加入美国国籍，最后在加拿大离世）亚历山大・格拉汉姆・贝尔（Alexander Graham Bell）发明了电话，并于同年三月申请了世界上第一个电话专利权。开始了通过电波，实时传送语音信息，进行‘隔空’及时对话交流的时代。电话的发明与运用，使得当时长距离通信中信息编码的方式从单纯的文字拓展到了语音、语言。我们前面讨论过，从技术上考虑，语言要比文字编码对信息的展现效率更高，信息的表达更准确。

1895年，现代通信技术有两项巨大的进步。一个是，俄国物理学家亚历山大·斯塔帕诺维奇·波波夫和意大利工程师古列尔莫·马可尼同时成功研制了无线电收发装置。通信信道不再仅限于金属导线，广袤的苍天都可用作通信的信道，从此开起了无线通信时代。不过，很长时间无线通信只限于单向的无线电广播，或电报，报文通信。直到20世纪80年代末才有了商用的无线电话网路。尽管这之前，半双工的无线电对讲方式二战后期就有了一些应用。

再一个是法国的卢米埃兄弟，在巴黎首映世界上第一部电影。电影虽然不是一种实时交互通信的手段，但在信息编码上是一个巨大的突破。虽然，当时的介质都是化学胶片，电影的制作过程相对也比较复杂，但它是第一个把信息以活动的图像的方式记录下来。记录下来的活动影像，还可以像图书一样复制多份拷贝，分发传播。这在一对多的信息单向传播上已是一个巨大的创新。

收音机和电视机同在1920年问世。无线电传播从此进入了飞速发展阶段，通信中的一对多广播模式得以广泛应用。1957年，苏联发射了世界上第一颗人造地球卫星，无线电通信从地球发展到了太空。现在运行在太空的一千多颗人造卫星，超过一半都是专事通信任务的。

本书第一章中我们已经详细介绍过，20世纪40年代末，香农信息论的创立，实际上也是源于对通信的理论性研究，并建立了通信的通用抽象模型。

1966年英籍华人科学家高锟博士首次明确提出利用光导纤维进行激光通信的设想，从此开启光通信时代。光波、光粒子是比电磁波、电子传播速度更快、能耗更低的信息载体。高锟博士为此获得了1979年5月由瑞士国王颁发的国际伊利申通信奖，以及2009年诺贝尔物理学奖的一半奖项。

20世纪后半叶，电子计算机的发明并快速发展，使信息处理的研究与发展，尤其在通信方面，进入了一个全新的时代——数字通信时代。主要特点是：数字化（编码）、网络化（通信模式）、多媒体（展现形式）、多信道（方式/速度）。

计算器，被世界忽略的中国第五大发明

今天，说起中国的古代四大发明，人们公认的，包括我们自己引以为傲的只有：火药、造纸、活字印刷和指南针。这些跟当今世界最火的行业，IT行业好像没有直接关系。当然，你说纸张和印刷都是记录信息的工具和手段，沿用至今，可能也凑合，而以数据计算功能为核心的计算设备，计算机、计算器，人们普遍认为是欧洲人发明的。不要说电子计算机，就连计算装置，人们也会认为是在1642年由法国人帕斯卡发明了世界上第一个计算器。20世纪七八十年代，为了纪念他，人们把一种先进的计算机算法语言命名为Pascal语言。

不过真实的情况是，世界上最早的计算装置——计算器是中国人在东汉时期发明的！它就是刚刚世界申遗成功的“珠算”中用的算盘。而且，这个装置是数字化的，即：十进制进位，位数之间没有模糊空间。而西方，直到手摇计算器出现才是数字化（digitized）的。在数字电子计算机出现之前，西方的常用计算装置，如：计算尺、差分仪，包括最早的电子计算机都是模拟计算法。

那么算盘是怎样发明的？为啥没被列为中国古代的重大发明呢？简单的背景是这样的，东汉时期，一个官员叫刘洪，领命组织计算税收，率众算师昼夜忙碌。当时的计算方法是“筹算”，也是国家规定的算数时用的方法，称作“国算”。筹算，就是用一堆竹筹，样子像算命用的竹签，横摆竖放进行计数。当时，中国已经很发达了。产值及其赋税数目已经很大，实在忙坏了刘洪，几百人都算不过来。眼看不能按时交差，急死刘大人了。

一日，刘洪街上路过一店铺，发现店老板在与前来卖山货的白发道人吵架，近前围观。原来道人与店老板因为讨价还价，为计算结果不一致而争吵。店老板当然是用国算筹算计算，老道却是用一把桃核来计算。结果不一致，店老板说我是国算，是朝廷规定的标准，你那是啥东西，民间骗术，结果不能作数。看见有官老爷过来，店老板马上找刘大人评理。刘洪好奇，出题当即让两人PK。结果，都是老道胜出，算得又快又准。刘大人拦住老道讨教。老道推脱再三，随后还是告诉了刘大人。他用大中小三种桃核，标识10、5、1。然后，摆在地上，按堆儿摆放，就可以方便计算了。

刘大人回府后反复思索，找来桃核自己摆放，觉得既有启发，又觉数大了还是不便。睡梦中还在梦游思索。惊醒起身，看见窗棂上挂着串在绳子上的山楂产生了灵感，认为可以把桃核排成排，分成上下两段，或三段，每排算一位，上一段一个核算五，顶上算十，下一段一个核算一，过了四个，就用上一段表示五，再过了九就用顶上那个核，也可以向左边进一位。太棒了，这时候珠算的基本模式就形成了。可是，桃核放在桌子上乱滚，还是容易乱掉。这时候，家里的木匠说我给您刨

一个木盘四周有框，桃核就跑不了了。刘洪说好啊，你再给我凿出并排的竖槽，这样位数也不会乱了。佣人在旁边插言道，您这个桃核也不规整，干脆让老木匠车一些同样大小的木珠不就更好了。对对对，刘大人大加赞赏，命木匠照此办理。就这样部件都做好了，拿到大人跟前，摆在案几上。非常漂亮，实用，大人欣喜若狂。那么该叫它什么呢？木匠刚说是做个盘子，就叫算盘吧。那么通过摆放木珠来计算，当然就该叫珠算了。这就是算盘和珠算的诞生。不过那时候，虽然刘洪是看了山楂串产生的灵感，但还真没有想到把木珠串起来更方便。开始时的算盘是没有算杆固定木珠的，只是放在槽中避免滚乱。后来，不知啥时候用算杆串了起来，不再需要沟槽了。算盘，在中国一直用到上世纪末，直到电子计算机普及了，才逐渐退出历史舞台成了历史文物。前后将近两千年的历史！

那么这个发明为啥被忽略？因为政治。当年，刘洪顺利地完成了算税的使命。当时的另一位大官人蔡邕建议刘洪向皇上禀奏把珠算列作国算。可是遭到众当朝大师们的坚决抵制，岂能用这些小儿科的东西废了筹算这种老祖宗流传下来的国算。后又遇乱朝动荡，蔡邕被贬，刘洪也下野，珠算没能成为国算。但是，刘大人在民间广为推广珠算。所以老百姓，“私企”、商家都逐渐普及了算盘这种最古老且实用的计算器。

3

通信的3种模式

根据通信的具体目的和参与者的多寡，通信模式可以分成三种：一对一、一对多和多对多。

一对一

一对一是两个信息系统之间的直接交流通信。信息在两个个体之间你来我往，是双向的。最普通也是最典型的一对一的通信例子就是两个人之间的沟通，或用语言或是文字，也可以是眼神或肢体。相距遥远时，则需要借助通信工具进行通信。古老的有鸿雁传书、邮政通信，现代的电子邮件、电话或者即时通信，如：QQ、MSN、微博私信、微信私聊。

一对一通信时，选择双方都善用的编码和协议相对都比较容易。因此，在通信四要素中最关键的是信道。信道传输要高效、可靠、方便、易用，且私密和安全，既不会丢失和泄露信息，也不会遭到噪声干扰。

当然，在现实生活中选择通信手段和工具时，我们通常除了考虑通信的高效、方便、安全、实用外，也要评估成本。很多时候，远程人与人之间一对一沟通时，视频通话可能是最有效的，它基本模拟了面对面的面谈方式，可是相对通信成本也是最高的。不过，今天，有了高速互联网的基础，以微信为代表的SNS通信工具，既可以文字、语音通信，也可以视频对话，同时通信成本也大大降低，是当今最实用的一对一通信工具。

一对多

一对多则多是单向的，就是通常人们所说的信息广播方式的传播，是通信中运用最多、最广泛的通信模式。传统的图书、杂志、报刊，后来的广播、电视、电影、海报、各种大型会议、各种形式多样的演出，以及现代的电子通告版、宣传网站、网页、群发短信等多媒体信息推送、定向直投等都是典型的一对多通信。“信息传播”是一门专门的学问，传媒大学等研究院校所研究的核心就是“信息传播”。研究传播的目的、目标、意义、作用、方法、手段、工具和技法， 以及传播效果的分析与评估等等。

这里一对多的“一”是信息源，信息发布方；“多”就是信息传播对象，通常称作“受众”。如果信息发送者需要把一组相同的信息向一群受信者传达，相比用如短信、邮件等一对一的工具反复重复发送，一对多的方式就会更高效、更经济。不过，这里的主要问题是，信息的传播者通常不能实时得到受众的反馈，除非是在“多”方很有限的，如：课堂、小规模会议或演讲等场合。因此，为了达到预期的信息传播目标和效果，在实施具体传播前需要精心的策划和设计。仅对受众的分析研究就可以是一门大学问。面对什么样的受众结合要传递的信息内容，最适合的编码、传播形式和方式是什么？通过什么样的渠道或信道覆盖面最大？如何获得受众的反馈并客观地评估传播的效果？这些都是要深入研究和准备的。执行传播后，又需要用一些调查统计手段收集和了解传播的效果，以便改进传播的方式方法。

多对多

“多对多”是多个信息系统之间的相互通信，即：网络通信（这里的网络是指的通信模式，不是互联网之类的通信手段）。因此，也是三种通信模式中最复杂的一种。现实生活中最原始，也是人们最常见的例子就是会议。与会的每个参与者既是信息的发送方，也是接收方。人们在会中遵循着既定的会议议程和议事规则，或发言或聆听，或发表自己的见解（展示信息），或汲取他人的观点、意见（采集信息）。这里的“议事规则”就是通信技术上的“协议”。会议开得是否有效，除了议题明确外，就是需要合理的协议，以便既可保证与会者的观点、意见充分表达，又要保持聚焦、专注，不会发散、离题，达到会议预期的效果。

过去，由于时空的限制，会议这种多对多的通信方式交流成本是很高的，效率却是有限的。比如，开一个几十上百人的大型研讨会，通常很难保证会上每个与会者都有发言的机会。与会者太多，这种多对多的方式常会演变成一对多的广播方式或效果。而成本却远大于原本就是以广播方式进行信息传达所需的成本。因此，多会成为效率和效果均较差的“通信”事件。如果，参会者来自不同的地方，参会不得不中断自己正在进行的工作，这种多对多通信的综合成本就更高。

随着计算机网络技术的发展，美国DEC公司最早在20世纪80年代中后期推出了“电子会议”工具，叫作Notes Conference（笔谈会议）。没有距离的限制，没有时间同步的要求，与会者只要能上网，就可以在网络上围绕一个或多个议题进行非实时的、文字形式的讨论。90年代互联网兴起初期的newsgroup（新闻组）、bbs（公告板）系统等应用都是不同形式的电子会议通信工具。网络电子会议对与会者地域分布广泛，会议、研讨需要充分参与、交互的工作，如产品设计/项目开发等技术类型的多对多通信需求是一个非常高效的解决方案。但由于通信的编码仅限于图文形式，我们前面说过文字编码是一种效率相对较低的信息编码；加上没有实时交流的“强迫”反馈要求，与会者的反馈不能实时进行，对那些时限要求高的多对多通信还不是完全适合。近年来，随着网络通信技术的快速发展，通信带宽的迅速提高，网络视频电话会议（teleconference）是一种更有效和经济的多对多通信工具。尽管身处多地，与会者不仅可以实时听到发言人的声音，又可以看到和感受到所有与会者的表情、语气，甚至肢体语言，及时获取与会者的反馈。同时，有其他网络工具的协助，发言人还有可能随时借助图文或影音工具丰富其发言的内容，降低发送内容的解释成本，提高信息传播效率。

从电传到智能手机：人机界面的变迁

那还是70年代，在母亲的研究所的半地下室里，我第一次近距离触摸，不，是操纵一台小型计算机。这个小型机，有差不多四个今天最大的家用海尔冰箱（标准机柜）那么大，放在占地约100多平方米的专用的机房中。我们进机房，都要穿上白大褂，换上拖鞋。机器启动起来，面板上各种红绿小灯闪烁，磁带快速旋转，磁盘如脸盘那么大，却只有12MB。不过，这已经是当时最先进的存储设备了。这台新机器已经有终端了！已经不需要穿纸带了！什么是“终端”，就是人机交互平台，人机交互界面，是你指挥计算机工作，和计算机报告你“计算结果”的设备。

而这时，最先进的人机界面，实际上是一台“电传机”！它包括：键盘，输入你的指令也好，数据也罢，指挥计算机去工作；点阵打印机，印出处理结果和机器目前的工作状态。终端机与计算机间，一条不能超过10米的“长辫子”——电缆连接。

80年代开始，终端变成更方便的CRT终端了！有显示屏和键盘。计算机输出的内容更容易让操作者审看，计算机的状态也容易了解了，而且可以一屏屏地快速变换，没有必要保留的也不必浪费纸墨打印出来。可是，那是虽有屏幕，但多数也只能一行一行地显示文字信息，图形也是符号组成的，更别提“窗口”了，还没人知道什么是如今天这样的窗口。如果，能在大的文字屏中套一个小字屏-窗口，那都是高手才能做到的。都是单色的哦，别想太多。80年代中末期，开始有图形终端了，也有彩色的了。但，那都是除非有专业处理图像的用途，而不会配的，太贵了！最少2000～3000美元一台！

80年代末期，pc出现了！个人可以用得起的电脑开始普及了。之前，虽然在美国80年代初已经开始有个人电脑，但基本像今天的儿童学习机的功能，个头儿却是如同今天的台式机，而且也不便宜。到了苹果II的出现开始了窗口化的人机界面。有了鼠标操作的概念。IBM PC则在微软的DOS帮助下迅速占据绝大部分的个人电脑市场。虽然叫个人电脑，公司里面也开始用它做办公室数据处理。当然，这些电脑的能力甚至已经超过前面说的那个“小型机”，但是还都是一个一个的“孤岛”，还没有能联网。网络开始大规模发展，在美国，也是进入90年代的事了。不过，其发展速度超出我们当时任何人的想象。

不过，话分两支表，PC在一条路上飞速向前快跑，传统的大型计算设备的伴侣，终端也不可能闲着不走。终端也在迅速发展，除了提高分辨率，增加图形功能，还曾经出现过所谓网络计算机-NC，或者窗口终端-WT。不过，这些东西的寿命都不长，其重要原因之一是网络还没有像今天这么快，这么便宜，这么普及。

90年代中后期，工作站出现了，典型的代表是SUN Micro。工作站，把图形界面，窗口的发展推向了专业级别。传统的大型机、小型机也不再管终端的事情了，都变成了服务器。终端？要不用工作站，要不就是PC，渐渐取代了所有的过去的各种终端。

当然，这一切依赖网络的发展。网络从开始的1200bps，2Mbps，10M，100M…这样一路高歌猛进。从铜线到光纤，从局域到广域，从办公室到每一个家庭。于是，PC的windows再也不是垄断的唯一选择。Apple通过乔布斯回归后领导下的再造，使得真正用户友好的窗口界面迅速占领大众消费者市场。当然，他不是简单地通过个人电脑、笔记本来翻身，而是绕了一个大弯儿，用ipod切入大众市场，用iPhone占住你的手持通讯工具，然后又有iPad令你学习娱乐融为一体。触摸形式，颠覆且削去了原本离不开的鼠标这个辅助设备。让人使用起来更方便、简单。

google坐不住了，推出通用的Android系统，打掉了Apple的大众市场UI的垄断局面。下面是穿戴设备了…明天甚至用户界面-UI可能植入你的身体，完全不用再占用你的手，动动嘴，眨眨眼，甚至你所思所想，就有“人”替你干，连话都不用废了。

我们多么幸运，我们经历了这一切的飞速变革与快速进步。

4

通信网

电子计算机的发展经历了几个阶段。从20世纪40年代后期电子计算机的问世，到80年代其发展主要集中在计算机的结构和信息存储能力、计算能力的发展。由于其操控复杂，造价相对较高，计算机的应用多局限在军事、科研和教育机构。80年代后，随着IC-集成电路开发和芯片制造业的快速发展，计算能力快速提升，成本迅速下降；加之微处理器和个人电脑的出现和迅速普及，计算机的应用快速推广到了工业、生产制造业、商业、服务业和家用的方方面面。到了90年代，计算机和通信——C&C （computer and communication）相融合的概念迅速深入人心。计算机发展的重点也从单纯地注重单机性能的提高，进入了网络化计算的发展和应用时代。

电信网

传统的电子通信——“电信”领域起步很早，19世纪初期就有了电报；1879年在美国和英国之间开始有了第一个商业电话通信服务。但在计算机融入前，这些电报电话通信都是点对点的，或曰一对一的通信。电话通信的双方是通过交换中心的交换机把信道接通的。开始时，这种交换接通服务是要靠人工完成的，这个服务工种叫接线员。此时的电话网传送的都是模拟信号，语音信息的原始编码。自然的声音的传播就是声源发出的声音推动周围的空气形成声波传送到有限距离内的拾音者。比如，人通过声带振动发出声音，推动周围的气流形成声波送到周围听众的耳朵里，完成了一次语音信息的通信。由于声音频率的不同，强弱限制、周边气流环境的变化等因素，声音在传播过程中会很快衰减，传播的距离十分有限。电话，通过麦克风的电磁转化原理，把声波等比例地、实时地转化成电波，形成电信号，这就是模拟信号。电波模拟声波后，可以方便地利用电子传播介质和电波传播方式传送。接收端，同样利用电磁转换原理，通过扬声器还原成原本的声波。这实际上也是声音信息的解码还原过程。与数字编码不同点在于，模拟编码只是简单地以信息传输通信为目的进行编码解码，不对信息内容本身进行其他的解析和处

O2O没那么玄乎

随着互联网应用的发展和变化，各种概念、术语、模式层出不穷。开始是互联网Internet，然后是外联网extranet、物联网；开始是e-business、e-commerce，然后又是i-xxxx、i-yyyy；开始是B2B、C2C、B2C…然后又来了O2O、O2P、P2P，将来还可能有什么n2m，x2y。搞得IT和互联网‘圈外’人好像都要敬畏三分，甚至一头雾水。不跟吧，怕落伍，影响自己甚至自己企业的发展；跟吧，又不知从哪里下手，还是“下嘴”。与一些经验丰富的老师、管理专家时有聊起，都觉得是一些技术出身的IT人员故弄玄虚。

信息论读到这里我们应该已经理解：这个世界上只有两种存在，实物与信息；只由两个流来支撑，实物流和信息流（那天跟一位年轻的企业家交流时说到，还有人流，呵呵。人才流是物流和信息流最好的结合体，也是“载体”。你满脑子里都是信息，而手上身上却承载着“实物”，不是吗）。现代社会，我们每天超过80%的时间在处理信息流。

回到O2O。O2O中的一个O—online就是指信息流的处理工具和平台。实物当然没有办法用光纤与电缆组成的line去传送！所以另一个O—offline当然就是指线下的实物处理。

不管是信息或是实物的产生或生产、处理或加工、存储或仓储、传输或运输、通信或交换、消失或消耗…甚至是最后的毁灭。这个网，那个网也好，这个e，那个i也罢，不是说如何有效处理信息，信息流的交互。就是我们大家已经熟悉的实物、产品的生产加工，以及交付。总之，那些都是手段和技术。我们的关键是要分析清楚我们最终关切的“实物”-产品的从生到灭的过程中伴随的一切信息和信息流。你把这些信息、信息流用最有效、适当的信息工具、手段处理得当了，你就彻底“O”了，就“电”了，就“i”了，就“网”了。千万不要再被那些眼花缭乱的概念和模式所迷惑。

理。同时，由于是实时处理，会话传输的过程不能中断或出错，一旦中断或出错只能从头重来。所以，传统的电话交换是会话连线的直接交换。所有的电话线星状汇接到电话交换中心，接线员根据通话双方的要求，把两条要互通信息的线路临时连接到一起。通话结束后，链接再切断。

20世纪初，随着步进交换机的发明，拨号脉冲触发步进交换的方式实现了电话线路连接的自动交换。计算机技术运用到电信领域的初期，只是先用电子自动控制，然后是程序控制的方式模拟步进机械（或机电）式的线路（链路）交换。80年代后，电话线路交换开始数字化。今天的电信通信方式已经完全计算机化，也完全数字化。只有数字化的通信网，才能真正实现多对多的网络通信模式。数字交换与传统的电话交换方式的根本不同是交换的内容发生了根本的变化，从线路/链路交换变成了“包”（数据包）交换。线路是时刻联通的，但承载着信息内容的数据包，是根据其标明的送达地址被相应的信息接收方收取的。

广播电视网

1920年，世界上第一个商用的一对多形式无线广播网在美国由西屋公司建立。传播的信息编码形式与模拟电话是一样的，声音、音频。不过，一对多的广播形式是单向的，广播信息发射出去，是否收到是接收者的事情，没有反馈（也叫上行）通道。广播信号就像流水一样连续不断地发射到天空，传输信道是无存储信道，一旦收听者没收到，也就错过了。所以，广播式的媒体也叫“流媒体”。广播通信的方式是从无线方式开始发展的，是开放式的。通信媒介就是所有人共享的广袤无垠的天空，其难点在于信道的划分。无线电的接收的基本原理是同频共振，通过设置不同的基本频率就可以把信道划分开。要发送的音频信息，调制加载在基频上就可以发送出去，并被调谐在相同基频上的接收设备接收到。根据发射功率的限制和发送距离的需要，选用不同的频段，无线传播又分为中波（530~1700 kHz）、长波（30~300kHz）和短波（3~30MHz）广播。广播技术的调制手段除了初期的调幅方式，后来又发展了调频方式拓宽信道容量，从而提高广播质量。

1928年，还是在美国，成立了第一个电视广播台。图像传输信息量远大于音频广播，也需要更高的频率（41~960MHz）和更宽的带宽。当然，这就必须采用调频的调制方式。在数字化之前，图像的编码方式也是模拟方式。采用逐行（或隔行）扫描的方法，根据图像的明暗灰度变化，把一幅幅播放的图像，按每幅400~625线，每秒20~30帧的速度，转换成连续的电波。再用与音频广播同样的方式调制发射出去。接收端再逆向把电波转换回连续的图像。1951年中，彩色电视发展到了实用阶段。仍然是模拟信号，不过是通过红绿蓝滤镜把彩色图像分色成三原色再逐行扫描，转换成电波，编码传输；接收端再进行色彩解码，然后通过三原色在每个像素上合成还原出原本的彩色图像。相应的声音则用一个相关的通道同步加入广播中发送。

音频广播和电视广播，尤其是电视广播在1960年代开始，又逐步发展出了有线传播的网络。到了90年代则开启了全面数字化的进程。数字化后的广播网就可以有双向通信的可能。目前，在广播方式的通信网上，模拟方式和数字方式还是并存的。

数字网-计算机网

计算机网络的发展是伴随着计算机的发展而快速发展起来的。开始时，主要是解决计算机自身与其外部设备终端间的信息传输和交互。然后，是多个计算机系统之间的通信，形成了局域网（LAN-Local Area Network），在有限的距离内，以可靠的，延时很小的电缆实现物理上的直接互联。计算机数据网络通信一开始就是双向的、高速的、多对多的。同时，计算机通信是机器之间的通信，各种信息最终进行网络交换时的编码是统一的二进制数位码。计算机网的发展初期，互联信道的物理介质都是电缆连接，稳定可靠。所以，要解决的主要问题就是通信协议。如何保证在高速传输的情况下，多对多同时传送的信息在共享的传输介质——信道中不撞车、不打架、不阻塞，而且还能准确地送达受信系统，不丢失、不出错，这些都要靠网络通信协议来保障。异地的计算机，或者是计算机局域网之间的相互连接通信–Internetwork则需要更复杂的网间协议（IP – Internet Protocol）来保证不同网络中计算机间顺畅地交换信息。

局域网（LAN –Local Area Network）

网络协议的具体技术比较专业，也很复杂不是我们主要的讨论内容。其中大家最好奇的是，这么多的计算机系统同时连接到一对电线上（同轴或光纤电缆甚至就是一根），是怎样可以共享网络通信介质或物理信道的。这个专业上叫作介质访问控制（MAC-Media Access Control）策略或曰协议。它是标准网络协议中最底层，也是最核心的协议之一。1976年，罗伯特·梅特卡夫（Robert Metcalf）和他的助手戴维·博格斯（David Boggs）在施乐公司工作时共同发明了以“广播、侦听、竞争发送”为核心机制的CSMA/CD共享介质以太网—Ethernet①。CSMA/CD—带冲突检测的载波侦听多路访问（Carrier Sense Multiple Access/ Collision Detect）技术，简称总线争用技术规定了多台电脑共享一个信道的方法，详细表述发表在名为《以太网：区域计算机网络的分布式包交换技术》的文章中。

它的工作原理就是要发送信息（网上分成最小的单位，数据包-packet）的系统，在发出数据包前，先侦听网上是否空闲。有空就以广播的方式发出信息。如遇占线，则延迟一个小的间隔时间再听，直到等到网上空闲出现，把数据包发出去为止。我们还以开讨论会来比喻，它就像在没有主持人的座谈会中，所有的与会者都在同一个的媒介—会议室中相互交谈。每个参加者在讲话前，都先看是否有他人在说话，若有，先等待别人把话讲完。如果两个人同时开始讲话，那么他们都停下来，分别随机等待一段时间再开始讲话。这时，如果两个参加者等待的时间不同，冲突就不会出现。因为是广播方式发送，同一个网上的所有系统都能收到和获取这个数据包。每个系统是

① “以太网”名字来源于19世纪的物理学家假设的电磁辐射媒体——光以太。后来的研究证明光以太不存在。

否会收取，取决于这个数据包是不是发给自己的。因此，每个数据包都含有发往的“收信者”地址标识，而每个在网上的计算机系统都有在网络上的地址——IP地址，而这个系统的网络地址，又会与连接到物理网络上的网卡上的MAC地址相绑定。全世界网卡制造商都由IEEE（电气电子工程师学会）分配划定了地址段，以保证每个网卡上的MAC地址都是唯一的。

1979年，为了发展自己的事业，梅特卡夫离开施乐公司，成立了自己的网络设备公司3com。同时，他成功游说DEC公司、Intel公司和施乐公司共同推荐以太网技术作为局域网的连接标准。1980年2月，三个公司的代表向IEEE提交了以太网的标准草案，即所谓“DIX标准”（DIX是这三间公司名称Digital、Intel、Xerox的首字母的组合）。同时，以IBM牵头的另一个小组，也向IEEE提交了令牌环（Token Ring）局域网标准草案。于是，一个长达五年的网络标准竞争从此展开，尽管在理论上令牌环网要比以太网优越。IBM在计算机市场又一直雄居首位，其影响力自不必说。在标准上，IEEE1985年最终把两个方案都认可批准成了局域网连接标准，分别为IEEE 802.3——以太网和IEEE 802.5——令牌环。但在市场上，由于以太网相对简单、实现成本低、拓扑结构灵活、组网方便，加上有DEC公司这个在计算机网络方面的先驱和领军者的支持，最终在市场上胜出。另一个受到DEC公司支持的原因是，以太网的基本策略是：每个网络节点入网、离网自由随意；信道介质共享；网上成员对网络的访问同权竞争。这与DEC公司的DECnet网络体系结构（DNA）中peer to peer——网上成员对等的核心理念如出一辙。以IBM为代表的厂家曾经长期推崇“层次”网络结构。网中要有层次，有主控节点。这种结构在拓扑结构相对固定，每个网络节点正常运行时，通信效率或许会高一些，因为少了信道资源竞争开销。但一旦网络结构发生变化，尤其是主控节点发生意外，整个网络就会受到影响。

有趣的是，恰恰是长期的标准未定，计算机厂家对网络标准的采用犹豫不决，反而给3com这个新成立的小公司以机会。整个80年代，3com为几乎所有的计算机产品生产和配备以太网网卡，因此它迅速成长为网络设备的三大提供商之一。今天，以太网已经从当初的10Mb/s的传输速率，发展到了1Gb/s的速率。物理媒介也从开始的同轴电缆，发展到今天的光纤、双绞线和无线并存，用户根据应用的需要任选。令牌环虽在技术上也有发展，但市场上已经基本上名存实亡。

广域网（WAN –Wide Area Network）

今天遍布各处的互联网，属于广域网。在互联网上的任何具有通信功能的不管是计算机还是手机或其他设备，不管地理位置在哪里，都可以相互进行数字化通信。互联网的概念源于两位美国计算机科学家，罗伯特·泰勒（Robert Taylor）和约瑟夫·利克里德尔（Joseph Licklider），他们也是互联网的前身ARPAnet （Advanced Research Project Agency Network-美国国防部“高级研究计划署网”的缩写）的启动者。1968年，利克里德尔与泰勒共同发表了一篇论文《作为通信设备的计算机》，准确地预见了全球化计算机网络互联的发展趋势。文章是这样开头的：用不了多久，人们就可以通过机器进行有效的通信，而不必再面对面。第二年，ARPAnet就开始了其第一对计算机间的网络通信。不过，当年组成ARPAnet还只有四个计算机节点。到1973年，ARPAnet已经真正发展成了名副其实的全球广域网，加入网络的节点包括有大洋彼岸的英国和挪威的计算机。ARPAnet初期的核心通信协议是NCP – Network Control Program（网络控制程序）。

1974年，一个完整的网间互联协议TCP/IP （Transmission Control Protocol—传输控制协议/ Internet Protocol—网际协议）被提出。同时，当时的计算机和网络的领军发展商DEC和IBM也分别提出了自己的完整网络协议，DECnet（DNA-DECnet Architecture [DEC网络体系结构]）和SNA（System Network Architecture—系统网络体系结构）。DECnet后来发展成了国际标准化组织的OSI（Open Systems Interconnection —开放系统互联）标准。之后进一步发展成了DECnet/OSI、DECnet-Plus。它基本融入了不断发展，且已成了所有厂家公认的互联标准—TCP/IP。今天，虽然微软等一些大厂家仍然有自己的网络协议，但网际互连协议都采用IP标准，至少是完全兼容IP。

ARPAnet从1983年开始也采用TCP/IP替代了原先的NCP。到了1980年代中期，DEC公司自己已经形成了跨越包括中国在内的全球五六十个国家，连接近六万个节点的全球最大规模的（专用）互联网，称作EasyNet。同时，EasyNet也通过设在美国、欧洲和新加坡的三个网关（Gateway）与公共互联网相连接。1986年，美国国家科学基金会（National Science Foundation，NSF）建立了大学之间互联的骨干网络NSFnet，这是互联网走向公众的一个关键点。在随后的不到十年里，世界上的各个知名的网络，美国的Usenet、Bitnet，欧洲的CERN网等逐步互联到了一起。到了90年代，这个跨越全球的大网络逐步向公众开放，1995年开始转为商业化运营。

在中国，90年代初期是一些跨国公司和中科院等机构率先把互联网引入了中国。清华、北大等著名的大学、国家部委的各大研究院所开始组建自己的局域网。到90年代中期，电信部门开始接入全球的互联网，同时也开始在国内的电信网上开始搭建数字网，逐步提供电子邮件等数字通信服务。电信数字化的进程也由此展开。

20世纪80年代之前，计算机的人机界面都是以批处理方式为主。那时，计算能力，今天说的CPU中央处理能力是稀缺资源。使用者把自己需要计算和处理的数据用程序编排好，作为一个个“工作任务”放在批处理队列中，排队等待中央处理机的处理。80年代开始，随着以DEC VAX-11/780为代表的小型计算机的推出，分时交互模式的系统成为发展潮流。人机界面开始变成交互式。每个使用计算机的人都可以拥有一台终端。几十甚至上百个人可以同时连接到一台高性能计算机上，分享其信息处理能力。这个时期，计算处理能力仍然是紧俏资源。不过，绝大多数的终端都是字符方式的，只可以显示文字和简单的图表，而且是单色的。90年代开始，Intel和摩托罗拉为代表的微处理芯片开始迅猛发展。微处理机以摩尔定律（每十八个月芯片集成密度提高一倍，处理速度翻番，成本减半）的速度发展；CPU不再是稀缺资源；计算机也不再是实验室、研究院、计算中心里的“宠物”；个人计算机迅速普及；分布式计算、分布化处理的概念开始兴起。同时，为了适应非技术专业人士的操作和使用，以苹果和微软为代表的PC软硬件制造商开发出来的图形化、窗口化的人机界面（UI – User Interface）成为一个专业工作，逐步发展起来。

个人所拥有的各种信息和数据资源毕竟有限，个人电脑的发展和应用更需要甚至是依赖于网络的发展。1993年，随着第一个www（world wide web – 万维网）网络浏览器mosaic的推出，吹响了互联网向大众普及的进军号；人们也逐步接受了用internet–互联网作为一个通用且时尚的称谓。时至今日，不到二十年的时间，互联网已经像煤气、自来水、电或电话一样，成为我们日常生活工作离不开的公用设施。

三网融合

现代通信技术，经过差不多一个世纪的发展，已经形成了电信网、广电网、计算机互联网三大网共存的局面。进入21世纪以来，三网融合，充分利用基础通信信道资源，降低信息传输处理成本，提高信息通信效率的呼声越来越高。

互联网的物理链路层基本上是建立在传统的电信网上的。开始时，数字信号是通过调制解调器转换成音频信号，加载到传统的电信网上传输。逐步地，电信网中辟出了专线，专门用作数字信号传输。早先的金属线的电信号传输方式，在过去的二十年中，随着传输技术的发展，也逐步被容量更大、可靠性更强、成本更低的光纤光信号传输取代。无线通信介质不仅使地球表面的各种频道被发掘利用得淋漓尽致，借助太空卫星中转接力的方式也迅速发展起来。而且，电信网的无线网络基本上也完全数字化，电信固网（光纤或金属直接连接的网络介质）大部分也完成了数字化。

只是广电网还是相对独立的。如前所述，广电网前半个多世纪的发展，无论无线还是有线大都是单向广播方式的，尽管带宽比传统的电信网要宽很多。近十多年来，随着数字化的进行，有线电视的改造进程越来越快，这样，广电网至少在物理层已经基本具备了双向通信的能力。广播电视数字化已经成了全世界的共识和共同行动。进入21世纪，世界各国都开始了模拟电视向数字电视迁移的进程。到2012年底，多数国家的数字化迁移都基本完成，模拟电视将彻底退出历史舞台。几个地域面积较大的国家美国、印度，包括中国，均计划在2015年之前完成这个迁移过程，彻底关闭模拟电视网。传统无线模拟信号电视网关闭后，会腾出大量的无线带宽，重新分配给移动通信、网络数字通信，使无线通信信道得到更加有效和充分的利用。

三网融合已经成为通信发展的必然趋势。在可见的未来，一个共同的数字网络将支撑起所有的通信方式，一对一的“私密”对话、一对多广播分享，或是多对多的集体讨论都可以在这个统一的平台上，根据实际应用的需要运行驰骋。

5

互联网：是信道更是平台

由于各种通信形式底层都是数字形式，共享一个数字信道，各种形式、各种应用间就可以根据需要方便地整合，进行信息分享、信息流的互通。这个时候，一对一、一对多，还是多对多的通信形式就不再那么泾渭分明，信道不再单一，通信系统更像是一个通信或交互平台。

我们通过电视或海报、短信推广等各种广播渠道获得商品信息；我们通过搜索引擎去寻找商品的详细介绍，或是图表形式，或是视频方式；我们通过各种企业或行业的网站进行同类产品性能的比对和价格的权衡；我们通过零售网站进行最终的选择和采买交易；我们通过在线支付系统付款，物流系统跟踪货物的交付，售后服务系统咨询产品的用法及其维护保养。生活的一切，今天已经可以“一网打尽”。在这过程中，一对多的信息采集与获取，一对一的交流和选择，多对多的群体或社区形式的讨论与相关信息分享无不混杂其中，但同时却又可以在一个互联网平台上，无论用台式电脑、智能电视还是无线移动终端（手机、平板电脑），不分时间地点地操控。

工作更不必说。网络平台，交互式的、多媒体的、实时的……可以把地域上分布数千公里外的、任意多的能工巧匠聚集在一起，就一个项目、一个难题充分地研究讨论，发表各自的观点，通过语言、文字、动作示范，甚至包括肢体语言和表情语气，3D技术的运用更可令你如身临其境。由于是一个平台，不再是简单的通信信道，为了不同时区生活着的人们的方便，只要现实上允许，这个“会议”也可以在时间上随意拉长。20世纪80年代中期，DEC推出了电子会议系统—Notes Conference之后，每个软硬件产品的开发组，为几乎所有的产品，尤其是软件都建立了相应的“会议”。它不仅为分布在全球多个开发地点的开发人员提供了协同开发的方便，更为遍及各个国家和地区的软件销售和客户服务人员提供了客户支持的方便。1989年笔者在为国内一个重要客户做软件介绍时，就很有把握地向他们承诺，软件使用中遇到任何问题，即便我们国内的工程师现场解决不了，我们也可以保证在不超过24小时的时间内，给出相关的解决方案或最权威的解答。公司分布在亚洲、欧洲和美国本土的相关软件的工程师都是后面的支持力量。21世纪的今天，几乎所有的计算机软硬件厂家，包括智能电话、数码相机等以计算机为核心的智能设备制造商都会提供7×24的网络支持。软件的升级维护都已是通过网络完成。如遇疑难杂症，大都可以通过类似于技术论坛的交流平台得到技术专家，甚至是开发者自己的帮助和提示。

传统生产制造业，以汽车制造为例。20世纪90年代，计算机辅助设计和计算机辅助制造（CAD、CAM）开始引入汽车工业。它大大缩短了从车体到发动机，各种汽车部件的设计周期。汽车设计完成后，设计图纸可以通过网络直接传送到可能分布在不同地点的生产车间，控制机床、生产线等机器设备实施加工制造过程。不仅设计制造效率大大提高，改错升级也变得更加容易和方便。几乎摆脱了绘图、晒图等纸质图纸的中间处理过程。这类无纸化自动生产，在计算机行业80年代后期就已经开始了。制造业发展到今天，协同设计系统，配合企业资源计划系统（ERP – Enterprise Resource Planning），已经不仅是一个企业内部的网络化协同设计制造，而是在整个生产制造产业链上开始了上下游协同工作。整车设计的设计师，从开始一款新车的设计时，已经把对发动机、车体、车轮、内饰、车窗玻璃，甚至到每一颗螺丝的要求都通过网络化协同设计平台发送给了相应的零部件供应商。上游供应商会按需要的规格在规定的时间里设计、生产和提供所需的零部件。今天，设计一款新车的时间已经比20世纪缩短了一半，甚至三分之二。

而且，如大众等名牌公司对其一些高档车型，在不改变整体性能的情况下，允许客户对内饰、喷漆等进行个性化设计。个性化设计的车几乎不需要增加太多的成本，而且交货时间都在两三个月内。

平台，而不再是简单的通道。信息不再是简单地流过，它可能被存储、被记录、不同类型的信息也可能被交织或交互。积累的信息又可以被统计、被分析、被参照，进而产生新的价值，甚至是你之前完全想象不到的结果。

为了公司间，尤其是不同国家公司间的贸易结算，19世纪就出现了一种叫作信用证（L/C – letter of credit）的支付方法。至今，信用证仍然是公司间贸易，

从“信息论”角度看“真诚”

什么是实事求是？一个人怎么样是真实的？我们先从逻辑上分析一下。我们对任何事物的认识都是通过对该事物的属性信息的采集而获取的。通过五官对客观数据的采集，转变成了我们的主观认识，都是信息处理转换过程。没有人会希望这个认识的过程有变异、掺假。否则，你将无所适从，对吧？

但是客观上讲，在现实生活中，不可能每一个人都有机会获得所有事物的一手信息，亲自采集实物信息。生活中的“转述”是经常的事情。如果需要你向他人表述对这个事物的认识时，你是否能准确转述，就会表现出你的真诚与否。

这里有几种可能。

最简单的，你对事物原本的认识是客观真实的，你也准确地把这个认识转述给了需要的第三方，那么你的主观真诚是毋庸置疑的。受信者是否完整接收到了这个信息，另当别论。

第二种情况，你主观真诚，但是表述有误，或是沟通环节出了问题，或许给受信者带来误会。不过，一旦问题找到，误会是容易解除的。

第三种情况，由于某种原因，你不希望转述这个认识并不做转述。这样也不存在真诚与否的问题。

第四种情况，由于某种原因，你惧怕把真实情况、客观的认识让第三方知晓。于是你就主观故意地掩饰、误导、编造信息。这个毫无疑问就是欺骗了。

欺骗的一个前提或心里暗示，就是对方没有其他渠道和机会获得真实信息，或者对方愚蠢，无法解读真实状况，尤其是在你加以编造的情况下。

你真的认为自己聪明绝顶无人能敌么？如果不是，请你彻底放弃自作聪明的举动，想都不要想。失信的代价会是巨大的，大到至少影响你自己一生。

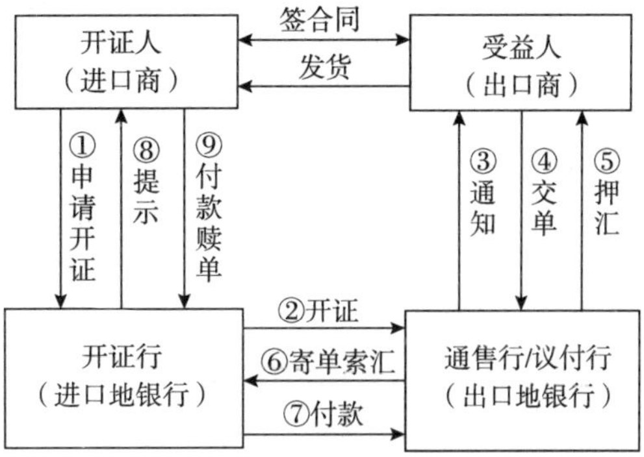

图4.3　信用证业务处理程序示意图

尤其是国际贸易中最常用的结算工具。在贸易活动，尤其是在国际贸易中，买卖双方相距万里，可能互不信任，如果用预付款的简单结算方式，买方担心预付款后卖方不按合同要求发货，卖方也担心在发货或提交货运单据后买方延付，甚至不付余款。因此，需要两家银行作为买卖双方的保证人，代为收款交单，以银行信用代替商业信用。银行在这一活动中所使用的工具就是信用证。信用证是指开证银行应申请人的要求，并按其指示向第三方开立的载有一定金额的，在一定的期限内凭符合规定的单据付款的书面保证文件。通常是进货公司把合同相应的货款压在开证行，开证行给议付行提供了书面保证（信用证），承诺在收到信用证条款中规定的单据（通常是指发货票、装箱单、发运单或接收单、报关单等）后，承兑付款。这样，不仅买卖双方都委托了各自的代理银行做信用担保，降低了贸易中的风险，又把跨境间复杂的资金流处理交给了银行，自己可以只与本地熟悉的金融机构打交道，降低了交易成本。我们可以看到信用证有以下几个特点：①以银行信用为基础，开证银行用自己的信用作付款保证，承担第一付款人责任；②它虽源于贸易合同执行的需求，但不依附于贸易合同，开证银行只对信用证负责；③信用证的处理以单据为依据，而非货物。也就是说，信用证是纯粹的贸易合同相关信息处理，确切地说是物流关联的资金流（包括信用保证在内的信息）处理。相关四方间实际上就是单据信息的通信，尽管所代表的金额大小不等，金融机构承担的信用责任可能很大。

进入了21世纪，有了互联网这样的通信平台，这种信用证的概念已经被引用到几乎所有的电子商务（Electronic Commerce）。不管是国际间的外贸，还是本国的内贸；不管是机构间的交易B2B，还是个人之间C2C或机构对个人的买卖B2C；不管交易的金额大小，在网络平台上都可以方便地实现。我们通常把它叫作电子商务平台。

商户在这个平台上展示和推介欲出售的商品，买家通过这个平台选择需要购买的商品。交易从买家发起：①买家选定商品向商户下单后，将合同货款支付给第三方支付机构，形成完整的采购合同；②商户依据合同，通过物流公司交付合同货物；③物流公司交货给买家后，买家验货无误，再回到平台上确认收货；④第三方支付收到到货确认信息后，自动把相应款项解付给商户，从而完成整个交易过程。

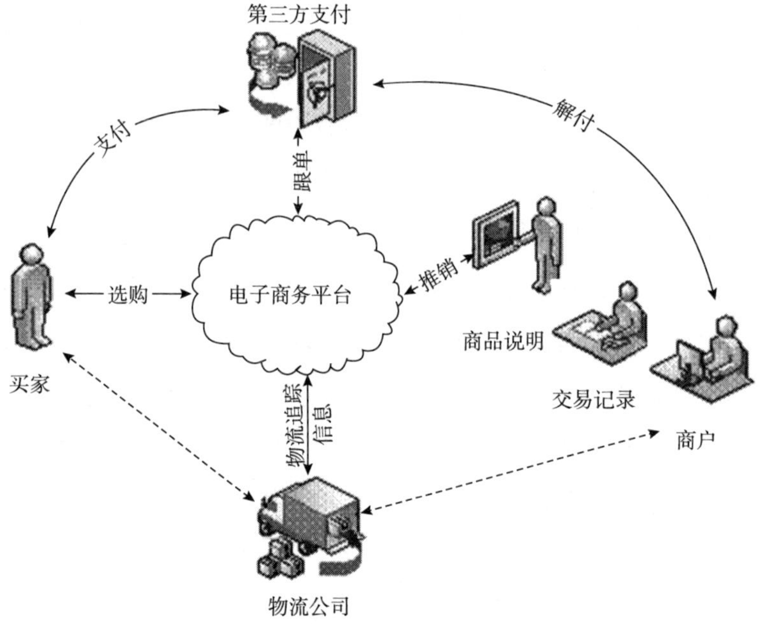

图4.4　第三方支付交易流程

买家在网络平台上不仅可以方便地对欲购买的同类商品进行广泛的性能与价格比较，又可以根据商家以往的销售记录及其他买家的评价反馈来评估商家的信用和服务质量。下单后货款先扣押在第三方支付平台，相当于信用证交易方式的开证行，买家无须担心商家直接收了货款而不按时交货。同时，因为都在一个信息交流平台上，货款支付给第三方支付机构的同时，相应的合同履约信息就已经提交给了商户，相当于信用证操作中的“通知”环节同步完成。货款已经在第三方支付机构，商户可以马上交货，而无须担心发货后的收款问题。物流公司将相关货物运输过程的相关信息实时发布在网络平台上，交易各方都可以根据订单号对货物进行追踪。售后的相互评价等信息的汇集，既方便了其他买家对商品和商家选择；又可以令商家通过对累积销售数据的统计分析，了解商品的市场接受度，发现商品或服务需要改进的地方，决定下一步的发展方向。从商品的展示、遴选、签约，到交付、结算、售后服务等交易中各个环节的所有信息都汇集在了一个信息交互平台上，相关信息对交易各方都是同步透明的。这正是通过信息流，通信的整

图4.5　物流追踪信息示例

合，而大大降低了整个交易的成本，提高了速度和效率。今天，在中国境内，通过这样的平台，一般现货商品的交易过程同城一天内就可完成，异地若非偏远地区也在两天、最多三天内就可完成，而且这个时间基本都是取决于物流的速度，随着交通运输设施的建设和物流服务的发展，这个时间还有缩短的潜力。

这种网络化的交易方式不仅大大地提高了商贸的效率，缩短了交易过程中因信息交流花费的时间，解决了信用的问题，也把交易成本尤其是资金流的处理成本降低到了几乎可以忽略不计的地步。尤其对小额交易（金额在人民币十元到几十元之内的交易），微支付（Micropayment）等过去担心资金处理成本或许高过交易额本身的交易都可以在电子商务平台上实现。

6

通信：发展在继续

信息科技发展到今天，人类已经能够制作出各种各样从常用的简单的个人、家用信息系统如手机、家电、各种保健仪、车载的、穿戴的、到复杂的大型系统如航天控制、深海探测的信息控制系统。数字系统，电脑系统已经无处不在。

不过，最基本的、自然的通信其实是构成我们人类、人体自身的，以及世上所有生物的基本生命单位——细胞间的通信。我们前面也提到过，细胞是一个极小的、自然的信息系统。人造的物理信息系统间的通信四要素编码、协议、信道、同步等，尽管多种多样，以适应复杂多变的通信需求，但一切都是人造的，当然也是可控的。自然生物系统间的通信，尤其是微观层面，细胞间的通信，信号传递反而不那么简单。20世纪90年代以来，生物科学，尤其是生物信息学的发展突飞猛进，在遗传信息、分子生物学等方面的研究成果使得我们在遗传信息的复制转录、通信传播机制，及其编码的破解有了很大的进展。不过，我们今天还不是能够完全掌握生物系统间的所有通信机理，更不用说自如地施加影响或控制。

人造信息系统的通信研究也从没有放慢脚步。因为信息本身不是物质，是无形的。因此，信息存储的密度可以多密、信息通信传输的速度可以多快、带宽可以多宽都与信息本身无关，其完全取决于人们对其介质，无论是传输介质还是存储介质之颗粒度、可控程度以及相应的信息编码解码技术的研究。当今，通信技术研究的最前沿是量子通信。预计如果能够成功突破，通信中信息的传输速度和带宽都将得到n个数量级的提高，甚至有人认为可以超越光速的局限。更有甚者，通信的安全性会有根本性的改变。也许因此，“信息泄露”这个信息流处理中的三大问题之一就可以彻底解决。不过，这一切还在试验研究阶段。详细技术细节不是本书的探讨范围。

“大数据”？哪里有我的大数据（Big Data）

2013年，最时髦的概念之一是大数据-Big Data，有木有？一时间，大数据的书，讨论大数据的文章，大数据的各种解释，或警示，或宣传，或兜售，无奇不有。那么大数据到底是咋回事儿，对我们有啥影响？我的大数据在哪儿？

其实，所谓大数据就是很早以前就有的data mining——“数据挖掘”概念的翻炒。之前，数据挖掘的概念只是一个相对技术性较强的概念，基本局限在专注数据处理的技术圈子内。当然也早已用在了那些确实有数据积累的商业机构，例如：沃尔玛。科研机构自然也早就在用这个概念或曰技术。而且，各有各的用法，我们就不去讨论了。

那么这次翻炒是为什么，难道没有新意？

首先，翻炒并非都是坏事儿。在网络高速发展的今天，在信息化正在迅猛普及的今天，这次翻炒让人们更加重视“数据”，更加关注我们身边的“信息”，当然是好事儿。要说新意，就是信息处理的手段发展了，信息流通的环境改善了，信息访问的工具更加普及了，信息处理的成本大大降低，大众有机会访问和利用数据挖掘的技术概念了。大众只有意识地并全面地认识和了解“信息”，才有可能更好地利用如洪水般蜂拥而来的“信息”，并从中获益。

我们每天东一耳朵西一嘴听到的、看到的、感觉到的所谓“信息”，在信息论的细分都叫“消息”。“消息”杂乱无章，没有规律可循。偶尔听到一个特别有用的“消息”，比如说谁家的股票要爆炒了，你迅速跟进，猛赚一笔，算你走运，抄上了。但这种天上掉馅儿饼的“消息”少之又少，跟赌博撞大运无异。

如果你有机会对一间公司进行深入地跟踪，记录它的发展历史和轨迹，积累它的商业运营数据，研究相关市场的发展态势，依此判断出它的下一个爆发的机会及其时点，据此进行股市操作，获得利益，就不是赌博了，而是大数据，或曰数据挖掘分析的结果。这时你对这家公司就不再是听“消息”，而是对其相关经营数据的分析。这些数据绝非短暂的，片段的，而是长期的、全面的。同样是“信息”，这些信息有规律、有线索、可结构化、可分析我们就叫它为“数据”，而不再是散乱的消息。当然，进行分析需要有模式、有工具、有方法，这就是相关的数据分析、数据挖掘技术。

今天，我们“炒”其为“大数据”，因为数据积累不够多、时间不够久、量不够大，可用性和有效性就不足。

这里提示我们，哪些是与“我”有关的大数据、与我的企业相关的大数据，不是那些大师、专家能告诉你的，只有你自己知道上述概念后，你自己去判断，去筛选，去分析。然后，去收集（市场上的），去积累（自家的）。因为，今天的信息化环境，你有机会、有手段去开始做这些基础工作，做好基础工作，你就可能在不久的将来获益于大数据。开始做吧！

第五章
信息复制与传播

信息只有被复制和传播才有存在的价值和意义。否则，信息的产生和存在就没有任何作用，也就等于是失去“生命力”、“死掉”的信息。

1

信息复制

信息本身从严格意义上讲是无法复制的，因为它是无形的，它不是物质。实物的复制就是用相同的材料完全比照原件制作一个一模一样的物件。经过比对，复制品与原件在形状上、性能上、功能上完全一样。这就是一个成功的复制。那么我们平时说的“信息复制”复制的是什么呢？复制的是寄存在信息介质上的一个信息副本，信息以某种形式的展现。例如，我们看到一个美丽的风景，我们可以用语言、文字、图像或任何一种适合的方式记录下来，形成了这个“美景”信息的记录，一个存在于一种媒介上的副本。然后，我们可以复制这个副本，并通过某一种通信渠道，传播给其他人分享。风景本身多是转瞬即逝不可重复的，但这个记录下来的“瞬间”已经被固定承载在一种媒介上，是可以用当今发达的信息处理手段方便地反复复制和广泛传播的。这是描述客观存在的那类信息。

一个文学艺术家或思想家，把自己的所思所想用文字、绘画、音乐、歌唱，甚至是某一种肢体语言或行为语言展现出来，并用信息记录工具，纸笔、录音、录像、电脑等记录下来，形成作品，如一篇论文、一部著作、一个唱片或者一个多媒体信息副本，方便它的复制和传播。同理，一个设计师把其构思的作品以图纸或者是实物或模型的形式制作出来，形成一个创新物件的构造信息，方便他人的复制和传播。这些都是记述主观创造的那类信息。

细看实物的复制，实际上也离不开信息的复制。当我们复制一件物品时，实际上是利用信息记录下来原件的形状、功能、特性等信息，即“信息化”。然后根据这些对原件的描述信息，寻找相应的材料和工具去制作一个或是多个复制品。复制得是否成功，是否能达到与原件在形状、功能、特性上完全一致，首先取决于对原件的描述是否准确和完整，取决于信息的处理过程。

信息的复制引导着实物的复制，而信息本身又在实物的复制过程中得以复制，不管其目的是复制实物，还是复制信息本身。因为信息只能以某种形式存在于媒介上，要对他进行复制必须伴随着相应的信息介质的复制。如果这个实物仅用作承载信息的介质，那么就是信息复制。

例如，临摹一幅画作。临摹者就是一架信息复制处理机。通过眼睛获取原画作展现出来的信息，通过大脑的处理指挥复制者选择适当的绘画工具，纸张或画布、画笔、颜料等，依照原画绘制下来。如果原作十分简

一切都是信息战

我们经常会为精彩的魔术节目错愕惊叹。怎么能穿越，怎么能大变活人，怎么能把飞机、甚至让大型建筑如自由女神像瞬间“消失”？当然，在物质上（物流的角度）这是不可能的。怎么办？其实，道理非常简单。我们是如何来认识世界和组成这个世界的物质的？信息！对吧。唯有通过信息来认识实物和事件。物体的移动就是一种事件，物体属性在时间轴上的变化。当你无法真正地搬移实物时，唯一的办法就是改变我们对相关事件认识的渠道，给你错误的信息。是的，一切都是信息。这个世界是由信息流支撑的。

魔术的根本原理，就是利用“时空转移”，临时地切断、阻断参与者的信息通道。让一些道理上应该在某个时刻预期到达的信息，不能到达受信者的采信渠道。实现这个目的的各种手段、方法、技巧，都是“信息战”的工具。

把它用在艺术表演上就是魔术。用在现实生活中就是博弈，人与人之间的，团体与团体间的，甚至是国与国间的博弈。挑战是谁比谁能够更有效地获取和控制信息。2014年这一切都在上演之中。

图5.1　老式手摇留声机

单，这个复制的仿真度可以很高。否则，完整地临摹复制就将非常困难。中间既可能丢失原作中的信息，也可能画蛇添足，增加了原作中并不存在的内容，或者改变了原来的尺度、几何尺寸、明暗灰度或色泽。这一切又取决于你对复制过程中信息的处理，对原件的描述信息越完整、准确，失真的机会越小。

于是，20世纪中叶（1949年）施乐发明了静电复印机，可以对平面上有限尺寸的文字或图画，在一定的分别率下精确复制。六七十年代，随着激光技术的发展，复印机开始普及。复印机的出现与推广，一度大大地方便和简化了人们对能以文字或图画在二维平面上表达的信息的复制。开始仅限于单色图文，后来还有了彩色复印机。激光扫描技术的运用，使得复印过程中分辨率可以高达近300dpi（每英寸300线），对于满足多数小尺寸图画、文字复制的需要足够了。

众所周知，1877年著名的美国发明家托马斯·阿尔瓦·爱迪生（Thomas Alva Edison，1847～1931年）发明了留声机，也称电唱机，创造了声音信息的获取和记录的方法，语音信息的复制和传播从此有了可能。接下来的一百年，唱片也从无到有蓬勃发展。不过，由于这种手段进行信息记录和复制的复杂和高成本，大众只能回放商家制作的拷贝，自己无法随意地进行声音信息复制。20世纪六七十年代录音机的普及，把语音信息的复制手段推向了大众。之后是摄录像机的普及。与语音信息复制手段的发展类似，电影这种手段大众只能选择接受电影公司制作的影像记录，而无法自己随意复制和传播。录像则使大众全程参与影像信息的采集和复制、传播成为可能。这样，以各种方式记录的信息都有了复制的工具和手段。而且，随着各种新材料（如从磁记录到光记录）的使用，新介质（从磁带到光盘）的发展和新方法（从模拟到数字）的开发，信息复制的速度越来越快，复制过程中的失真越来越少，复制的成本也越来越低。

图5.2　老式鼓式录音机

其中，使复制产生质变化的是近二十年来计算机的引入和数字化的发展。在实现全面数字化之前，模拟的复制方法，不管是唱盘、影片、磁带或是录影带，往往随着复制次数的增加保真度越来越差，复制品与原件的差异度越来越大。回忆一下当年翻录磁带，头一两遍的翻录还凑合。复制到后来不要说立体声保真，杂音、变调，高音、低音全都会丢失。因为那是模拟信号，在每次的电→磁、磁→电转换中，无论是因为设备精度、分辨率或是其他的原因，都不可避免地存在信息细节的丢失。纸面上的图文复印，如果就是简单的黑白文字还好，如果是有灰度的图片，随着复印次数的增加灰度会很快消失，变成非黑即白的版画效果。数字化后的信息，如前面的章节中解释过的，任何形式的信息，不论是语音、图像、文字最终都转化成了二进制的数位形式，非“0”即“1”，以这种形式存放在信息介质上本身差错的机会就小了很多。因为，这样的形式没有灰度的问题，微观分辨率只剩了“0”“1”之间，非“黑”即“白”的二态，无论是磁介质、光介质还是半导体电介质都容易实现简单、稳定的分辨。另外，数字处理过程都加入了纠错机制，信息传输或复制的过程中一旦出现差错都会自动地被发现和纠正。这样，数字化了的信息复制，理论上可以无错无限制地复制下去。

数字化也改变了一些复制方法。比如，原本相机是用来获取和记录现实中的图像画面的。21世纪之前，拍照和记录主要是用胶片做信息获取和存储的介质，利用光感化学变换的原理进行“编码”变换，实现图像的捕捉、记录、存储、展现、回放的全过程。整个处理过程比较复杂，费时费力，成本不菲。到了20世纪后期，虽然随着相机和胶卷广泛的普及，市场容量大增，也大大降低了成本，但从拍摄后交卷的冲洗到相片的印制仍然是一个很专业、较复杂的过程，大众无法自行掌握，需要专业的服务机构提供服务。综合性价比限制了它用于传统拍照以外的其他用途。进入21世纪，半导体感光器件代替了化学感光的胶片，半导体存储介质代替了胶片存储，数字化信息记录、存储方式代替了原本的模拟方式，光电处理介质的反复多次使用替代了化学感光介质的一次性使用，冲卷、洗印等多次、方式不一的信息转换过程，变成了单一的数字编码转化处理。所有这些替代和变化使图像信息的处理从理论、技术手段、相应的材料——介质、所需设备等发生了革命性的变化。直接的结果就是大大地降低了图像信息处理的成本，大大简化了操作技术，大大降低了使用门槛。过去专业人士才可能了解的暗房技术（图片处理），全都变成了电脑中的明房（lightroom）应用软件。技术装备和手段上人人都有可能做一个专业摄影师和修片或图像设计师。2005年之后，数码相机，包括傻瓜卡片相机、单反专业数码、手机或平板电脑拍摄头，正以平均每年翻一番甚至两番的速度增长。

图像处理的数码化、计算机化，不仅迅速在摄影、摄像的传统领域得以普及，更是拓展了图像处理的应用面，其中之一就是信息复制。其实，在复印机出现之前翻拍也是一种图书、绘画等平面图文的复制手段。只不过，那个时候因为成本高，过程复杂繁琐，这种手段应用得不是很广泛。其中典型的专业缩微胶片的方法（第三章中有简介），尽管是一种图书馆藏中普遍采用信息复制的方法，但其主要目的是信息压缩和存储。不过，今天个人用数码相机复印图文信息，包括纸面上的和现实中的图像，甚至比用复印机更方便和实用。首先，普通家庭专门添置复印机的不多，但电脑在城市中已经普及到家庭。打印机等外设辅件也越来越普及。这样，拍下来，通过打印机印出来更方便实用。而且，这个过程中还可以根据需要进行信息内容的处理，如：等比例缩放、增、删或修改。而且，很多时候，复印的最终目的并非简单地印在另一张纸上，或许需要转印到其他介质上，甚或是传向远方。这样，用相机拍下来，同时转成了数码格式更加方便。

由此看到，数字化使各种不同形式的信息编码最终统一到了二进制数位形式。使得信息的存储、处理、传输可以用统一的方法、工具和介质。而且，二进制的形式使得信息的存储、传输和各种处理都可以统一发展，且在保真无错的情况下，使速度和容量随着光电半导体材料的发展而达到极致。这对所有信息的保存、复制和传输显得尤为重要，优势也尤为显著。今天，我们用电脑，甚至拿着一部智能手机，就可以处理几乎日常工作生活所需要的所有不同形式的信息，无论是语音、图像、影像，甚至包括方向、重力、温/湿度这些环境场相关信息，文字、数据、图表形式的信息更是自不必言。如果没有信息技术，计算机、数字化近二十年翻天覆地的发展，这些都是不可想象的。反过来，我们也不会对信息有如此深入的认识。

2

信息传播

信息复制的主要目的就是为了传播、分享。信息的传播是一个很大的课题，很多大专院校都是专门研究信息传播的。例如：中国传媒大学（原本就叫广播学院）、清华新闻与传播学院、北大新闻与传播学院等。其实，中戏、北电、上戏研究表演艺术，从信息传播的角度看也是信息传播的手段和技巧的研究。

从纯粹信息论的视角看，信息传播就是传播者把信息以适当的方式进行编码，选择适合的信息通道，传送给一个或多个受信者，使他们能够完整、准确、及时地接收到原本希望传达的信息。于是，把信息传播作为一个任务或项目，首先要研究的是什么信息，传播的对象是谁？

传播对象对信息接受的方式和偏好决定你应该用什么编码展现形式，用什么样的信息载体和媒介来传送信息。换句话说，信息的发送者在选择信息输出（展现）的编码时，要研究的是目标信息接受者最善用的信息采集与获取方式。

市场营销是商业机构通过有组织、有设计的信息传播，达到产品或服务销售的目的，是一种最常见的典型的信息传播。商家推出一款产品或服务，首先要确定其推广的对象，也就是商家要进行营销，即产品信息传播的对象。之后要研究什么信息传播载体和渠道能够最有效地使信息到达这些对象，用什么样的形式和“语言”编码（文字、图像、语音还是视频影像），最能够有效地展现产品的特性、卖点，且容易被潜在的买家——目标受众即受信者接受。

例如，大众速销品，饮料、糖果、速食品、日用品，面向的受众几乎是所有人，最常用的传播媒介就是大众媒体，电视、广播、报纸，包括互联网这个新兴媒体。其中投入最高的传播渠道是电视。原因除了电视普及率高、其受众到达率相对较高以外， 还有视频影像语言单位时间内所能传送的信息量最高，图文并举声情并茂，包装设计得好这种形式最容易吸引目标受众（选择了电视这种传播方式，对营销来讲也还是一个开始。为了达到预期的效果，还需要做很多调查分析，研究诸多传播要素，以决定哪个电视频道，什么时间段，多长的广告，什么形式等等最适合你的要求。不过这些已经进入了营销专业课题，不是本书讨论的重点）。当然，对于更复杂一些的产品，需要更详细具体地介绍和描述性能指标等细节的产品，或者更高档的产品，简单地通过一种传播渠道是不够的。例如，汽车、手机、电脑等耐用商品。这时候，商品信息多会采用组合营销的方式进行定向传播。尤其是对于知名品牌的高档商品，电视广告仍然是常用手段，但只是用于品牌、文化和理念的传播与塑造。杂志、报纸或宣传手册等更容易定向的平面媒体加入产品特点、性能的详细描述和说明。网上对锁定目标的跟踪、调查、信息推送或互动顾问咨询，甚至同类产品的性能和价格，以及售后服务的比较。专门设计的或植入的文体活动广告，也是大品牌常用的营销信息强化和传播方式。这时候虽然只是一个标版、几个字母或图案的品牌标识，但传达的却是商家的实力、信任度和理念文化等信息。

科技、文化等纯知识信息的传播，图书文字是当今采用得最多的媒介。因为，人类几千年的文明发展史，人文、自然分门别类地积累的知识，其信息量浩如烟海，每个人只能有选择地吸取其中很有限的部分，相关的知识也只能分门别类地组织，供人们选择。学校和教师是这类信息传播的辅助工具，它可以帮助学习者——受信者，更加准确、全面、有效地接收到他所选择的文化知识信息，尤其是对那些尚不具备自学能力的初学者或孩童。

“信用文化”的社会成本

昨天，去看望八十多岁的老父母时，就有关“信用文化”的问题继续进行讨论。老父亲提醒我：中国也是早就有支票的哦。对的，中国并不是完全没有支票，只是那个时候，我们只有“对公”的支票，没有私人支票。我之前的文章中讲的是普遍意义上的支票，而非中国的这种“特殊”支票。

“对公”这是中国银行业的一个特殊概念。其实，还是建立在没有“信用文化”的土壤中的。这也是中国银行业或整个金融业迄今还在承担着的巨大“成本”、负担或日风险。为什么我们的借贷制度总是发展得“扭扭捏捏”，也是同一个问题。

中国的银行业几乎没有信用抵押，只认实物抵押。只认可见的，可定量评估的价格，而缺乏“价值”的概念，从银行开始。所以，银行一直以来有划分对公和对个人。硬性地把“公”划分在可信的范畴，而个人的信用是有疑问的。原因是，三十年前我们的所谓“公”都是国有的，跑不了，一切有国家“兜底”。而且，我们假设“公”是有资产抵押的，如果信用额不能承负，可以收了它的资产。而改革开放之后，这个客户划分实际上已经不成立了。公司不都是国家的了，是国有的也照样有资不抵债的，甚至风险更大（想想地方债的深层次原因吧）！多数公司，尤其是在新兴行业、新技术行业也不再那么重资产了。于是，银行过去的环境假设已经完全变了。可其运营理念和机制还是老一套！这就是为什么中国银行坏账那么多，中国的中小企业融资难的根本原因，就是尚未建立起来的“信用文化”给中国带来的沉重代价和发展掣肘！

再从一些细微的区别看。中国的信用卡，尤其是新的用卡一族都喜欢用密码支付，很少的一部分人才选择签字支付。这个差别在哪里？多数人只以为是技术手段的差异，其实是文化的差异！签字的方式是建立在信用文化基础上的，而密码则基于硬邦邦的技术手段，现代

不过，数字化的今天，图书这种信息承载与传播的介质已经发生了根本性的变化，已经不再简单地是只可以承载静止图文的纸张介质，也可以是手机、电脑等“富媒体”。它除了可以代替纸张承载纸张原本可以展现的图文信息编码以外，还可以有动态影像和声音等多种混合信息展现形式。影像甚至可以是三维立体的，可以与使用者互动。声音也可以是多种形式的，包括与图文同步，甚至是互动的。因为，这些电子终端设备已经不是简单的信息存储介质，而是信息处理系统，它们兼备信息的采集、存储、传输、处理和展现功能。同时，这些终端的信息存储量巨大。如：一个平板电脑不仅可以装下常

的信用卡运行机制。那么这后面是巨大的设备、设施、运行的成本。当然，今天IT技术和设备的成本飞速下降，网络技术飞速发展，有这些机制并不是不好，并非没有必要。但是，我们必须意识到这个成本、这个代价是巨大的。

在中国，如果由于自然灾害或者其他不幸，停电了或断网了，我们的金融体系就会停摆。超市、商厦都将无法运营，银行也只能暂停营业。而在北美，即便银行周末和假日休息，每个工作日的工作时间也只有六七个小时，可它丝毫不会影响商业设施的运行。不只是现钞可以支持离线交易，支票也是常用的大额交易支付手段。而在中国，虽然银行可以提供全天候的交易服务，可这些背后的成本你想过吗？

用的学习工具书，图文音并茂，甚至可以替代知识渊博的教师，还有常用的计算、绘画和书写等工具，使你阅读学习的同时，也可以实践练习，都在同一个终端上。更大的改变还有，传统的纸质图书如果需要修版、再版，则需要重新编辑、印刷、发行的全过程，数字形式则可以只编辑修版，然后以数字编码形式，通过移动存储介质，或者是网络信道，复制到用户的终端上就完成了新版发行的过程，从而大大地缩短了再版发行所需的时间，消减了相关的成本，使得再版变得简单易操作。

艺术类信息也是随着信息复制与传播介质的发展，多种手段的应用才得以广泛地、以多种多样的形式发展和普及的。我们都知道艺术形式是多样的，尽管其表现的内容都是艺术创造者的心情、思想等精神世界的内容，纯粹的信息。在远古时期，人们通过声音，包括利用或制作一些发出各种美妙声响的器物来表达和展现。因为，没有信息存储和记录手段，要复制和传播只能靠类似今天动物采用的方式——相互模仿。符号和文字发明后，可以利用这种手段做一些记录。故事、评书、小说等纯粹文字编码可以记述的信息可以率先复制和传播，然后传承下来。诗词歌赋等音乐形式的信息表达虽然也出现得很早，记录的手段“乐谱”也在公元前一两千年就出现了，但记谱这种编码方式对音乐声音的记录不像今天的录音、录像那么直接，不同的地域有不同的方法，缺少统一的标准。直到1342年欧洲才形成了通用的现代五线谱。中国古代一直沿用文字记谱方法，这样的编码对以音高、节奏、旋律等的变化为主要特征的音律信息的描述性更弱一些，这也可能是阻碍和抑制了音乐在中国发展的主要原因之一。直到20世纪，受西方世界的影响中国才开始普遍使用西方引入的五线谱和简谱学习、研究和发展音乐。一些传统戏剧艺术也还少量沿用一些古老的记谱方式，如：工尺谱。这也从一个角度说明，编码等信息处理技术对基于信息的文化艺术发展传承的重要性。

今天，还是数字技术的运用，使得各种形式的信息，最终都以二进制数位形式存储、传输和处理，而展现的形式可以是多样的。回到音乐这种艺术形式，印在纸媒上传播可转换成五线谱、简谱等任何一种受信者选择的形式，也可以还原成声音、音响在扬声器中或乐器上播送出来。这些技术上只是一种展现时的信息编码转换。

互联网这种新型信息传播通道和平台的兴起和发展，使得信息复制和传播尤其是传播，又孕育和发展了新的方式、机会和挑战。互联网，尤其是近几年无线互联网的飞速发展，已经把整个世界罩上了一张无处不被编织和连接在一起的一张巨大的数字网。人们选择任何方便使用的数字终端，电脑、平板、手机，都可以把自己接入这张网。而上了这张网，技术上就是加入了一个理论上信息量无限的信息通道中、信息互动平台上。只要得到授权，任何文化、知识、科学、艺术、金融类的信息都可以在这个网上获取到。任何人，也可以把自己的创造和贡献，文学、艺术作品也好，科技研究成果也罢，通过这个平台授权他人和整个社会分享。现实生活中配合物流的信息流，也同样可以在这个平台上传播、流动、整合，并因此而大大改善和提高物流的效率，降低物流中信息流的处理成本。在覆盖面、互动性、时效性、不同种类和形式的信息的交互整合等方面，互联网是广播、电视、书报等传统的信息传播方式所无法比拟的。

如果你已经认识到了，今天的世界就是由物质和信息构成的，同时，信息处理最有效的工具和平台是互联网，你就知道了解和掌握互联网及其相关的知识、技术、最新的发展和应用成果对你无论是工作还是生活是多么的重要。

3

生物信息系统中信息的复制与传播

所有生物都是一个信息系统，而生物系统本身又是由许许多多的微小的生物单元——细胞组成的，每一个细胞又可以看作一个微信息系统。每个细胞内至少存在着决定这个细胞如何生长的信息——遗传信息，它们规划和设计了这个细胞何时、何处、长成什么形状，构造如何，具备什么特性和功用。“设计蓝图”不仅限于这个细胞本体，至少还包含了由包括他自己在内的细胞所组成的组织、器官、系统，甚至整个生命体。生物信息系统中的信息复制与传播与我们上述的物理信息系统不同。其中的遗传信息是通过细胞自身的复制过程，在细胞核复制阶段从母细胞中转录（复制）过来的。这是生物信息唯一的复制转播途径，而且是单向不可逆的。它的复制是一个复杂的生物化学的催化反应过程。今天，人工是无法简单干预和改造一个已经形成的细胞核中的遗传信息的。甚至由细胞组成的生物被毁灭，细胞体被破坏，承载在细胞核中的遗传信息仍然顽强地存在。因此，我们才可能通过对一个生物体上取得的碎屑中的细胞的分析化验（基因检测），来获取器遗传信息。现在知道的是只有放射物质发出的射线可能使细胞核中的遗传信息产生突变。所以，当我们希望杀死我们肌体中的一些坏细胞，比如癌细胞时，不得不使用化疗、放疗。其目的都是要改变癌细胞的遗传基因，阻止其继续生长。可是，当我们在消灭癌细胞时，混在一起的，或其周边的原本健康的细胞也会受到影响和破坏，这就是所谓副作用。

价值 价格 成本

一个产品也好，服务也罢，或是任何东西，其价值—Value在于对你的生活工作学习等产生的作用和意义。它与这件东西卖多少钱或曰标价多少，也就是价格其实没有什么直接的关系。中文中的“价值连城”说的是价值，而“无价之宝”虽然与前一句成语形容的类似的，但这里的“价”是价格。也就是说，这件宝贝的价值是无法标出价格，无法用金钱衡量的。换句话说，标任何高价都不嫌高。

成本—Cost是制造一件商品或提供一种服务所需要的费用总和，包括材料、人工、设备、环境等等。我们的追求应该是尽可能持续地，用尽可能小的成本创造高价值的产品，提供高价值的服务。而不只是把产品的价格—Price卖得越高越好。

我们的营销应该是尽可能全面地把产品和服务的功用或曰价值传达给可能对他们有实用价值的用户，或是对它有价值欣赏能力的客户。而不是谁出得价格高就卖给谁。

中国刚刚或者是正在从一个“价格”敏感的阶段走出来。什么是价格敏感阶段？就是在这个阶段我们的收入太低，我们不得不斤斤计较，否则我们难以生存。改革开放前，普通大众一家的月收入不到一百元人民币，通常是四、五口人的家庭。尽管物价便宜，我们也不得不省吃俭用。这就是价格敏感的时代。

当我们脱贫以后，就需要开始认识价值，并学会尊重和欣赏价值。否则，我们很难进入一个健康的和谐社会，我们也难以持续进步和发展，成为一个在世界上受人尊敬的大国和强国。尽管听起来好像我们已经是所谓数一数二的大“经济体”。

细胞核中的遗传信息如此稳定不易改变，那么生物岂不是没有发展和进化了么？当然不是。首先，生物细胞中的遗传基因信息在性繁殖的过程中会发生变化。例如：人类的生育繁殖过程。细胞核中的遗传信息承载在称作染色体的物质中，而染色体的主要化学成分由脱氧核糖核酸（DNA）和蛋白质构成。染色体在人体的体细胞中成对分布，称为二倍体。人类有二十三对染色体。而染色体在生殖细胞精子和卵子中则是单倍体，只有体细胞的一半，二十三条。在一个精子进入卵细胞授精的过程中，精子和卵子贡献各自的二十三条染色体，结合成一个新的细胞，重构了这个新生细胞的细胞核中的二十三对染色体。它们就是未来这个新生命的“设计蓝图”。这个新蓝图中一半的遗传信息来自父亲，另一半来源于母亲。与占绝大多数常规细胞中的体细胞通过细胞有丝分裂繁殖，遗传信息直接从母细胞转录至子细胞不同，二倍体细胞通过减数分裂形成的单倍体细胞，即生殖细胞在构成新生命的交合过程中把两个不同的遗传信息混合在一起，转录到了新细胞中。

遗传信息除了在生育过程中发生这种显见的变化外，当生命体受发育和生长环境的影响或限制不能依照原本的“蓝图”生长变化时，生物本体也会使这个遗传信息发生渐变，做适应环境的变化。比如，一个生物原本是适应在某一温度和湿度环境中生存的。因为某种原因，换了一个更热或更冷的温湿度不同的环境，它有可能完全不能适应而提前结束生命；也可能，经过一段时间的适应，做一些适应性的改变，继续生长，直至生命周期的结束。或者说，带有不能适应的基因的细胞会被淘汰，只有适应的细胞才能继续生长。于是，适应新环境的基因才能被继续复制和传播，即所谓适者生存的生物进化法则。这样，如果，在其生命周期结束前又有机会孕育和繁殖了新的生命，它应该会把这个为适应生长环境而改变了的遗传信息，传播给下一代。

现实中生物信息的复制与传播过程颇为复杂，与我们主要讨论的物理信息的复制与传播机理完全不同。首先，它是自我复制，不需要外界的干预，只要以蛋白质为主的细胞生长营养物质足够，在细胞分裂生长的过程中，生物信息就随之复制完成了。其次，在信息的复制传播过程中不会轻易丢失或改变，除非细胞被破坏，无法再行生长繁殖，生命终结。不过，过去近半个世纪以来，随着对信息的认识的深入，对信息理论的研究，以及信息技术的飞速发展，人们对生物和生物遗传信息的研究也有了工具和条件。今天，我们一直在试图通过揭开生物信息的秘密，寻求人工干预的方法，从而趋利避害使人类自身有更好的发展。

同时，研究生物信息的复制与传播机理，看看是否可以被物理信息的复制与传播借鉴，尤其是达到自我复制，且能够保持稳定地发展。可惜积极的作用还未找到，作恶却抢先了，肆虐的软件病毒部分地模仿了生物病毒。其在各种计算机设备上的传播成了信息系统和网络中的顽疾之一。

第六章
信息化社会与信息战

未来的成功者是那些掌握信息的人！谁能够最准确、最全面、最快速地获取信息，最有效地解析信息，并以此把握未来的方向，积极采取行动，谁就掌握了主动，就最有机会胜出。

——1983年春

80年代初期，大学毕业没几年，在当时的世界第二大计算机公司[①]美国DEC（Digital Equipment Corporation）在北京举办的一个研讨会上，笔者聆听了DEC远东区软件部经理——一位法国人克劳德·帕斯奎特（Claude Henri Pesquet）的演讲。听完后，笔者就得出了上面这段感言。从此也坚定了从事信息技术（IT）研究、在信息技术领域发展的信念。

从孩提时钻研无线电（radio）技术开始，中学生时代酷爱电子仪器设备的研发。后来，笔者在大学中除了主修的港口码头设计建造外，还同时自学了计算机相关的基础课和软硬件设计、编程等。1982年毕业时，笔者实际已经掌握了至少包含水利工程和计算机科学两个学科的大学本科基础。由于各种机缘巧合，我在大学毕业后不到一年，就全职转入了计算机应用系统，也就是现在人们常说的“信息系统”的开发设计工作。

随着信息技术的突破性发展，世界其实早在20世纪60年代末期已经开始进入“信息时代”。但大多数人并无意识。直到80年代人们才普遍意识到，人类已经继农业社会、工业社会后，进入初始时称作“后工业”的社会，也就是现在大家共识的所谓“信息社会”。经济相对发达的西方国家学者更愿意用经济发展形态或原动力来定义“社会”，因而也有分类为农业经济、工业经济，继而是“信息经济”。正好，80年代中国也结束了所谓“十年动

① 当时还很少有把计算机叫作“电脑”的。

乱”，赶上了“信息技术”飞速发展的人类历史大潮，尤其是21世纪以来互联网发展的大潮。

尽管进入信息时代已经超过半个世纪了。今天，人人都在谈论信息，发出信息，寻找信息，利用信息，处理信息，我们已经“信息化”了。那么什么是“信息化”，我们是不是真的信息化了，我们真的已经进入了信息化社会了吗？

1
信息化概念

信息化——Informationalization，算是一个新词，包括很多英文大词典中也还没有正式收录。笔者第一次看到对这个词的详细定义和解释是在斯丹利·戴维斯所著作的《2020的展望》（2020 Vision）①一书中。在这本著名的畅销书中，戴维斯用了一整章讲述信息化的概念，以及信息化对所有公司、所有商业机构意味着什么。

我们不得不敬佩的是，距今20多年前，戴维斯已经把今天发生的实情的预言精准到了年度！让我们看看他在20世纪90年代伊始是怎样描述今天的智能手机的。不要忘记，90年代初在中国，家装电话都还是只有少数特权阶层才有。移动电话还只开始有模拟机②，且是个别“土豪”手中的“大哥大”。

① 1991年出版，当年最畅销的经济管理著作。

② 大约在1993年中国大陆开始有商用移动电话服务。

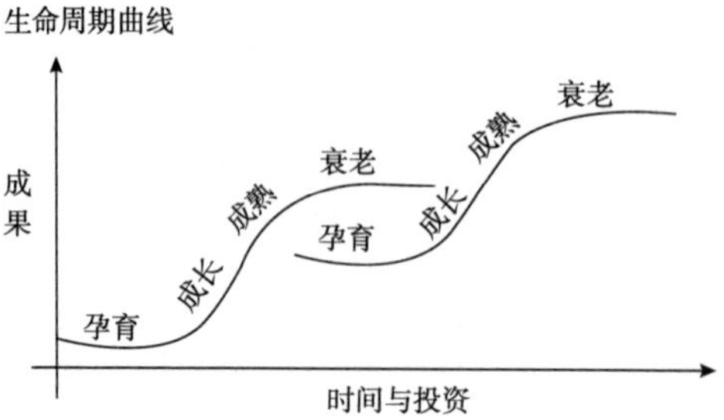

图6.1 经济模式的更叠

"在这种经济（模式）[①]的后四分之一阶段，进入2010年代，电话、计算机和电视机或许就是一个东西，就是一回事儿。也就是说，电话可以像现在处理声音一样处理影像，计算机处理影像也如同它今天处理数据一样。内置的话筒将是每个计算机的标配，反之亦然，每个电话里面都有计算机。把一台电视的屏幕剥离，它看起来都会像一部计算机。"

对照今天在我们生活中发生的一切，除了佩服，已经无话可说。

按戴维斯的划分，每一种经济模式的发展有四个阶段：孕育期、成长期、成熟期和衰退期。由生及衰大约要经历80到100年的时间。而信息经济这种模式如果把信息论的创立（1948年），电子数字计算机的发明（1952年）算起点，1950年开始孕育期，70年代开始进入成长期，进入21世纪开始正是其发展的鼎盛时期。

另一位知名的未来学家、社会学大师，出版了未来学"三部曲"[②]的阿尔文·托夫勒（Alvin Toffler）在其著作《权力的转移》（Power Shift）中也把1970年作为进入信息社会的时间点，与戴维斯可谓不谋而合。只不过，他是社会学家，更愿意用"社会"这个词以更宏观的视角来描述社会形态的发展与变迁，戴维斯则更聚焦于每种经济形态中的商业模式的变化和转型。

信息经济前的工业经济，更确切地说是工业化经济，是以工业化，尤其是推动生产制造业的机械化和自动化，作为推动社会发展的核心动力。其结果是生产力和生产效率大大提高，物质极大丰富。进入信息经济模式后，仍然是在延续生产力和生产效率的提高，不过驱动力更多地来源于以信息科技发展为代表的高科技研发带来的成果。信息，信息化是核心、是本质。

---

① 指"信息经济"。

② 1970年出版《未来的冲击》，1980年出版《第三次浪潮》，1990年出版《权力的转移》。

因此，在这个经济模式或曰社会的转型过程中，每一个商业组织，也包括非商业机构，不管你是主动还是被动，都不得不加入这个转型的过程——信息化。信息化的结果，除了必然使生产力和生产效率难以想象地大幅度提高外，也将给大众带来新的感受和体验。它更多地把人们从“苦力”中解放出来，让人们在物质满足和享受的基础上，有机会提升自己的精神享受和满足，包括个性化的满足。这一切，还是源于信息化、信息技术。它让我们有机会更深入细致地认识、了解，进而把握这个物质世界。同时，又超乎想象地降低了这个认识过程的成本。也正是因为成本的降低，才使这一切成为可能。

这些发展趋势和前景，虽然戴维斯等预言家二十多年前就已经预见到了，但是由于多数人对“信息”本身的认识的局限，以及信息技术的发展需要时间，要有个过程①，尤其在国内，我们对信息化的认识稍显滞后。本来，我们在工业化改造的过程中就比发达国家晚了一拍（大约三十年）。改革开放后，我们正在奋起直追。虽然我们的工业化的结果，已经大大缩小甚至部分赶上了世界先进水平，可我们的信息化进程还是远远落后于美国等发达国家，尽管我们所拥有的信息化工具和手段丝毫不亚于他国。这也从另一个角度提醒我们，信息化并非IT化、数字化，IT——信息技术和数字化都是信息化的工具和基础。信息化的本质是要把与自己、家庭、组织、公司，乃至社会中相关的信息、信息流，及其信息处理模式理清，之后，（信息处理）工具也好，手段也罢都是随之而来的。

让我们看一下戴维斯在他的书中就信息化为企业商业运营和转型过程中带来的效益的总结和归纳：

信息化＝客户定制化的产品＋迅捷的响应；

信息化＝在交付点生产；

信息化＝缩减费用、库存和运营资本；

---

① 事实上这个发展速度之快远远超出我们的想象。

信息化＋直接访问＝更高的服务标准；

信息化＝跨组织融合；

信息化＋物流＝环球运营。

学好摄影的关键

今天物质条件极大改善，我们每个人都会追求精神层面舒适度的提升，都喜欢美的欣赏，这绝对是好事儿。每个手拿相机的朋友都希望能拍出好的图片，记录下美的瞬间，或分享或收藏。可是如何能做到？那可不是拿着高级、专业设备就妥了的事儿。该从何下手呢？一个字儿，看！两个字儿，细看！三个字儿，仔细看！

好的设备不是不重要，它可以帮助你解决许多技术层面的问题，比如测光、对焦、变焦、抓取捕捉、记录（数字化处理）等等，但无法帮你解决许多艺术层面的问题，而每一幅图片是否出彩儿的关键是其艺术表现。每一幅你喜欢的摄影作品都反映了作者的艺术欣赏特点。哪怕是风景照也绝不仅是实物实景的平面拷贝，还包含有作者希望表达的艺术鉴赏思想，价值取向，对自然的热爱程度，关注点，审美观等等。摄影的过程，是通过信息处理设备或曰相机，把实物信息加上作者的审美思想（艺术信息）瞬间转换成存储芯片上的数码记录的过程；是把信息从智慧（wisdom）+消息（message）形态，转换成数据（data）→数位（bits）形态的过程。而分享摄影作品，是一个反向转换过程，是把信息从芯片上的数位（bits）形态，转换成人们可以看得到，可以欣赏的图片作品（Intelligence）。

为啥说是Intelligence？是作品，当可以被版权保护的对么？版权，copyright也是一种知识产权，英文IPR-intellectual property right。当然，如果做情报工作，新闻工作，甚至间谍，摄影也是他们的常用记录手段。他们的“记录”统统叫作情报，intelligence。不过，他们的“作品”要求的是记实，不能加入可能改变事实表现的主观成分。否则，就成了我们今天常说的PS（photoshop，后期加工处理的工具）。

有一位外国著名摄影家，他做了一辈子摄影了，出版过很多摄影画册，还编著过摄影教材，迄今衣服口袋中还是总放着一个小胶片框（今天也可能变成其他材质的框架了），随时拿出来对着前面的景物进行取景构图观察练习，而非每天背着相机到处按快门。这样的大师，不出好作品才难。

再给大家分享一个比较现实的具体学习方法。今天，网络超级发达，如果你想练习你的眼力和欣赏鉴别能力，除了外出时的实景观察外，可以找国内外著名的摄影图片网站，找一些你欣赏的大师的作品集，也可以是业余摄影师的作品，每天工作间隙时看几幅。不光是简单地看着好看、漂亮、美，而是用你学到的摄影基本知识去试着解读作品，思考作者为啥这么拍，他想表现什么，是怎么表现的。久而久之，你就靠近大师了。“熟读唐诗三百首，不会作诗也会吟”，就是这个意思。绘画、摄影道理都一样，从技术的角度看都是信息处理，只不过是信息处理的手段和工具不同。

2

信息化进行中

金融业

现在五十岁左右的人或许都还记得，我们年轻的时候，要用钱是必须去银行的。我们与银行打交道的是一个储蓄本。上面是一排排的小格子，银行柜员在上面用钢笔记录着你何时存入或支取的金额。每行开始填写的是交易日期，末尾是当前的余额以及银行柜员的印章。每位银行柜员前放着一个小算盘，她至少要在算盘上记录和核算两次你交易的金额。过去短短的二十年，这个情景在当今的现实生活中已经彻底消失。算盘已经进了博物馆。银行柜员工作台上的操作工具已经更新换代了至少两次，从算盘变成计算

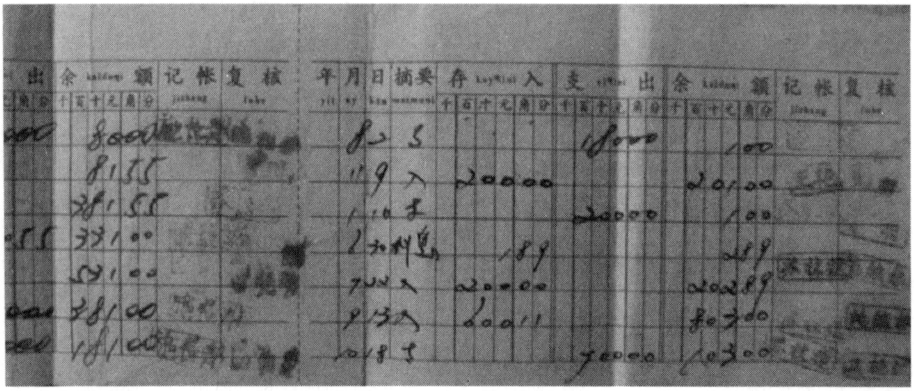

图6.2　老式储蓄本

器，再到银行终端；记录的钢笔和储蓄本已经变成了打印机和机打储蓄簿或凭证；现金钞票虽然仍然存在，但更多的已换成银行卡，甚至连卡也未必需要，绑定你的手机电话，也可以做现金支付交易。

今天，人们个人拥有的财产、资金或许是二十年前的几十倍、数百倍，但你操作这些资产，包括现金，可以完全不用去银行网点，一切网上解决，不管是通过互联网还是电话网。2000年以前，人们至少还要从服务的公司或机构领取薪金，不急用的部分存入银行。这十几年银行代收代付服务的兴起，已经很少有公司或机构直接发放现金了，多是通过银行支付职员的薪水。笔者服务过的几家公司甚至连员工的差旅等因公杂支都是通过银行给付报销，完全不过手现钞。笔者已经很多年没有因为简单的存取款或缴交各种公用事业费（水电煤气等费用）跑过银行网点了。

八年前在一个业务繁忙的公司中，出纳员每天的重要工作之一就是要跑银行。对账是他们最烦杂的日常工作。今天，所有的银行都有网上企业客户端服务，仅是对账和往来收支的打理基本上已经无需跑银行。系统完善的大公司，财务系统与银行更有相应的对接。不仅省去了不同系统之间信息交互的烦杂操作、大大提高了资金管理效率，也避免了人工操作中可能出现的错误。所有这些变化正是信息化的成果。

1987年新成立的中国第一家纯粹的股份制零售银行——招商银行起始注册资本金仅一亿元人民币，迄今短短二十五年它已发展成了资本净额超过2000亿、资产总额超过2.8万亿、机构网点超过900家、中国排名第六的股份制商业银行，并已跻身全球前100家大银行之列[①]。像中国四大行的农行全国网点多达二万四千多，储蓄规模最大的工商行也有超过一万六千多个网点。招行，一个年轻的后起之秀，网点数量不足人家的零头，是如何能排名仅次于工农中建四大行和老牌的交通银行（1908年创立），跻身全国第六呢？利用信息技术的发展大潮，迎头赶上。这是招行早在初创不久的1995年就制定

① 截止到2012年底的数据。

反馈（Feedback）——有效沟通（通信）的保障

学员：周老师，您和林老师好像特别喜欢强调沟通。群里面你们在强调，授课或演讲时，你们也都喜欢提问交流，甚至经常走到台下，听众中间去互动。

周老师：是这样的，习惯了☺

"通信"，日常说沟通，一定是两个信息系统间的信息传送。理论上讲，信息发出方，比如：演讲人，在发出信息后，就失去了对这个信息的"控制"。信息是否被收到，完全取决于受信者。发信方只能通过不断地"索取"听众的信息反馈，来判断对方是否收到了信息，是否有正确的解码（正确地理解了发信者的原意）。

两个人之间的交流，可以靠默契、习惯等解决"交流"、交互的问题。面对面时，通过近距离的观察，眼神的交互，肢体语言，发信方已经可以得到反馈。不仅可以判断对方是否收到前面发出的信息，甚至包括了对方收到后的反应和看法，进而进入到下一个沟通的session（会话，交互）。

公司管理，通常是多对多的通信，而且很难时刻面对面地"实时"进行，则需要系统、机制，所谓管理流程以保证"通信"是有效的。

学员：周老师，看来沟通要不断反馈，机制就是反馈到位，确保信息准确传达，执行不变样。

周老师：你的理解非常到位。

的竞争策略。因为他们深知，如果以传统的方式拼网点覆盖率，招行要追赶国内当时已有的几十间银行绝无可能，四大行更是想都甭想。只有靠信息化、信息技术的应用来出奇制胜。1995年它先尝试推出行内网络化通存通兑的"一卡通"，被誉为"中国金融电子化中的一座里程碑"。在信息化上，领先同业构建了全行统一的IT平台，创建了国内第一个电话银行，较早实现了客户资金的通存通兑和零在途汇划。1997年4月，招商银行开通了自己的网站www.cmbchina.com，这是中国银行业最早的网络域名之一，"一网通"则是中国第一家网上银行。网上银行和电话银行等电子银行渠道的持续完善有效分流了营业网点压力，甚至替代了很多网点的基本功能。一年后的1998年4月，"一网通"推出"网上企业银行"，为互联网时代"银企信息接口"构筑了全新的高科技平台。目前，招商银行的"一网通"已形成了网上企业银行、网上个人银行、网上商城、网上投资理财和网上支付等在内完善的网上金融服务体系。2011年零售电子渠道综合柜面替代率达到86.57%，公司电子渠道综合柜面替代率达到49.63%。招行不仅是中国金融业信息化的领跑者，2003年招行的网络银行系统还在被誉为国际IT界“奥斯卡奖”的CHP国际信息技术应用大赛中获得“二十一世纪贡献大奖”。招商银行是金融行业利用信息技术后来居上的典型成功案例。

今天，几乎所有的银行都已经武装了网络化的电子银行系统。在中国，多数银行都已经通过网络银行对银行间汇兑、划账等金融服务业务提供每周七天，每天二十四小时的不间断服务，而且自2011年起都已能做到实时到账。中国的股票、期货交易等金融市场，比较欧美发达国家，虽然属于新兴市场，不过，因为诞生在IT时代，其电子化网络化的程度却是与先进国家基本同步的。随着宽带入户，从2005年开始，股民今天炒股都可以足不出户地在家中进行。

2013年以来，电子商务和网络销售在电信数字网络、移动网络等基础通信设施快速发展的背景下迅猛发展，更加推动了网上银行尤其是移动银行、手机支付等新兴支付与资金流通手段的兴起与发展，互联网金融风起云涌。

经济学，今天事实上已经成信息科学的一个分支。其中的核心度量——货币本身正在完成其自身从物质到“比特”的过度，成为存储在计算机内存中、磁条上，或奔驰在环球财务交汇网络上的资金信息。甚至，当货币似乎还是物化的财宝，沉甸甸地放在口袋里、装运在车船上或是藏在银行的地库中，它实际上也只是信息。无论刀币还是贝壳币、硬币和纸币、各种支票或券证都仅仅是一些短命的载体技术，一度用来记录谁拥有什么、价值几何的相关信息。我们这个时代不断经历着老的信息载体被新技术支持下的新载体替代。这正是信息技术、信息化发展的一种象征和具体表现。

了解了信息的本质，我们或许容易理解，经济学研究的就是经济发展的规律，财金信息变化的规律；研究现金流、资金流，各种经济相关指标变化的因果关系，不同货币间的交换……这些特殊的信息流的把握与控制。

零售贸易行业

经济变化规律是纯粹的信息，那么实物的流通——物流呢？它们在现实社会中无不与衡量其价值和价格的金钱、经济相关联。物流必然伴随着相关的信息流，运输的追踪和相关价值变化的跟踪。让我们来回顾一下流通领域近几十年的发展与变化。

年纪稍长的朋友或许还有印象，二十年前，不管是街边的小杂货铺，还是商业区的大百货商场，每个月都有一天或半天的停业，要进行盘点。就是集中算账盘货，以便计划后续的运营。今天，“盘点”这个词或许很多年轻人都没听说过。因为，商店甭管大小，基本上都有收银系统，盘点几乎可以随时进行。计算机化、数字化、信息化的实现已经不需要商家为了算账而暂停日常的经营。1990年，笔者在香港参与了为百佳超市建立全港的网络化店面管理系统的工作。那时，互联网还没有普及到商用。全港的二百四十多间百佳连锁店的系统还只能用X.25专线点对点连接。每个店里也只有一台PC机和一部价签打印机。中心机房坐落在九龙火炭屈臣氏的办公楼里，由两组八台超级小型机组成数据处理中心。每天网点打烊后都要把盘货、缺货的信息通过这个网络汇集到数据中心，中心通知仓库在夜间按需补货。同时，每天的商品价格变化，也通过这个系统下发到门店。价签在门店的打印机印出，并在第二天开门前贴到相应的货品柜架上。那时候，条码的应用还没有开始。这是香港最早的网络化零售超市管理系统。也正是在90年代，沃尔玛（Wal-Mart）通过管理信息系统的打造和运营登上了全球零售大哥大的宝座，并一直保持至今。

在零售流通领域，沃尔玛并不算是一个老牌公司。它1962年才在美国成立，并开了第一家零售店。也正是七八十年代零售业态开始发生了变化，从分类百货转向一站式连锁超市。在中国这个变化要滞后十几年。这之前，人们的日常消费分为几个不同的门类，有不同的零售商店提供服务。以当时的大部分中国城市为例，粮油在粮店销售； 各种调料、肉、菜、豆制品等食材在副食店销售；厨房用具和居家清洁用品在日杂店销售；服装寝具等日用品和糖果烟酒在百货商场销售；家用工具、灯具、电器等则是在五金交电门市销售；药品有药店；书籍等文化用品有新华书店和文化用品商店。要把日常生活的衣食住行等用品置办齐，我们通常至少要跑五六个商店。以沃尔玛为代表的大型零售商，从70年代末开始发展连锁超市的零售流通业态，让消费者可以方便地在一个商店采购到从吃到用的所有日常用品。这不仅方便了顾客的采购，减少了采购日常用品所需的时间和精力，同时还降低了售价。那么这些商家如何在降低售价的情况下还能获利呢？诀窍之一是通过连锁扩大销售规模，降低进货成本。规模大了，连锁店多了，则需要很好的采购、仓储、配送及其相关物流的优化管理。这一切都依赖于网络化的零售管理信息系统。顾客的采买过程采取开架自取，在出口处统一结算。改善了顾客的购物选货体验，还大大减少了店员的需求。更重要的是店内的货品每售出一件，相关的物流信息——什么时间、什么货品、在哪个门店的哪个出口、出售给了哪位顾客（沃尔玛是会员制的连锁店）和财务信息—金额、数量等一起通过计算机网实时地汇总到了门店和总部。

经过整整五十年的发展，沃尔玛的连锁超市已经有上万个门店，遍布二十七个国家，二百二十万名员工，每天服务着超过两亿顾客。2012财年的营业收入已达四千四百六十多亿美元，市值达两千四百五十六亿美金，是当之无愧的全球零售行业大哥大，无人可出左右。

支撑这个零售帝国的沃尔玛物流配送系统包括一百五十座配送中心。八万多类商品的百分之八十五自己配送，其余百分之十五由生产厂直送。配送车队拥有六千五百辆牵引车头，五万五千多个拖车车厢，七千名司机。车队采用电脑进行车辆调度并通过全球卫星定位系统对车辆进行定位跟踪，每20分钟报告一次车辆所在位置。每个配送中心负责少则八、九十家，多达一百家门店。方圆二百英里的覆盖范围。沃尔玛物流去年运送了超过六千五百万集装箱货品，平均每天配送二十万箱。八万类商品中一万类高周转畅销品保持常备库存。配送中心从收到门店订单，从厂家进货，到配送到位平均只需两天，同类的大型连锁超市凯马特（Kmart）需要五天。沃尔玛物流费用率比凯马特低60%以上。这么大规模的零售加物流系统若没有一个强大的管理信息系统支撑，能运转都是不可想象的，更不用谈效率。

像招行在中国金融业领跑高科技应用一样，沃尔玛之所以能在传统的零售业竞争更激烈的环境下异军突起，同样缘于沃尔玛是全球传统零售贸易服务行业积极采用高科技和电子技术的典范。早在计算机还没有那么普及的80年代初期，它就已经开始随着连锁经营模式的发展，逐步建立支持这个连锁先锋的计算机管理系统，比一般企业提前差不多十年。它是最早使用POS（point of sales）自动结算系统、条码系统、便携式数字终端、RFID电子标签等数字技术和工具的传统商业企业。80年代初公共互联网还没有普及全球，沃尔玛就投资四亿美金，请休斯公司为它发射专用物流通信卫星实现全球联网。装配在阿肯色州本特维拉市的沃尔玛总部信息中心的电脑规模仅次于美国军方，比微软总部的服务器还多。总部的高速电脑与全世界沃尔玛商店连接，通过商店付款台激光扫描器售出的每一件货物，都会自动记入电脑。当某一货品库存减少到一定数量时，电脑就会发出预警信号，自动订货并提醒商店及时向总部要求进货。总部安排货源后送往离商店最近的一个配送中心，再由配送中心的电脑安排发送时间和路线。在商店发出订单后24小时内所需货品就会出现在仓库的货架上。这种高效率的存货管理，使公司能迅速掌握销售情况和市场需求趋势，及时补充库存不足。这样可以减少存货风险、降低资金积压的额度，加速资金周转速度。

21世纪开始，随着互联网的发展与普及，尤其是2010年代以来，网上零售业发展迅速。美国的亚马逊、eBay，中国的淘宝天猫、京东、当当等一大批电子商务网站以超过每年百分之百的速度快速增长。从开始的图书、电器产品网上零售，今天已经延展到了衣、食、住、行，股市操作、金融理财等几乎全方位的网上交易，甚至是O2O网上网下融合交易的状态。而且，这波发展浪潮也还只是一个进行时。2013年开始，传统零售业已经感觉到来自电商的致命冲击。苏宁、国美为代表的零售巨头和万达等代表的商业地产巨头都在互联网作为营销平台的经营模式和业态上开始转型、融合的发力。

世界是由物质和信息构成的。物质是在不断地变化中产生和增加价值，哪怕是消耗品也是在变化中“消费”掉其自身的价值，直至灰飞烟灭。这些物的变化形成物流。而所有的变化，人们是要靠信息来认识、了解、把握、控制和利用的。信息和信息论，发展到当今这个时代，已经成为一切的核心与关键。互联网、信息交互平台则是这个时代发展的最为关键的基础设施。信息化已经是任何一个商业机构的基础工作。

信息业

什么是“信息业”？很多人误以为信息业就是IT业。完全错了。先说IT，信息技术，信息技术可算一个大产业。它指的是以计算机为核心的信息处理技术配套软硬件设备的研发和生产制造产业。其实它属于制造业，只有其中的软件研发部分可以归为信息业。

那么到底什么行业属于信息业呢？我们应该这样来描述这个宏大的产业。信息业是以信息服务为核心价值和主要收入来源的行业。于是，金融、文化艺术、教育、咨询、传媒、出版、电子游戏、律师、会计审计等等，严格地来说都是信息业。

随着互联网、移动互联网这些对信息处理过程和方法，尤其是成本产生重大甚至是颠覆性的影响的时代中，信息业的各个角落必将随之发生巨大的变化。例如，上一节中谈过的金融行业在变，互联网金融成了当今的热门话题。

出版业也在变。其中的一个小分支，以唱片介质为标志，唱片业在过去的短短三十年中，已经发展变化了四代。1970年代之前，是木胶唱片，留声机播放，从手摇到电子拾音播放发展了半个多世纪。80年代磁带逐步取代了老式唱片。可磁带非常短命，存活了不到二十年，就被激光唱盘CD或叫唱碟取代了。于是唱片业的数字化时代开始。时至今日，CD虽然变成了存储密度更高的DVD，还没有完全退出市场，但影视和歌曲的主流传播渠道已经变成了互联网。最多使用的播放终端已经成了智能手机！家中客厅里的数字电视，床屉和沙发上用的各种平板设备是手机终端播放的替代品，尤其在播放视频信息和欣赏高保真器乐、声乐作品时。因此，在这样的行业，无论是研发（创作）、生产制造（印制）、销售（发行）到管理，都必须信息化，这其中包括数字化、IT化和网络化。

图书出版和教育行业也是类似的，尽管划分起来是两个不同的行业。其商业模式看起来或许稍微复杂一点。当我们用本书中讨论的信息论的角度去分析时，其核心实质都是一样的。因为，他们都是信息，不同内容的信息，在其不同形态间的转换和不同受众群体中的传播。如图6.3所示，这两个行业都是左端连着知识创作提供者——教师或作者，右端连着知识渴望需求方——学生或读者。学校或出版社都是为这两端搭起信息传播的桥梁或平台。正如这条近年来常用的“微笑曲线”所示，这类模式的高价值区在两端，信息的原创者及其广大的受众。而连接两端的信息传播通道和平台及其运营模式，随着包括网络的信息技术的进步，在不断地发展、转型和变化

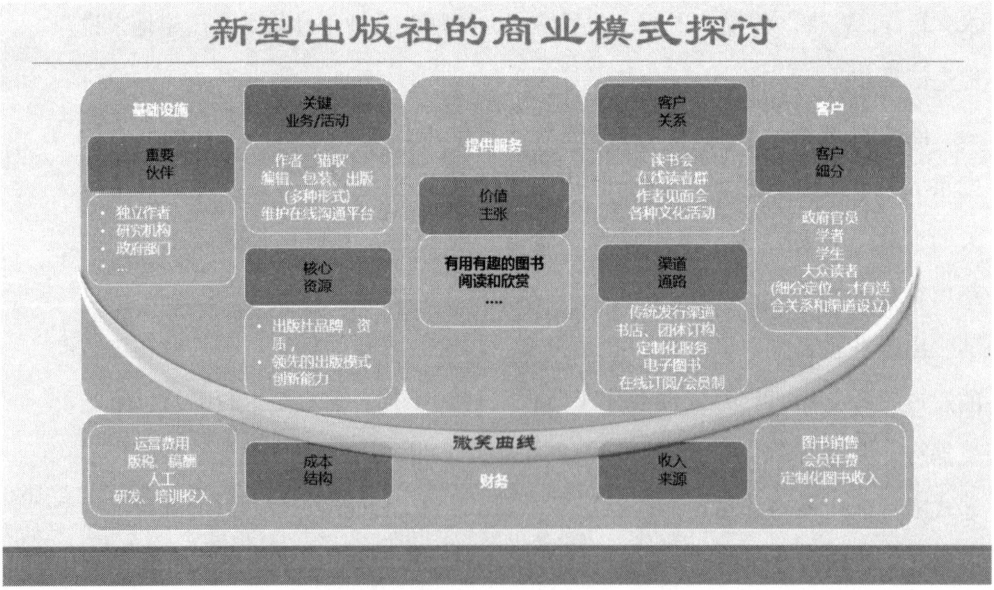

图6.3　新型出版社的商业模式探讨

着。变化的结果，使得知识的传播更方便、快捷、广泛、高效且低成本。负责操控中间这个信息通道和平台的无论是学校还是出版商，唯有不断发展和更新平台的运作，以抓住有创造力的教授、学者和作家，并服务好学员和读者，最大程度地满足他们对知识更新的需求，以及与相关学者作家的联系与互动。显而易见，数字化、网络化、信息化在这一切的发展和运营中都是基础。

未来，作为知识传播的书籍一定是数字化多媒体的，网络的发行是主渠道，内容是不断更新的。纸质书籍依然会存在，但多会作为欣赏用途的藏品或礼品、艺术品。教学方式也可能分化成两类，纯粹的成熟学科知识的传播或许不再需要教授面对面的授业，多媒体课件应该可以帮助，甚至这样学生学起来更方便更高效。但是，互动教学仍然会存在于发展中的学科中，教授的教学过程更会变成一种教学相长的智慧展现，从而在教学的过程中推动学科的发展。这个过程中，参与的学员不再仅仅是单纯的受信者，更像是学科发展的参与者，与教授共同在教学的过程中推动学科的进步。

制造业

制造业是一个非常传统的行业。应该说是信息社会前一个社会形态——工业化社会的发展支柱。而制造业中也可以大致分为两类：一类是产品制造，另一类是项目建设。产品制造的典型代表如：服装制造，食品生产，家居用品制造，3C电器用品设计制造等。它们的特点是设计一种产品，一种款式和型号就进入生产线，大规模生产制造。每个人的生活中都需要有衣食住行的多种产品，这些产品多数是每个人独享的。项目建设的典型代表如：大型建筑的建设，商厦、公路、铁路、电站、水坝、公园等大型公共设施的建造。这种建设项目通常一次设计只为一个项目，设计、建设的周期都比较长，投资大，建成后受益的人数众多。多人用户共享一个项目。

制造业的信息化由三个部分组成：

①设计过程的信息化——计算机辅助设计；

②生产制造过程中的信息化——项目管理或生产线管理，供应链管理，库存管理；

③营销和售后维护过程中的信息化——市场营销管理，物流管理，客户管理等。

当然，人财物的行政管理的信息化也都是每一个商业组织的必配。一个经营战略清晰明确，公司治理完善的公司必定会把公司的生产经营计划和预算通过公司的管理系统，也就是信息系统分解落实到全员。也是通过这个信息化的系统把全员的能量集中在公司的经营目标上发力，创造公司既定的市场价值，保持公司的持续发展与成长。

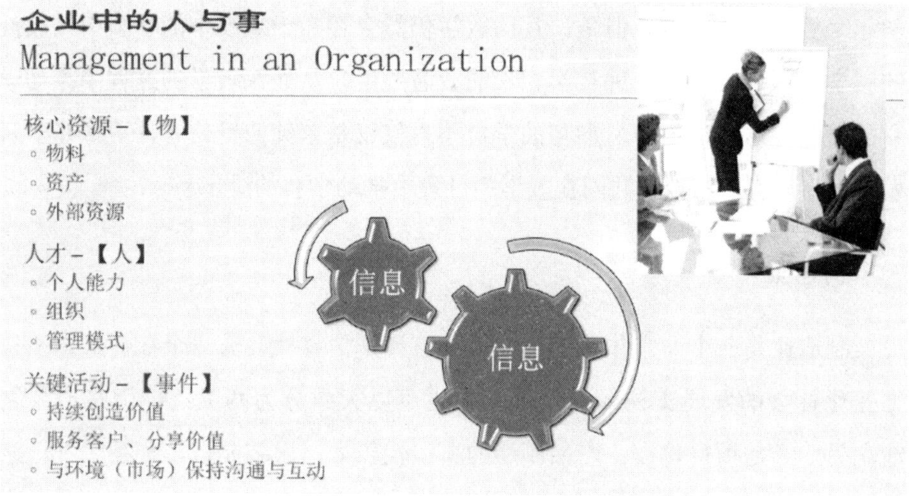

图6.4　企业中的人、事运作全靠信息

3

信息化社会的转型

人类社会发展的每一个时代都有驱动它的核心技术，推动社会发展前进的主动力及其相应的基础设施建设。19世纪工业化的初期，机械动力技术、蒸汽发动机是标志性的社会发展动力。美国正是在这段时间构建了全国的铁路网——这一时代经济发展最关键的基础设施。横贯东西，遍布美国大陆的铁轨和奔跑在上面的火车，把区域经济延展成统一联邦国家经济。它不仅支撑了北美大陆的物流，拓展了商品市场，更是那个时代人文交流的基本工具。不同文化背景的人可以乘着火车跨越东西两岸交换商品、交流文化、分享对人文和自然科学技术的认识。20世纪初期，水利、电力的应用普及，工业化进入成熟期，追求改进生产效率的技术。以汽车为代表的机械化，工业生产的自动化是那个阶段社会发展的主要驱动力。

又是美国，在1950年代完成了其纵贯全国的洲际高速公路网建设。这个时代，公路网是推动美国经济社会发展的关键基础设施，支撑了20年代到40年代快速崛起的汽车工业的持续发展。它拉动了以家用汽车为中心的一个庞大的产业链：从钢铁生产到能源开发、供给；从耐用商品到衣食住行的日常消费；相关的文化产业、服务业等等，整个把美国社会架在了车轮上飞速前行。同时代，第二次世界大战后，海洋运输业和民用航空业的高速发展，构造了环球的交通物流网。美国、欧洲不再是各自相对独立地发展，跨洋的互动加快了整个人类社会的发展速度。亚洲的日本、新加坡、香港地区和南

知识学习vs智慧开发

每一位年轻父母，都希望尽早地开发自己孩子的智力。为孩子读童话，讲故事，教他识字、算数……刚开始懂事，就为孩子寻找学前班，各种训练早早开始，美其名曰不要输在起跑线上，用心良苦。不过，这些是理性的么？是否得法？孩子快乐吗？家长是否太过辛苦？你自己的童年是怎样度过的还记得吗？

我们前面讨论过，人与人的关键差异之一是信息量或曰知识的积累。家长多为孩子创造获取信息的渠道、环境和条件是第一位的。读书是获取知识的一种渠道，但不是最优的，不是孩童时期最该优先采用的。读书是一种现成知识的灌输，不管是主动的或是被动的，都只能锻炼一个人的信息存储能力。对于大脑的其他功能，尤其是信息处理能力的开发帮助有限。对于成人来说，读书可能是一个广泛获取所需信息的途径。这个时候，成人已经有足够的知识积累，读书的过程不会是盲目的，读书的过程会伴随着反思和批判。因此，效率也会较高。

即便如此，信息技术飞速发展到今天，大脑的存储功能的开发也有了一些新的概念和探索。因为，大脑的记忆能力，信息存储容量毕竟有限，尤其现在这个信息爆炸的时代。今天，更需要的是存储信息的组织能力，索引能力，以及与外部存储，云存储的统合运用方法和能力。如何能够人机结合，“人、网”合一，随时可以在任意存有相关信息的地方，快速地获取你所需要的信息。

韩，包括澳大利亚、新西兰都加入了这个互动的行列。

中国由于自身的原因，在这次世界范围的崛起中，迟到了差不多半个世纪，八九十年代才开始建设高速公路网，但追赶的速度令全世界始料未及，刮目相看的，到2011年中国在汽车生产和销售量上均已经超越美国成了世界第一。

不过，当中国还在奋起直追，加速修建高速公路网，以恶补过去四、五十年基础建设发展缓慢而欠下的债时，世界却在开始迈入一个新的时代，开建信息高速路。信息高速公路是当今社会的关键基础设施，始作俑者还是美国。

1992年，当时的参议员，后作为比尔·克林顿总统的竞选搭档任美国副总统的阿尔·戈尔（Al Gore）提出美国信息高速公路法案：计划用20年时间，耗资2000～4000亿美元，以建设美国国家信息基础设施（NII–National Information Infrastructure），作为美国发展政策的重点和产业发展的基础。倡议者认为，它将永远改变人们的生活、工作和相互沟通的方式，产生比工业革命更为深刻的影响。而将NII寓意于信息高速公路（ISHW–Information Super Highway），更令人联想类比20世纪前期欧美国家兴起的高速公路的建设，在振兴经济中的巨大作用和战略意义。建设国家信息基础设施，既有赖于信息技术的微电子、光电子、声像、计算机、通信等相关领域的突破进展，也有赖于各国政府根据各国国情所做的决策。美国是在已具规模的有线电视网（家庭电视机通达率达98%）、电信网（电话普及率93%）、计算机网（联网率50%）的基础上提出的，构想以光纤干线为主、辅以微波和同轴电缆分配系统组建高速、宽带综合信息网络，最终过渡到光纤直接到户。由于网络具有双向传输能力，因而全网络运行的广播、电视、电话、传真、数据等信息都具备开发交互式业务的功能。

开发孩童的智力，最好的方法是让他多动手，多实践，或者说就是玩，在玩乐中汲取知识。这不仅锻炼其信息存储记忆能力，也同时锻炼其信息采集技能，尤其是信息变换处理能力。我们不应该简单地把知识灌输给孩子，比如3乘以3等于9，连题目带答案一起告诉他。而是要他自己去发现，去发明，去发现生活中的种种问题，以及找出（对他自己来讲就是“发明，创造”）相应的答案，或者是解决方案。家长只是从中引导，并积极地鼓励和肯定对的、成功的，做一个合格的“啦啦队员”。

从信息论的角度解释，这就是让孩子不断地把已学到的知识、方法、技能转换成智慧的过程。这个过程，正是我们常说的智力开发。综合开发大脑这个信息系统的五大功能，信息的采集、存储、处理、传输和展现。只有这五个功能同步开发，你的孩子才能在人生的长跑中保持在第一方阵，而不是仅仅起跑领先，甚至是抢跑。锻炼的是他独立坚持，持续前进的能力，而非依赖家长的长期“助跑”。

尤其应当注意的是，克林顿政府并不把建设美国信息高速公路单纯看成是计算机行业或电信行业一、两个行业的事，而是把“国家信息基础设施（NII）”视为未来美国新型社会资本的核心，把研究和建设信息高速公路作为美国科技战略的关键部分和国家最优先的任务。就如同当年的政府把19世纪跨越北美的铁路建设，和20世纪50年代美国高速公路网的建设作为抑制萧条、刺激经济增长的战略举措一样，克林顿政府也在冷战结束以后，在诸如“星球大战”以及大功率正负电子对撞机等带冷战背景的大型科研项目停顿或收缩的形势下，选择建设信息高速公路作为刺激国内经济发展、增加就业机会、保持和夺回美国在重大关键技术领域一度削弱的国际领先地位，从而增强美国经济竞争实力的重大战略部署。

紧随美国的信息高速公路计划之后，欧盟、加拿大、俄罗斯、日本等纷纷效仿，相继提出各自的信息高速公路计划，投入巨资实施国家的信息基础设施建设，一场建设信息高速公路的热潮在世界范围内涌动。

在这一轮新的国家层面的基础设施建设竞赛中，中国的起步不算太晚。整个90年代，并一直延续到21世纪，中国都在同步地大力铺设和拓展电信网和数字网。尤其是90年代后期，小区里、街道上，到处都可以看到电缆、光纤的铺设施工工程。光纤入户的工程至今还在各地，尤其是二三线城镇进行着。90年代初，中国城镇家庭或个人拥有电话的还非常少，每百户只有不到十部电话装机。今天，中国的电话保有量超过十四亿部（包括移动和固定电话），远不止平均人手一部。互联网上网人数都已经达到6.18亿（截止到2013年底）。电话拥有量和网民人数都是世界第一。

不过有了这样可算世界领先的通信基础设施并不意味着信息技术的应用、信息化的进程也做到了世界领先，关键在认识和理念。

天佑中华，就在本书计划截稿提交出版社之际，我们的中央政府宣布了一个超级利好的战略国策。2014年2月27日，中央网络安全和信息化领导小组宣告成立，并在北京召开了第一次会议。习近平亲自担任中央网络安全和信息化领导小组组长，国务院总理李克强任副组长。

习近平在小组第一次会议上强调，“网络安全和信息化是事关国家安全和国家发展、事关广大人民群众工作生活的重大战略问题，要从国际国内大势出发，总体布局，统筹各方，创新发展，努力把我国建设成为网络强国”。习近平在讲话中还着重指出，“没有网络安全就没有国家安全，没有信息化就没有现代化”，把对网络安全和信息化的认识提到了前所未有的高度。

在国家领导层如此高度地重视和推动下，我们可以相信国内的各行各业都会加大信息化和网络安全的投入力度，协力推动信息化的进程。加上国人的智慧与勤劳，我们与先进发达国家的信息化差距行将快速缩小。

4
信息战

1990年11月，《未来的冲击》和《第三次浪潮》的作者，美国社会预测学家阿尔温·托夫勒出版了他未来三部曲的第三部力作《权力的转移》。在书中托夫勒用了一章的篇幅阐述信息战。从如何通过收款台这个关键点的信息控制，令零售商能够从制造商手里夺回主控权的商业数据采集与分析，讨论到高科技公司中围绕研发和制造数据、情报的间谍战给公司、市场竞争格局乃至社会造成的影响。这可能是第一次由学者比较正式全面地定义和解释信息战，及其在技术飞速发展的现实社会中对我们经济和社会层面的重要影响。紧接着，1991年初爆发的海湾战争，却是在真实的战争中，从运筹到实战、从情报搜集到攻击和防御的武器控制，大量地运用了信息网络和信息技术。这算是人类历史上首次名副其实的信息战。

其实，我们了解了这个世界就是由物质与信息构成的，并且，在信息技术高速发展的今天，物质的许多运动与变化也都已经离不开信息，尤其是你希望高效地运动与变化。那么，在与对手（无论是商业上的还是政治上的）竞争和战斗中，信息自然成了最为关键的因素，信息战自然已经成了最前沿的战役。不仅如此，如上节中谈到的，包括生物间为生存、繁衍、进化等诸多方面的不管是竞争或是合作实质上也是信息战，尤其是在微生物层面，在最小的生物体细胞层面。今天，最前沿的生物技术，生物信息技术研究的本质正是生物大分子、细胞层面的信息战。

代沟——源于信息编码差异产生的沟通困难

“没吃过猪肉，还没见过猪跑吗？”这是中国的一句俗话，意思是：虽然你可能不知道问题的实质，表面形式你总应该遇见过，无需大惊小怪。这也是一个非常形象的信息编码展现例子。

不过，这句可算是俏皮话，带有非常浓重的时代和地域背景。二三十年前，我们说这句话，可能人人都能领会。那时候的中国农村，甚至包括一些小城镇，百姓或许家家养猪，但不一定都吃得起猪肉。那时候的中国农村人口占绝大多数，孩子们天天可以看到猪到处跑，或许只能过年过节才吃上那么一顿猪肉。

可是今天，多数孩子，尤其是城里的孩子，恐怕还真是“只吃过猪肉，没见过猪跑”。所以，这句话说给80后～90后的孩子听，他们中有的人恐怕真是毫无感觉。第一，他可能想：我为什么要吃猪肉？好吃吗？没觉得呀？再者，猪跑？哪里去见，电视上还是动物园里？为什么要看猪？好看么？完全无从领会那句老话的本意。这类“编码”已经失去了根基——文化背景。在某种程度上讲，这类老话已经过时了。

时代变了，环境变了，社会进步了，人们的一些观念，一些文化传承也会有相应的改变。基于社会文化的语言——信息的展现编码，亦会随之改变，新的词汇、短语、俗话必然层出不穷，所谓“代沟”也可能由此产生。要保持不同年代人与人之间的沟通顺畅，老一辈只有跟上时代变化，不断认识新事物、新形势，包括新的通信交流工具，持续学习进步，保持我们的青春活力。

军事信息战

在还没有所谓信息论的概念前，信息战实际上早已经开始了，比如说常听到的“谍战”。在一次战斗中，要想战胜敌人，了解敌情，敌人的战略战术部署是至关重要的，知己知彼百战百胜。于是，获取情报尤其是专事这类工作的间谍充满了神秘色彩，常常是战争题材影视剧中最有噱头的内容。密码破解，也是其中最神秘最有故事的信息战内容。在只有通过手写的方法记录和传递密码的年代，信息处理的关键工具是人，信息战也是人与人之间面对面的斗智斗勇。二战开始，有了电报等通信工具，人与人之间的斗争又加入了电子技术的成分。信息战变成了比智慧、比技术、比速度的全面比拼。

不过所有这一切核心都是截获敌方的通信信息，将其破解，至少也是阻断。到了今天，任何先进的武器和战争工具无不是通过最先进的计算机和信息系统操控的。哪怕最后是硬碰硬的导弹对导弹，要想战胜，比拼的还将是信息系统。

回到信息论，从信息系统的基本架构梳理。信息战只有两种途径：一是破坏信息系统，二是在信息系统间的通信中做文章。一个单独的系统，尤其是重要的信息系统，物理上必然有很严密的保护措施，从内部是不容易攻破的。而信息又只有复制与传播才会发挥作用，产生价值和意义。所以，信息系统不可能孤立存在，它一定与外部一个或多个系统发生通信联系，而系统与系统之间通信的物理距离可近可远。如果系统是移动的，无法使用固定专线只能使用无线方式，于是通信是相对最薄弱的环节。因此，信息通信的安全，一直是信息战的主战场之一。

加密解密曾经是通信安全中的关键技术。从信息论的通信结构上看，要保证通信信道的安全，需保证信息在传递过程中既不会遭到截取丢失，也不会被干扰篡改。在信息全数字化，通信系统全数字化的今天，在加密的通信信道中，要捕捉和截取通信的信息是很困难的。即便截取到，如果是加密信息，代码解密也非常困难，理论上甚至是不可能的。因此，对无线通信多数可做的只能通过各种干扰手段破坏和阻断通信信道，使通信无法进行。2011年12月4日，伊朗就通过干扰阻断正常的GPS卫星导航定位信息，发送模拟的假导航信号，成功地把美国的洛克希德·马丁RQ-170“哨兵”型无人驾驶飞机迫降俘获。这是一例典型的信息战成功案例。据伊朗报道，伊朗用类似的方法，已经截获或击落了累计超过七架美国的无人侦察机。

在这三年前的2010年11月，一种名为“震网”的计算机蠕虫病毒对伊朗网络系统实施攻击，矛头直指伊朗核设施。由于这种病毒结构异常复杂、隐蔽性超强，专家普遍认为应该是由国家层面研发的。美国《纽约时报》2011年1月16日的一篇报道披露，以色列在过去两年间曾和美国共同测试“震网”病毒，报道暗示美以研究人员就是这种病毒的幕后设计者。这是信息战的又一经典案例，通过计算机病毒，直接破坏运行中的网络信息系统。

病毒（virus）这个词是从生物学中借用过来的。生物系统中的每个最基本元素——细胞也是一个微信息系统。前面我们刚刚讨论过生物信息系统中信息复制与传播的特点。它的最大特点是包含其构造与功能蓝图的遗传基因，随着细胞本体的分裂与繁殖自动地复制并传播。生物病毒是一类个体微小，结构简单，只含单一核酸（DNA/RNA），必须在活细胞内寄生并以复制方式增殖的非细胞型微生物。计算机病毒正是具备了这样的特征的计算机软件。它寄生在正常的计算机软件系统中，非常隐蔽，不易被发现，却能够自动地复制并传播，且可能发出破坏性的指令。最早的计算机病毒，是20世纪80年代中期，美国程序员编制软件过程中产生的bug–错误，演变出来的。后来，专家对由其产生的软件自我复制性进行了仔细的研究，定名为《计算机病毒》。之后，一些软件编写人员，为了防止他人恶意盗版他们的软件程序，设计了带有破坏性的病毒软件。只要未经授权复制去的软件，运行时病毒就会发作并破坏硬盘上的系统，使软件无法运行。随着个人电脑，尤其是网络的普及，计算机病毒形成了一个专业甚至巨大的产业。无以数计的变种和千奇百怪的破坏功能，自我复制方法层出不穷。它们可以以执行文件的形式藏身于系统中，也可以是指令片段，如“宏”的方式隐匿在应用程序，甚或动画图像等文娱作品中。通过网络或U盘等途径自动复制与传播。其传播速度，对计算机和网络系统破坏能力毫不亚于生物界的病毒对正常生物的破坏。

就像战争或战斗一样，有攻方也一定会有守方。攻方变着法地要破坏对方的系统，守方也会见招拆招地发展出各种防范工具。杀毒软件的发展方兴未艾，其版本紧随着新病毒的涌现天天更新。按道理上讲，像伊朗核设施这样极其重要的系统其安全机制的设置应该是有保障的，应该是与“外网”彻底隔离的，不应有机会感染病毒。不过，再安全的系统也经不住人自身的疏忽。据说，伊朗系统感染超强的“震网”计算机蠕虫病毒，是由于俄罗斯工作人员在连接系统的计算机上不慎使用了染毒的U盘而令其侵入的。侵入后病毒迅速在系统中感染、蔓延，造成了不小的损失。

今天，各个强国的军队中都有强大的信息化作战部队。一方面是用先进的信息化技术改造和武装传统的军事装备、武器控制系统、指挥作战系统等等，使其响应速度、攻击能力、攻击有效性或者是防御能力大幅度提高。再者就是直接利用信息战的技术打乱甚至摧毁敌方的作战指挥系统、情报系统、武器控制系统，使其失去战斗力。还有就是利用信息化模拟装置进行军事训练和模拟军事演习，提升训练的复杂度、提高效率，同时还降低训练演习成本。信息战的演练早已列入了常规的军事演习计划之中。传统的军事领域是海、陆、空，今天已经拓展到了太空，同时还加入了网络空间这个全新的、现代化的领域。

商业信息战

商场如战场，本节开篇处我们就提到，信息战远不止在战场，它也早已在商场的竞争中大显神威，而且信息战的方式更是千姿百态，千奇百怪。

（1）情报战

当然，最早的且始终存在的是商业情报获取方面的比拼。商业情报的范围也很广，从研发信息到成产经营情报都会是商场上的竞争对手感兴趣的。商业信息与战场的信息有所不同。比如，一种产品在研发生产阶段需要严格对外保密，但一旦成型，可以批量生产销售时，又需要充分地展示和宣传，以迅速推向市场经，为用户所接受。经营信息也类似，在经营战略谋划和制定阶段一切应该是保密的内部信息。战略实施时，又需要适度宣传，让你的合作伙伴和客户增强信心。所以，一个现代公司的信息系统会是其经营发展的血脉核心。今天，经营管理系统都已经数字化、网络化，既方便了自己的信息沟通，也容易产生各种漏洞。因此，公司信息系统的安全管理变得十分重要。

除了对内建立和保护好自己的系统外，对外界经营环境的了解和掌握，也要依赖于公司的市场情报系统。其中包括行业的发展趋势，用户的定位及其需求的变化，竞争对手的变化，上下游合作伙伴、相关投资和经营的环境与政策等等，都会是决定公司竞争能力和效率的息息相关的情报信息，是公司制定发展战略和预算、计划的依据。而且，这些信息掌握的是否全面和准确，不一定当时就能够发现，往往在运营执行过程中才能显现。同时，这些市场相关的数据和信息也不一定是直接显见的，往往需要通过相关数据的汇总和分析才能判断决策，尤其是对未来趋势的分析与把握。

2012年是美国总统大选年，奥巴马总统在其竞选连任的班子里，都要用先进的大数据挖掘系统，根据从各新闻媒体、选民调查访问获取的信息中采集数据，分析选区尤其是摇摆州的选情和舆情，以决定相应的竞选策略。动态安排总统和竞选班子的竞选工作，精细到每一天的行动计划。在选前民调显示如此势均力敌的这次大选中，奥巴马最终能战胜罗姆尼，信息系统、信息战功不可没。

（2）营销战

市场营销的四“P”理论，产品（product）、定价（pricing）、渠道（placement）和推广（promotion）。传统上产品和渠道属于比较硬的、实体上的工作，而定价策略和市场宣传推广是纯粹的软件、信息处理。随着计算机网络技术的发展，最早自20世纪80年代后期开始，首先是IBM和DEC等信息技术先锋，产品的设计和制造已经开始依赖网络和信息化工具，集中公司内部的智慧，甚至也包括外部的合作伙伴的协作。随后，以杜邦为代表的化学制药公司，沃尔沃为代表的先进汽车制造公司，都全球联网把市场最前沿收集索取到的销售信息、用户反馈直接为产品设计改进提供辅助决策信息。订房订票系统如携程、大型连锁餐饮公司如麦当劳等服务型企业自不必说，服务的提供完全依赖其信息系统。近年来，在北京连个体餐馆都开始用手持点菜终端和收银后厨一体化的餐馆经营系统提供服务。同行间的比拼，很大程度上已经演化成信息系统处理能力和速度的比拼，这都是信息战。

全球网络化的今天，不仅传统的销售渠道管理需要借助数字化网络化的工具手段，分销零售的传统渠道也已经从纯粹的实体店铺货形式，进入了电商时代。人们开始坐在家中，在线挑选货物，下单，支付，然后静等物流公司送货到家。2012年11月11日，阿里巴巴在几年前借光棍儿节炒成的一年一度的网上购物节中，创造了单日191亿人民币零售成交额[①]，是单日一间公司的网络销售最高纪录，超过王府井去年全年的销售业绩！由分布全国的24家百货商厦组成的王府井上市公司2011年的年销售收入为167.6亿。不仅是在中国，这也是一个世界网络渠道的单日销售纪录。这次电商促销的成果绝不仅仅是日销售额的创纪录，它更是给商家，尤其是传统零售商的一个强烈信号，是必须重视网络销售渠道的时候了。毫不夸张地说，信息战已经燃烧到了市场营销的几乎每一个角落。

（3）信息“爆炸”——消极破坏

积极的方法做不到的时候，破坏对方的信息系统就成了一种消极战法，往往成本还很低。上面提到过的计算机病毒是常用的一种破坏方法。其中一种直接攻击网络的方法叫DDOS攻击，Distributed Denial Of Service （分布式拒绝服务）四个英文词的首字母缩写。最开始出现的是DOS-拒绝服务攻击，其目的是利用对攻击目标服务器发出大量无用但合理的服务请求，占用服务器资源，导致合法用户不能够正常访问网络服务。换句话说，拒绝服务攻击的目的就是要阻止合法用户对网络资源的访问，从而达成攻击的目的。但如果这种攻击只是从一两台攻击终端发出，只有为数不多的网络地址，一旦定位到并加以屏蔽，例如不提供服务的黑名单即可，防范起来相对比较容易。于是破坏者有升级DOS攻击成DDOS-分布式拒绝服务攻击。分布式拒绝服务攻击-DDOS和DOS所不同的是，DDOS的攻击策略侧重于通过很多“僵尸主机”（被攻击者入侵过，埋入僵尸病毒，可被间接利用的主机）向受害主机发送大量看似合法的网络包，从而造成网络阻塞或服务器资源耗尽而导致拒绝服务。分布式拒绝服务攻击一旦被实施，攻击网络包就会犹如洪水般，

---

① 2013年这个数字已经刷新到350亿人民币。

从成千上万台僵尸主机涌向受害系统，进而把合法用户的网络包淹没，导致合法用户无法访问服务器上的网络资源。因此，拒绝服务攻击貌似信息爆炸（英文是info flood，洪水），又被称之为“洪水式攻击”。

生物信息战

生物信息战，可以说是人与自然的信息战。前面已经讨论过，伴随着生物，不管是植物、动物、微生物的繁殖、发育和进化的最重要的事件是其遗传信息-遗传基因的复制转录。其进化的主要标志是这些遗传信息根据生长环境和自身优化发展的需要不断地调整变化，从而控制生物本身的发育和生长。20世纪中叶，自人类发现和认识到了遗传基因的结构，以及对其宿主介质DNA以及染色体的研究，包括：人类基因组计划、转基因工程等一系列“生物信息战”才刚刚拉开序幕。与军事或商业领域的信息战不同的是，生物信息系统不像人们研究和制造出来的物理信息系统那样，它还不是一个人们完全掌握的系统。或曰，我们对包括遗传信息、生物分子信号在内的诸多生物信息，还处于研究探索阶段。我们知道包括人类在内的所有生物的健康、生长及其繁衍进化都与这些信息相关，但从信息的编码、复制、传播等各种信息处理机制，到如何调整、干预、影响直至控制，以期向有利于人类健康繁衍或被人类更有效利用的方向发展，都还是处于一知半解的阶段。

其中，最富有成效的研究成果是植物方面的以杂交水稻为代表的杂交技术。中国科学家袁隆平在这方面是世界公认的专家代表。尽管具体的杂交技术十分复杂，但其结果就是把不同基因型的水稻进行杂交，使其双亲基因在交配过程中重新组合，形成综合两种水稻各自优势的新品种，以达到高产、抗病、抗倒伏的目的。通过干预其交配繁殖中的遗传信息组合，人工改良了水稻的进化进程。

有关人类的生物信息相关的研究当然更是在如火如荼地展开中。人类基因组计划（human genome project， HGP）于20世纪90年代正式启动。这是一项规模宏大、跨国家、跨学科的科学探索工程。计划的宗旨是测定组成人类染色体（指单倍体）中所包含的三十亿个碱基对组成的核苷酸序列，从而绘制人类基因组图谱，并且辨识其载有的基因及其序列，达到破译人类遗传信息的最终目的。截止到2006年5月人类的二十三对染色体测序工作全部完成，这也是一次规模宏大的信息战（在编码一章中有更详细的介绍）。

研究遗传信息的主要目的之一就是希望能通过遗传信息的检测来尽可能早地发现和消灭，至少是抑制那些可能破坏健康或导致疾病的细胞，如肿瘤细胞或病毒的生长和发育。因为，同其他生物一样，这些致病细胞的生长同样离不了其遗传信息。了解其编码，并试图阻断或破坏它们，自然就消灭了这些坏分子。另外，如何制造和克隆人体可能因疾病和意外而损坏的器官、组织和构成它们的优质细胞也是生物信息研究的重要内容。构成这些生物组织的细胞质所必需的物质材料都不是问题，关键在于如何把相关适配的遗传信息“植入”。

从研究信息技术的角度，人们也在研究生物系统的自我复制能力和技术能否被人造信息系统模拟和仿真，有没有使我们希望传播的信息，可以像遗传基因一样稳定地、自动地自我复制和传播的办法。

文化战争与“拟子”—文化基因

第二次世界大战结束前，世界充斥着国与国的冲突。虽然其本质是种族的冲突、资源的争夺，但列强们总是试图依仗国力用军事战争解决问题。如前面的讨论，其中虽有信息战的成分，但并不多，顶多起点儿辅助作用。二战后，尽管地区冲突仍有发生，可随着科技的发展与进步、经济的发展，战争的主要形式转变成了经济战、贸易战、货币战、信息战，市场变成了“战场”。那几十年，科研成果促使新技术和产品不断涌现，方便了人类的生活，推动着社会的进步与发展。其中信息战的成分所占比例越来越大，且具有了很重要的地位。试想一下，每一款高科技产品后面的专利有多少？每一次成功的产品营销，后面的设计、策划、推广的功力占多少？每一个深入人心的品牌，其背后的价值又有多少？这些市场竞争的要素均属于信息的范畴。

最近的不到半个世纪，随着经济的快速发展，市场的争夺，社会环境的演变，不同价值观、各异的社会制度、多种信仰和文化交融或交锋发挥着越来越大的作用，变成了纯粹的信息战——文化战争。古代文明中，中国人有很多引以为傲的辉煌。唐宋时期，中国不仅疆土辽阔，经济繁荣，恐怕也是当之无愧的世界文化中心，是各国竞相效仿的榜样。中国的古老文化通过瓷器、丝绸等载体传遍欧亚。中国的英文China与瓷器的英文china是同一个词，遍及世界各国的华人聚集区统称唐人街，都在印证中国文化曾经的辉煌。

不过，社会的发展或许永远追求着自然的公平。在三百年的近代史，尤其是过去不到百年的现代发展中，中国已经被世界先进国家拉开距离。除了疆土上曾被外国列强百般蹂躏外，五十年代后经济和科技发展上也被落下。尽管改革开放的三十多年，中国在飞步赶上，但差距仍然巨大。探究其缘由，至少下列原因是值得思考的：开放与封闭，集中计划与自由市场，维护公平与崇尚权力，法治与人治。不难看出，从宏观的价值观、信仰、经济政策、社会制度，到微观的经营理念、文学艺术、流行时尚，发达国家无不在影响甚至冲击着我们的所谓千年文明。这是一场复杂的文化战争，是最高层面的信息战。需要开放心态，集大智慧才可能在博弈中摆脱被动局面。而这一切的实现，首先是要对“信息”有客观深入的了解和认识。

与军事抗争不同，你可以用强弱衡量；与经济比拼不一样，你可以用多少和快慢算计。文化是一个看似无形却能量巨大的精灵，决非生物却似有生命，在人们的心灵中复制与传播，像似生物界的遗传基因。道金斯在他的《自私的基因》中首次为这种“信息”提出了一个定义：文化基因，命名为meme-拟子[①]。

例如：西方的基督教、佛教，或是中国的孔孟之道，这些或信仰或道德说教，在不同的人群中代代相传了数千年。它们的载体和传播者就是一个

---

① 后也有译成迷因等中文名称。

个的人。这些人不一定有血缘关系，甚至也不是一个族群，跟生物遗传毫不相关。一种无形的机制和力量，让这些文化信息——“拟子”，像遗传基因在生物中复制、传播、进化一样，在人与人之间或以文字、歌颂，甚至就是口口相传的方式复制、传播、进化着，并对人类的发展起着巨大的作用。当然，不只宗教信仰可以是拟子，自然或人文科学知识，诗歌、音乐、绘画等艺术作品，也都属于拟子。他们的原始发现者、创立人，可能早已不在，甚至后人都未必知道是谁发明的，或者不止一个对其发展和演进贡献了智慧，但它却可以被复制和传播很久，甚至是永远。

第七章

信息思维：让我们的大脑更具智慧

1

大脑的开发从信息采集开始

研究了信息论，就会知道，人的所谓天分，其实更多只在生理上，而非心理上，或曰心智上，我们叫“信息系统”。

人本身是由生理系统——物质和信息系统——精神构成的。人类长期以来一直孜孜以求地探索着自身的奥秘。但对自身这个系统的了解和认识程度还是有限的，尤其是对大脑这个信息系统的认识和研究。生物学、生理学、神经学，原本与数学和物理等完全是两个世界，不然香农的1940年的博士论文发现的遗传学原理，要到40年后，再被重新发现。直到1953年，詹姆斯·沃森（James Watson）和弗朗西斯·克里克（Francis Crick）共同发现了承载在DNA—脱氧核糖核酸中的遗传因子（gene）；六十年代初，分子生物学和分子生物技术的逐渐兴起，生物化学、遗传学与信息学才逐步开始融和、互动而成为当今方兴未艾的最前沿学科。原本或许多数人会想象，如果克隆人成为现实，将会诞生不仅身材与自己一模一样，又具有与自己完全相同的思想和智力的复制人。然而，不久人们明白了这种想象完全是一种误解。因为，从有人类存在以来就有两个具有完全相同遗传基因组的人，这就是单卵双胞胎。假如采用与克隆羊“多利”相同的方法克隆人的话，“原版”人与“复制”人的个体差异实际上比单卵双胞胎还要大。不过，谁都清楚，即便是双胞胎，两个人考虑问题也可能会完全不同、性格迥异并行为有别。可以想象，克隆的两人之间其人格差异肯定比双胞胎更为悬殊。也就是说，即便遗传基因完全相同，而大脑也可以全然不一样。大脑除了其物质构造是生物生理构成外，其功能更像一个信息系统。我们从信息系统的角度去认识和分析或许更有启发。

了解和认识到人类自身这个信息系统基本构成和功能，包括从信息论角度的理解和认识，对大家最现实的意义除了调节自身的生理和心理健康外，恰恰也是传承和教育的关键所在。尤其可以体现在培育自己的子女和后代的过程中。

没有一个家长不想充分地开发孩子的潜力，使自己的孩子成为一个能力超群出类拔萃的人才。可除了生理上让他们营养均衡、健康发育、茁壮成长外，如何开发他们的智力，培养他们的各种能力？往往教育学、心理学恶补了一堆，各种名人传记和成功学书籍翻了个遍，还是不得要领。家长一方面会搜集世界上的天才们，那些成功人士的传记报道，寻觅他们的成功路径和方法，也会反思和回想自己的成长经历，并把自己过往实现或没实现的体会和愿望，一股脑地灌输给孩子。很多人一开始就把自己定位成了“虎妈”“狼爸”，陷入了战术与技巧的范畴。各种教育资源高额投入，孩子从小就重负在身，但能达到成功目标的几率却很少。回归到根本，其实还是信息论、信息学的问题，因为大脑就是一个复杂的信息系统。

我们看看那些所谓天才、神童，聪明人到底强在哪里。首先，要区分到底是生理上的特长，还是精神上、智力上的超群。天生有副好嗓子，像那些大歌星；天生“高人一等”，像NBA球星姚明或老一辈的穆铁柱；天生手脚灵活，像刘翔……这些通常生理上的特长只能看运气了。它比较多地依赖于遗传信息，你的父母和家族带给你的遗传基因。有这些天生生理优势的人，是具备了向某种相应的“天才”发展的基础和可能。但是否能够成为天才，还需要看智力的开发，也就是“信息系统”的发展。

今天，人们对遗传基因的研究，甚至包括克隆的研究，多还只能在生理上寻找最好，至少是更优的生理遗传因素，遗传或复制到后代身体中。当然，人体信息系统的核心部件大脑首先也是一个生理器官。成人脑重

身教胜于言传，为啥？

教育孩子最好是身教而非言传，为什么？

设想一个我们常见的场景：母亲领着自己的小孩走在小区中，遇见楼上的大爷，母亲马上对孩子说：宝贝快叫爷爷好，要懂礼貌。有的孩子可能会听妈妈的话，马上问候爷爷，也有的就是躲在妈妈身后不愿意张口。如果，再有一个“繁忙”的爸爸也在旁边，完全熟视无睹地在举着电话，谈着自己的生意，那效果将更加糟糕。

原因？让我们从信息论的原理来分析一下这个场景。

第一，我们每个人都是一个信息系统，都具有信息采集功能。不过采集的渠道是多样的。在这里孩子有两个信息采集通道同时打开，一个是眼睛，一个是耳朵。眼睛这个采集信息的通道的信息容通量是耳朵的约400倍。他一定是先看到什么，才听清什么。同时，光速比音速又要快很多（30万公里/秒比 340米/秒）。

第二，而当你同时采集一个信息时，如果两个渠道来的信息是一致的相互补充。如果不一致，大脑处理时就会质疑、比较。通常它是先相信看到的，再考虑听到的。一定条件下，也可再去求证听到的是否更正确，看到的是否假象。所谓，to see to believe 是也！

你想一下上面的情景，如果妈妈没有先问候老人就教导孩子时，孩子是不是会在心里质疑：为什么你没有问候？如果，还有一个家里的顶梁柱爸爸在场，他连理都不理这个事情，更加加深了孩子心里的认识：这种礼貌应该是多余的、无用的、做作的。妈妈可能只是演戏。

那么该怎么做？孩子都是父母的“拷贝”，父母只要做好自己，孩子就会学你的行为处事方法，久而久之就成习惯和文化。具体在这个场景下，父母都应礼貌地与爷爷打招呼，真情地问候就可以了。你完全没有必要担心孩子看不见，学不到，还要你加以“说教”。看得次数多了，孩子学会说话和表达后，自然也会照此办理。

量平均达1.2～1.5千克，为人体总重量的2%～2.5%，体积平均为1600立方厘米。不过天才的脑子从重量上并不一定比常人大。比如：爱因斯坦的大脑重量仅有1230克，小于成年男人的平均值，而俄国大文豪屠格涅夫的脑袋要比常人大得多，重达2012克（p.18《3天明白大脑》）。一般认为一个人的智商与脑的重量间没有必然的联系，而与脑细胞间（突触）连接的数目和有效性有关。生物遗传学告诉我们，“不论你一生中获得的聪明才智有多少，绝不会有点滴经由遗传的途径传递给你的子女。新的一代的智慧都是从零开始”（p.26《自私的基因》）。

从信息论的角度看，所谓智力系统其实

就是人类大脑控制的那部分“信息系统”。那么人还有不受大脑控制的信息系统吗？当然有，比如：在心血管系统中，心跳和血液循环并不受大脑控制，却有自我调节功能；还有很多如消化系统、内分泌系统、泌尿系统等十大生理系统大部分都不受大脑的直接控制。神经系统，大脑的主要组成部分，肯定是人体信息系统的核心部分，但它也并不完全受大脑思维的控制。人体是一个多系统复合的复杂系统。

微观上看，每个细胞都是一个微小的生物信息系统。仅仅是我们的大脑就有约一百四十亿个神经元（neuron）——神经细胞（never cell），构成我们思维意识功能的核心。同时，大脑中还有多时达到八百亿的神经胶质细胞（gliocytus）作为神经元的能量供给和生存支撑环境。其中，每个神经元少则几千个，多的有上万个与其他神经细胞和组织相接的突触（synapse）。也就是说，组成大脑这个信息处理系统的“子系统”有数百亿个。每个子系统又与最多达上万个其他子系统相互接口。可想这个神经细胞组成的生物信息系统有多么复杂。

不管多也好，少些也好，一个婴儿在其出生时，大脑中约一百四十亿个神经元数目就是确定的了，基本由人类的遗传基因所决定。人出生后，在其发育的过程中，这些细胞会随着生理上的发育而长大，但数量不会增多。相反神经元的数量只会随年龄的增加而减少。

根据现代医学、生理学的认识，常人超过二十岁后，神经元的衰减速度约为每天平均减少十到二十万个。到了八十多岁后，老人多会有比如明显的记忆力减退，甚至出现失意、糊涂、痴呆的现象，这正是脑神经细胞衰减到影响大脑正常运转的具体表现。

抛开大脑生理医学结构及其发育的具体探究，根据我们前面对一般信息系统的架构分析，人类大脑这个信息系统也必然可以抽象成一般信息系统的五大功能单元：信息的采集、存储、处理、传输和展现。要使其成为一个优秀的信息系统，必然要在可能的情况下使这五大功能单元均衡高效地快速发展。多快？至少比同龄、同辈人平均发展速度要快，那他就是中等偏上了。

如果能远超过同伴们的速度，他就成了最好之一。

我们要知道一个婴儿在其出生时，其大脑的这些功能单元都已经在那里了，有点儿像一台全新的计算机。他的各种功能都已存在，只不过是有待开发。因此，从这点上讲我们应该像尊重一个成人一样尊重一个小孩，他们一出生就已经是一个完整的独立的个体。

我们常常错误地认为小孩“不懂事”，而实际上多数情况下并不是他们真的不懂事，只是他们的信息系统还没有全面开发出来，比如：其信息存储系统——记忆，几乎还是一片空白。同时，他也还没有掌握与你交流或曰通信的编码与工具——语言。而语言，我们前面讨论过，并不是信息本身，只是信息的编码，信息交流与通信的工具和载体。婴儿只是还没有掌握语言这种交流工具，也就是还不能通过语言解码来接受或采集你希望转递给他的信息；也还不能用语言这种编码方式来展现他自己的所思所想，或他对事物、环境的看法和认识。

不过，我们也不难注意到，哪怕是最小的新生婴儿，他们也都会用他们有限的或是本能的方法试着展现信息，表达自己内心的感受和要求，比如哭、笑、喊、叫、眼神，还有手舞足蹈等各种肢体语言。这些都是婴儿在试图以他们特有的“语言”，或曰仅会的编码方式表述和展现信息，考验的反倒是我们成人能否读懂或解码这些信息。反过来说，问题是我们“懂不懂事”，懂不懂孩子的“事儿”。

即便从感性上评估，孩童时期其所有的感官都已经是健全的。视觉、听觉、触觉、嗅觉、味觉一出生都已经可以开始工作。听觉甚至没出生在母亲体内就已经开始工作。现在所谓对胎教的尝试，都是试图隔着母亲的肚皮，让胎儿通过听觉“提前”开始采集一些信息。而且，由于是全新的系统，他们的感官通常比我们成人的更灵敏，信息接受能力更强。

根据长期的研究分析，人类各种感觉器官对外界信息的获取比例视觉占了绝大部分，约80%，见图7.1。其他依次是听觉，占13%；嗅觉、触觉和味觉。

1951年受香农“信息论”的启发，美国化学家霍墨·雅各布森（Homer Jacobson）就对人类听觉和视觉的信息容通量进行了测试。结果显示，视觉信息容通量是听觉的约400倍。这正应了中国的一句古话，百闻不如一见。

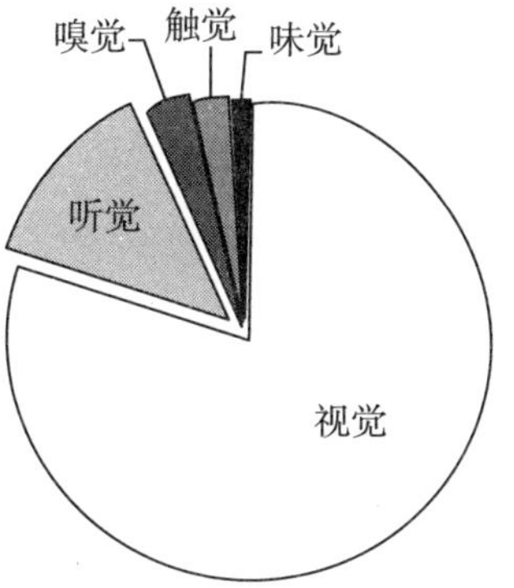

图7.1　人类各种感官获取信息的比例

汉语已是一种短音节、高效率的语种。人耳的分辨率最高超不过每秒八个汉字。不考虑语言文字的冗余度，满打满算按每个汉字13比特信息量计，八个汉字相当于每秒104比特，这几乎是极限。常人能接受的语速是标准的播音语速，只有这个的一半，每分钟240～300个汉字。但是经过速读法训练的人，阅读的速度可以轻易达到这个速度的十倍，每分钟2000～5000个汉字。不过，他们绝对是只阅不读。速读时，只保留“视频”通道，关闭“音频”通道，是他们得以提速的重要技巧之一。这也从另一个角度证明了通过眼睛比通过其他感觉器官采集信息的效率更高。

如果纯粹是以图像方式展现的信息，人通过眼睛在单位时间内获取的信息则要高得多。一幅压缩格式的普通彩色图像，通常都含有数百万比特的信息。我们只是扫一眼，都可以把其主要内容，主体、几何形状、相对位置、透视、光、色、明暗灰度等摄入心中，其信息量一定是可阅读的文字信息的几十倍。我们对自身这些感觉器官的开发方法就是要多用、多训练，尤其要从孩童时做起。科学家的这些研究和发现也为我们指明了训练和开发我们的信息采集能力的重点和优先顺序，眼、耳、鼻等。

2

见多识广——信息量是关键

我们又知道，婴儿刚出生时，大脑中存储的信息几乎是空白。我们虽无法直接帮助他增加信息的存储量，却可以在信息采集方面提供帮助。让他们在可能的条件下，尽可能多地观看和“阅读”世间一切美好的彩色、图画、实物。稍大后就应该带他去领略大自然的风光、景物。接触与观察的事物越多，越早地接触到各种各样的信息，他的大脑中越早地存储信息，信息积累得也就越多，记忆功能也就得到了尽早地开发。中国有两句老话：“见多识广”和“少见多怪”，其表述的都是一个意思，只有见识得多，存储的信息量才大，才不会见到新事物的时候感到奇怪。

信息存储，并不需要等他们所谓懂事以后才能开始，才会记住。专家估计，大脑中负责控制记忆的海马状突起在婴儿出生时的成熟度为40%，出生六周后的成熟度为50%。四个月时她已经可以通过面目辨别人。六到七个月时，其大脑已经可以协调不同感觉器官间的信息采集。比如：记住音乐响起时，挂在摇篮上的小伞会旋转；或是音乐停下时，音乐盒里的小人儿就会弹出来。然后，等孩童到十八个月大时，海马状突起在生理上已经完全发育成熟。他们在生理上也已经完全可以“懂事”了。

同是孩童，他与人和环境接触的越多，采集信息的机会就越多，采集到的信息就越多，从而累计存储的信息量就越大，越丰富。大脑中信息存储的越多，其信息处理的能力就一定能够得到更早更好地开发。因为，他不得不对越来越多的信息进行分类整理，以备未来的运用——传输、处理或展现。同时，在对信息加工整理的过程中不仅训练了其逻辑推理等信息处理能力，还会引发他更多的好奇和兴趣，促使他更多更主动地采集信息或是验证已获取信息的正确性，并逐步形成自己的认识、观点和看法，也就是开始思考，进而有目的地产生或曰创造信息。

然后，信息处理能力越强，信息饥渴感就越强，越会主动地采集更多的信息。这个过程基本是一个积极的正反馈过程。这就是我们看到的聪明孩子，越是爱学习，好像学起来越不费劲。他们甚至还会有更多的时间去玩耍，去参与更多的课外活动，阅读课外读物。而这些课外活动又会增加了信息的采集，返回来促进了课内的学习效果。

信息的采集、存储、处理、传输和展现这五大功能大多是内在的，需要自我修炼。当然，在人类对自身这个信息系统更加了解和掌控的未来，也许有一天我们可以直接干预那些内在功能。比如，我们或许可以通过什么现在还未知的传输方法，把人类今天需要靠长时间记忆和积累的数据库、知识库、经验库一夜之间灌注到一个新生命的记忆（信息存储）系统中。不过在今天的现实中，在孩童阶段，成人可以帮助和影响的主要就是信息的采集。尤其是十二岁前，孩童的身体还在发育期，很多情况下，只有借助父母或其他大人的帮助，才能够创造更多更好的信息采集环境和条件。

同时，当我们了解到眼睛是人类获取外部信息的首选和最高效的途径，我们就知道要多让孩子自己去看世界，去观察自然，去体验生活中的一切可参与的事情，多给他们获取一手信息的机会。于是，带着孩子多一些郊游、旅行，多看一些与我们日常生活环境不一样的场景和环境，接触一些不同的人文环境和氛围，都将帮助孩童扩大视野，增加他的信息量。

“读万卷书，行万里路”是北宋著名水利专家刘彝（1017～1086年）的名言，本意是提醒人们多学习多实践。其实，当你了解了信息论后就不难知道应该是“行路”在前。读书固然也是一种学习的方法，毕竟每个人不是每样事情都有机会亲自经历和实践。而且，书籍通常是整理过的信息，已经属于知识形态。不像零散的消息或数据需要你自己加工、分析、整理，以便去伪存真，只保留有效的信息。但对孩童，在有可能实践的情况下还是应该实践、实操优先。因为，文字毕竟是他人对信息的阐述，属于二手信息，二手信息多少总会有失真和扭曲，不如直接通过实践，亲自获取的一手信息来得更真实。

什么是一手信息？就是直接从信息源采集的信息，原始信息或原生信息。例如：你看到的一座山、一条河、一棵树或一片森林。当你陪伴着孩童去领略大自然的过程中，他就直接通过观察获取到了一手信息。你有意无意地说出自然中各种事物的名称，就帮助孩童不仅采集到了自然的一手信

伴着音乐就不能有效学习吗?

一些家长看见孩子一边看书学习一边听音乐，就简单粗暴地阻止。还振振有词地：一心不能二用。近年来，也有不少研究分析认为伴着音乐学习或是工作是有助于提高学习工作效率的。这些研究的方法基本都是调查统计方法。当孩子拿着这些网上看到的“报告”与家长说理时，家长可能不信，还是坚持要孩子去“头悬梁锥刺骨”般地专心学习。现在我们用信息论的一些原理和观点分析一下。

如果我们是独自阅读，包括写作。实际上是从图书材料中采集信息，思考加工，再展现加工过的结果（如果也在写作的话）这样一个过程。第一步，主要通过眼睛对图文中的信息解码，送入大脑的记忆系统。眼睛应该是单一信息采集信道。如果有音乐伴随，表面上看是开启了另外一个信道。如果这个信道的信息与你眼睛正在采集的信息无关，似乎是干扰。不过事实上是，虽然这个信道有信息不断发送过来，人作为一个授信者，他会不会同时“接受”（采集）这个信道过来的信息，则是另一个问题。

这里有几个因素：第一，关于音乐或歌曲的内容（信息），如果这些内容是听者所常听的、熟悉的，理论上信息量等于零，根本不会干扰授信者。第二，如果这个音乐或歌曲的音量适中，旋律舒缓，频率没有突然的变化起伏，那么这个音频信息流不仅不会干扰读者的阅读，还会帮他“竖起”一个看不见的音乐屏障，屏蔽学习环境中可能偶尔出现的杂音。那些杂音（专业术语是噪音），如果音量太大，内容又是“新的”，“意料之外的”，突发的，反而是会干扰习作者的信息处理工作的。

另外，还有更深入一些的生物学观点，比如：生物的固有频率，不同的音频产生的生物共振，对肾上腺素的刺激影响等等。这些超出大众常识可解释讨论的范畴，我们就不再讨论了。相信大家看到这里，如果是家长应该已经知道如何帮助孩子，如果你还是仍在被家长“管制”的“童鞋”，也知道如何去说服家长了吧。

息，还帮助他逐步地建立起来信息存储的标识、索引和分类。

中间通过任何信息系统，哪怕是简单信息传输介质传递过的信息都是二手信息。例如：你听到朋友描述他看到了一座山、一条河、一棵树或一片森林。那么这些信息已经经过了你朋友的处理。如果是通过书本去了解和认识，那么不完整和失真的机会就更多。因为，信息至少又多了一道编码转换。每多一道编码转换，一定会有信息的丢失或变异。我们前面提到，通过眼睛获取信息比耳朵的效率要高数百倍。观看一个画面，一个风景只需要零点几秒，一切就已经进入眼睑，要通过语言描述清楚同样的画面不知要用多少时间，其中的一些信息甚至根本无法用语言描述还原，如光影、色调、透视的变化等。

另一种情况，不是通过人，而是智能信息系统的转述。例如，通过拍照图片或者录制的影像看到了一座山、一条河、一棵树或一片森林。中间还是通过了信息系统，图像或影像系统的处理。尽管，这样进行的信息还原与复述会比仅仅是语言和文字要好很多，但还是二手信息，都是经过处理的信息。

在信息传输技术一节我们已经讨论过，信息传输的主要目标就是要在信息接收端尽可能准确无误地还原发送端发出的原始信息。信息技术发展到今天，影像-video是信息还原最好、最接近自然世界的原始信息的记录和转述工具之一。人类发展的几千年，自从有了文字，都是要靠文字这种信息编码工具来记录历史的。虽然民间也有口传身教的技艺传承方法，可仅凭口传的方法能够完整传承过百年的少之又少。因为，过去没有可靠的语音记录和保存手段。音乐也是例证之一。自古以来多民族的中国有过丰富的音乐、歌咏历史，但因为始终没有一种完善的记谱方法和系统或原音的记录手段，很多的传统音乐已经失传。直到最近二、三十年，随着数字技术的快速发展，今天从技术手段上已经具备了条件，人们已经开始研究并采用影像记录信息，记载历史，这就是所谓“口述历史”。

为了能早日开始“读万卷书”，很多家长很早地就开始强迫孩子识字，其实没有必要。我们从理论上要认清，文字仅仅是一种记录和表述信息的编码。不如给他创造机会，多接触多观察多采集以实物和真实影像为主的自然信息。这样的过程基本上是一个顺应孩童生理和心理发育的自然过程，也就是一个玩儿的过程，不存在强迫学习的心理负担和压力。自然信息采集得越多，越丰富，对孩童四、五岁开始掌握文字，进而辅助信息的整理与记忆更有利。因为，自然信息积累得越多，心中的疑问往往越多，更想不仅知其然，还要知其所以然。好奇心将是主动学习的自然驱动力。五岁前后，孩童日常语言会话已经伴随着成长而基本掌握，文字毕竟只是多一种信息编码的工具，尽管是十分关键的工具。

语言的学习，在掌握自己的母语外，同时多学习几种其他的编码方法——语言，对孩童开发自己的各种信息处理能力（智力）会大有裨益。这里所说的语言不仅仅是指如英语之类的文字语言，也可以是音乐、绘画甚至是舞蹈。完全可以顺从孩子的自然兴趣和爱好进行选择。多掌握一种语言，一种信息的编码方法，不仅会帮助到记忆能力的发掘，也会有助于信息的处理能力、传输能力，包括信息展现能力的全面发展。多一种编码，就有机会多一个角度，多一种方式解析信息。众所周知，模仿是人的一种天性。好的音乐家，首先是一个声音辨识度极好的听众。优秀的画家一定对构图、光线、色调、透视有超乎常人的审视与辨别能力。多掌握一种语言，一种信息的编码方式，对信息的采集渠道也就多一个，对自然的认识和理解就更全面一些。同时，对信息的表述和展现也就多一种方式，有助于高效的信息传播和交流。

音乐，是开发听觉器官，提高利用听觉采集信息的最好途径。他也比自然语言采集信息的效率要高。舞蹈或运动，除了有助于审美能力的发展外，也是锻炼肢体与大脑协调工作的最佳方式，更重要的是它还有助于开发自身的信息传输能力，使得肢体可以快捷灵敏地响应大脑发出的指令信息。尽管，你可能并不一定想让你的孩子成为音乐家、舞蹈家和专业运动员，但儿时的这些学习和训练对其智力开发，或曰大脑这个信息系统的平衡高效发展都是十分重要的。

3

边玩边学更有助于信息的记忆

我们观察发现这样一些现象，小时候学会了骑自行车，多年不骑，一旦再捡起来仍然记得那些平衡技术和骑行要领。同样，打乒乓球、游泳、下棋、扑克等各种从小学会的体育运动、智力游戏，多年不摸，哪怕十几甚至几十年后再玩，稍作恢复性练习、回忆，一样可以很快上手。相比起来，在中学或是大学，你学得很好的数学题、化学公式都早已交还给老师。自己的孩子成长，需要帮助时，多数家长，除非还在从事数学或化学研究工作，已经无法胜任辅导工作，不得不请那些年轻的大学生来做家教。

医学上告诉我们，借助于肢体动作记住的信息，属于“技能记忆”，也叫“程序性记忆”。对应的，若只是通过语言文字描述的记忆是“陈述性记忆”。研究表明技能记忆记住的信息远比陈述记忆记得牢，记得长久。所以，千万不要把孩子禁锢在书房里死读书。让他们边玩边学，只要安全得法，积累的初始信息会更牢靠。如果再加上喜爱，体验性的记忆会使你可能一次“爱上”，终生不忘。回忆一下，小时后你喜爱的某种食物，妈妈做的某种炒菜，爸爸买的某种玩具，男孩喜欢的枪、车等机械玩具，女孩最爱的毛绒玩具，几十年过去，今日提起，仍仿如昨夜。这都是源于记忆一个事物时，不仅用眼、耳，用脑，还调动了手脚等身体的其他运动和感觉器官。相当于围绕一组信息，多信道、多媒体同步采集，这样的记忆是最深刻的。

陈述性记忆也分为纯语义记忆和情景辅助记忆。只是对着书本上的文字、公式反复阅读、计算的记忆效率是相对最低的。单一信道是低效编码方式。辅助图形，有老师声情并茂的讲解会大大有助于你的记忆。因此，象形文字的汉字， 其实帮助你记住的信息远多于其他拼音文字。成语故事之所以使你能长久的记住并自如的运用成语，是把枯燥的文字加入了有意思的情景故事。小说内容比课本内容容易记住，除了因为有趣味外，也是其文字中融入了情景想象的空间。不少家长限制孩子看小说等课外读物，这种做法是否有助于学习是值得探讨的。好的经典的小说，可以帮助孩童丰富大量的实用信息，而且记忆深刻。

初恋，初次见面时的甜言蜜语一定会伴随着当时的环境、情景、背景音乐，甚至彼此的气息，让你永生不忘。

笔者中学的大部分时间是在山东就读的。我们的很多中学老师都有浓重的地方口音，四十多年过去了，今天回忆起一些当时学的物理学公式时，耳边回响着的还是老师用方言音调朗诵的定律和原理，一字不差，每个音节都好似刻在了脑子里——“阿基米德定律：液体内部有压强，压强的大小随着液体的深度的增加而增加”，带着浓重的鲁北口音。

当然，我们不可能一切都通过亲自实践来学习，很多东西我们也没有条件或机会去亲身体验。我们也不可能每想学习什么，都能找到合适的老师教导。自学、读书必然是我们学习知识的主要途径，尤其是专事学习的学校生活结束之后。陈述性记忆也是增加信息积累的一种方式。那么如何提高陈述性记忆的效率也是我们希望了解和掌握的。研究表明，目的性强的学习，知识饥渴型的学习，信息存储效率最高，记忆效果最好。

笔者在大学主修专业是港口工程，主要的课程大都与物理、化学、力学、材料有关。不过自己的爱好是电子技术、无线电技术，后来转移至计算机软硬件技术。相关的图论、数理逻辑、离散数学、计算数学、计算机原理和操作系统等课程完全是通过看书自学。计算机相关专业本科生的这些课程，原本需要一两个学期学习的内容，笔者基本都是在一两个月之内读完。快的甚至一周就学完了。而且，记得比本专业的课程还深刻，还牢固。原因很简单，喜欢，爱好的力量是学习记忆的最大动力。因此，从小培养，或适时地发掘和引导孩童的广泛兴趣和爱好实际上就是帮助他开发智力，打下好学会学的基础。有了爱好，满足自己的爱好就成了学习掌握相关知识的自然目标和动力，无须家长的督促和提醒。

我们还会发现一个现象，多数孩子都有拆卸玩具，尤其是电动玩具的经历。更早的年代，几乎所有的男孩小时候都有摆弄玩具枪械、车模，或拆卸家中机械式闹钟的经历。这都是好奇心使然，想搞清楚枪到底是怎样发出子弹的？车为什么装上轮子就能走？发条是怎样使闹钟旋转的？ 转动的闹钟为什么会自动地计时？到点怎么就会自动闹铃？这个时候，如果他会看书，一定会翻看《十万个为什么》。今天，也许会去网上搜索和查找，了解原委，满足好奇心。这时找到的答案，也会记一辈子。这就是知识饥渴型的学习，这也是信息记忆的一种催化剂。

如前所述，由于爱好和机遇，笔者在系统学习计算机理论之前已经有了大量的实践，操作过多种不同的计算机，已经用计算机编写过程序，应用到多种数据处理工作。那时候，对计算机的软硬件系统工作原理已经积累了很多的问题，渴望能早日不仅知其然且知其所以然。在这样的前提下，对《计算机原理》《操作系统》这些本科至少要学一个学期的课程，笔者只用了不到一周就学完了，几乎是一目十行，且过目不忘。整个过程就好像是一个整理和复习的过程。不过是把自己平时操作时的某些疑问消除了，把一些术语对上号，把可说已经是用得烂熟的各种功能模块、子系统进行了一次分类、关联、集合。回忆一下，你自己的学习过程中是不是也有过类似的经历。这样，你就知道为什么要培养孩童多提问题的原因了？“质疑”也是信息采集和存储的助力剂！

在我们的社会中，中文汉字的学习是一个自然的过程。不过，在学会中文的基础上，多学习一种拼音方式的自然语言，比如：英语。它不仅使你多了一种信息采集和展现的方法和渠道，对理解和认识“编码”这个信息处理中的核心概念是极为重要的。虽然，汉字这种象形文字本身的信息表述和解析效率远高于拼音文字，但常人很难通过这种文字的学习了解和掌握编码的概念。而对于拼音文字，编码则是基本功。只有会编码才能把字母拼成文字，文字再组成短语，行成段落，最后组成文章，一切是一个自然的过程。因此，拼音文字的学习过程会自然而然地帮助自己建立起编码的概念。

社会上有一个错误的认识，以为学会汉语拼音，就等于会了拼音文字的方法，甚至把发明在西方的电脑能够处理中文，误以为是汉语拼音的帮助。这都是一种误解。汉语拼音对于计算机信息处理仅仅是键盘汉字输入的一种编码，和汉字内部排序的一种依据。汉字、中文在计算机中的处理都是基于二进制编码进行的，汉字、中文信息的展现输出也很少需要汉语拼音。就算是键盘汉字输入的编码方法也有很多种，汉语拼音只是其中的一种。虽然汉语拼音输入法就输入效率来说不是最好的，但因为其与汉语自然发音相同，基本上没有特别学习训练的需要，所以仍然是大众应用最广泛的汉字键盘输入方法。就汉语中文自然语言而言，汉语拼音方案仅仅是一种统一规范汉语发音和方便汉字排序检索的方法，也还不是唯一的方法。它的广泛应用大大地提高了汉语教学的效率，方便了汉语标准发音的普及和推广，但它并没有也不可能改变汉字是象形文字的基本属性。

信息的传输和展现，离开了这两种能力，尤其是展现能力，一个人思维能力是不是超常，是不是聪明，他人是无法感知的。有些人，他的感知、记忆、处理能力可能超常，非常厉害。但由于不善言辞，不会表现，也就是信息展现能力弱，他的超常的能力却不能被人发现、认知和认可。这就是典型的所谓怀才不遇者。

相反，有些人过于能说会道，展现能力超强，有时候也会给人以聪明的假象。如果，一个人没有足够的知识储备和经验积累，存储的信息量不足，要不断地展示也会很难以为继。反复地重复同样的信息，哪怕你的展示方式不同，采用不同的编码方式展现，久而久之也会令不管是听众或是观众丧失兴趣。因为，对相同的受信者不断地重复发送相同的信息，受信者接收到的信息量就会趋于零。由此可见，人这个信息系统的各项功能、能力均衡发展的重要性，不断采集、获取、存储新信息的重要性。这也是所谓“活到老学到老”的意义所在。

对于孩童，注重信息采集和存储的意义不仅是尽快为他积累增大信息量，也是帮他建立起正确的标准和“字典”。所以，这个时候一定要让他从一开始就多接触标准的、高质量的、正确的、自然的事物，建立良好的基础参照系。比如，给他提供的玩具颜色最好是标准的原色，正红、正蓝、正绿，避免杂色；听的音乐应该是音准、音色纯正的，旋律优美的声音，避免杂音；把玩的婴儿用品或积木玩具等，最好是尺寸适当的正方、正圆，或比例协调的几何体，避免形状不规则或残缺的，俗称难看的用具。像前面说过的，千万不要以为他们还不懂事儿，先凑合一下没关系，想着以后再纠正。实际上，恰恰是这个时候，开始时建立起来的初始观念、认识、标准最重要，多会影响他一生的审美标准和对优劣的判断与选择。包括，婴儿开始能够模仿和学习爬、坐、走等各种动作时，开始的动作姿势最重要。开始的方法、姿势不正确，形成了习惯可能一生都改不过来。

举一个简单的例子，筷子是中国、日本等亚洲国家最常使用的餐具。不过，如果你注意观察会发现，我们身边很多人使用的方法并不正确。反过来，在美国，虽然用筷子的人不多，但他们会用的人，其握姿大都很标准。原因是，我们的孩子往往没有专门地学习如何正确使用筷子的过程。小时候，可能是看看大人怎么用，自己就摸索着学会了，家长甚至根本就没有注意到孩子是什么时候用上筷子的。所谓会了，就是可以用它夹起食物，吃饭就算了。至于姿势是否正确，用法是否科学没人苛求。而美国人，小时候多数用刀叉、用勺子，并不会用筷子。多数人家可能根本都不会备这类餐具。只有初

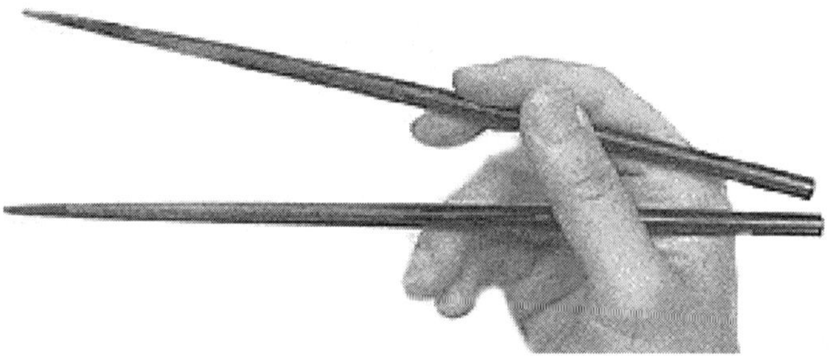

图7.2　正确的筷子握姿

次去中餐馆或东南亚国家餐厅用餐时才可能看到筷子。当他们想学着用筷子时，筷套上都印着标准的使用说明，并配有正确拿、握的图片。他们从一开始就掌握了正确的筷子握姿和用法。第一次用就是按照标准的使用方法去操作的，之后的握姿和用法都会比较标准。这个例子告诉我们初始学习时，掌握正确的姿势和方法是多么重要。同时，这也说明习惯是非常‘顽固’的。在开始学习时养成的好习惯可受用一生，相反不好的习惯日后可能会给你带来难以消除的烦恼。

4

学习，过程比结果更重要

我们常会听到这样的评论，中国的中小学教育教出来的学生学得深入，考试成绩高，但独立思考能力和创造力弱于欧美学生，更直接的批评我们是应试教育。如果比拟到信息系统的功能来看，就是我们或许存储能力强，信息积累得比较多，内容丰富，但信息处理能力开发得不足。

我们有时候会笑话外国小孩，一个基本的算术计算，还要掰着手指头算，我们的孩子学龄前都会了百位数之内的加减乘除。很多小孩，不仅仅会背九九乘法表，11X11 = 121、12X12=144……20X20=400都是随口就来。上学后，不仅语文、数学的，包括物理的、化学的，我们的孩子会被要求记住很多算式、表格，而且反复训练，使你看到习题就能随口给出答案。家长们常常会因为自己的孩子几岁开始就能背诵多少首唐诗、宋词，就会算几位数的算术而自豪。应试的氛围恨不得还没上幼儿园就开始了。所谓应试教育，实际上是以考试结果为导向的教育体系，它的目的就是让我们的大脑变成一个海量且精准的信息存储系统。每给出一个问题，它就可以快速准确地检索出相应的答案。于是，面对各种考试你都能以最快的速度做出最高分的答卷。因此，不仅在小学、中学考试满分不是什么新鲜事儿。大学考试，托福、雅思等各种语言考试满分在中国也不罕见。

对于汉语汉字来说，因为其基本字符集数千个，又都是象形字，每个字的含义（信息量）丰富，开始学习时需要纯粹记忆的内容也的确很多。但所有这些仅仅是加强了大脑这个信息系统中信息存储能力的开发。要全面地开发这个系统，需要五大功能均衡全面地开发训练，尤其是信息处理能力。

大脑的信息处理能力，或许我们通常是叫作思维能力，也可简单地分成两类：理性思维和感性思维。

理性思维通常是指根据自己的认知，也就是信息系统中存储的相关定义、概念、知识、原理、定律、法则、规律等，对一个问题进行概括、抽象、分类、比较、分析、计算、逻辑推理，以找出正确答案的思维过程。当然，如果这个答案已经存在于当前存储记忆中，就免除了这个“处理”的过程，所谓不假思索地给出答案。这种命题性的思维过程，今天通常是可以交由电脑完成的，只要其存储的信息足够多，存储的知识足够广博。尤其越是对于复杂的问题，人类现在已经越来越多地依赖电脑辅助进行处理，因为电脑计算的速度远比人脑还要快很多，存储能力也大很多，且更加精确又不知疲倦。但是，如果我们凡是遇到问题就求助于计算机，久而久之我们自己的推理能力、分析计算能力，也就是大脑的信息处理功能就得不到开发，甚至会退化。因此，对学生阶段的学习，在解决问题时，过程、方法的掌握和训练是比答案的正确与否更重要。

例如，我们谁都知道“勾股定理”，一个直角三角形中两个直角边的平方和等于斜边的平方，即：$a^2+b^2=c^2$。在现实中，如建筑和机械设计中，遇到这类的我们可以很容易地用计算机计算求解。但是，不经过自己亲自去证明和验证这个定理，你很难体会到这个定理实际上不仅仅是一个基本的几何定理，它更是用代数思想解决几何问题的最重要的工具之一，也是数、形结合的纽带之一。同时，证明这个定理的方法多达十几种。学生做这样的练习不仅训练大脑的信息处理能力，还有益于拓展思维的广度，让你学会从不同的角度观察问题，思考问题，寻求解决方法和途径。所以数学的学习，不是让你记住几个公式，会推导和计算一些数学题，而是训练你分

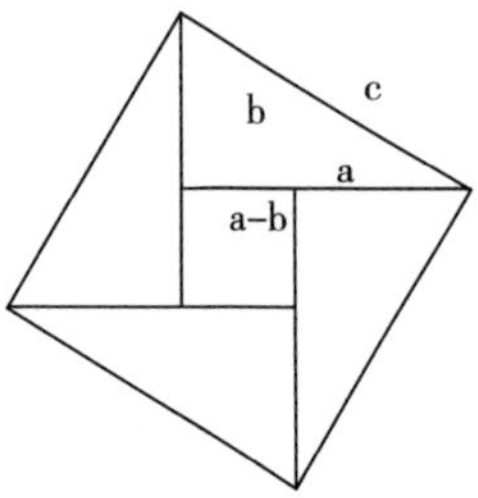

图7.3　勾股定理几何图

析和解决问题的方法，锻炼你的逻辑思维能力。

感性思维不是完全基于已存储的信息，或说不局限于已有的认知和定律、规律，有时甚至是不符合常规逻辑的、跳跃式的、灵机一动的思考、联想，或曰创新性思维。感性思维往往是偶发的，触景生情，无厘头地把原本不相干的东西关联、比较，突发奇想，想象出一个或实或虚的结果，一个全新的（至少对自己是全新的）事物或概念。创新的思维结果，如果的确是世界上全新的，或许是一种“智慧”，前面我们说过信息的最高阶形态。

“智慧”往往是在问题和答案之间给出了一个从未经过推理验证的关联，我们通常称它为“猜测”。在一种特定情况下，一个特例中得到了验证。但是不是一个普遍真理，则需要回到理性思维的方法，调动所有相关的信息，包括既有的概念、定律、法则、条件、约束等加以分析推理。得出的结论往往会形成新的

为什么说一套做一套的人不可信？

我们已经讨论过，人的行为是其价值观的展现。当你说一套做一套，言行不一致时，传达到他人的信息就是矛盾的。当然，你要在同一时间点上都言行不一那就太蠢了。通常，他人只会看你的行，你的言语表述的信息不仅不会被接收，收到了还会对你的价值观产生质疑。“此人不可信”这个信息会印入他人的大脑。我们说过，常人通过视觉采集的信息约占80%，通过耳朵只占11%，最多不超过13%。而且，“先入为主”的信息一旦印入他人的大脑，修正或清除可不容易。

那么你先说，后做不一致，做得不如说的（我们就不必讨论相反了）俗称说大话，也会产生此人不靠谱的印象，哪怕不是假话。先做后说，做得一般，说得夸张，夸夸其谈的称号你就荣获了。他人对你的信任度就会大打折扣，就算不一定会彻底否定你。没做什么，或是没做到什么，反而“贪天之功”，那就是骗子了。

这样，你说我干脆不说算了，岂不就不存在不一致信息的传递？也未必，除非他人对你已经很了解，你就是一个踏实苦干勇于承担，且不苟言笑或谦虚的人。否则，光干不说，也可能给人以懒惰或不愿承担的误解，要务不敢托付你。做得好，却不说，好得可能会认为你低调谦逊，可你也会失去一些机会。毕竟都能亲眼看见你做的人有限。不好的误解你“保守”，不乐于分享，也都常见。

所以，最好的做法就是言行一致。事先多承诺一些，是给自己做的过程中一些挑战，逼自己在过程中拔高；稍保守一些也无妨，给人以稳妥的印象，如果发挥得好，还可能产生惊喜。

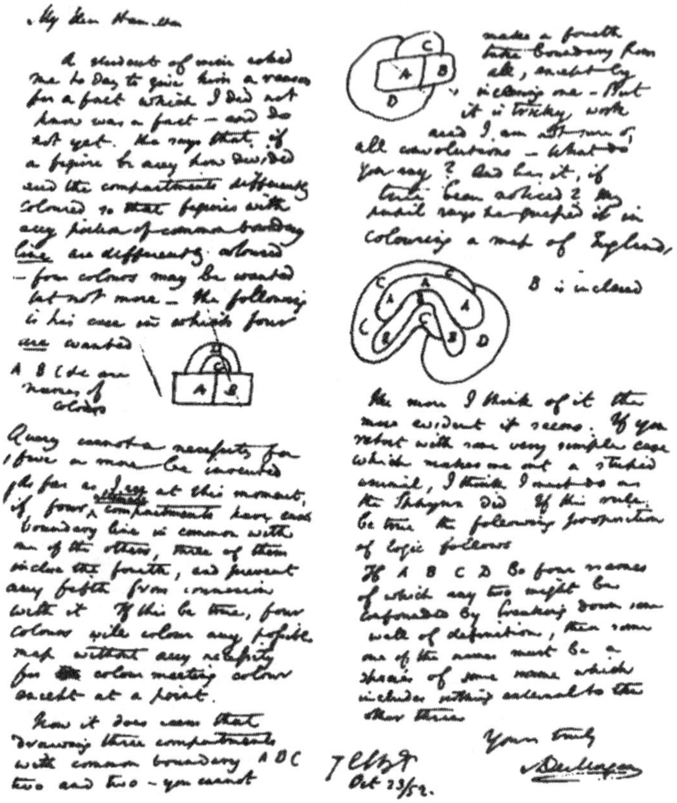

图7.4　德摩根关于四色定理问题的书信手稿

定理，补充相关的知识库，知识系统。这样的例子举不胜举，我们来看“四色定理”这个世界闻名的猜想的解决过程。

四色定理（Four color theorem）又称四色猜想、四色问题，是世界近代三大数学难题之一。它最初是在1852年由作为绘图员的弗朗西斯·古德里（Francis Guthrie）在绘制英格兰分郡地图时提出的。因此，也称作四色图定理（Four color map theorem）。弗朗西斯发现许多地图都只需用四种颜色染色，就能保证有相邻边界的分区颜色不同。他马上将这个发现告诉了他的弟弟弗雷德里克·古德里（Frederick Guthrie）。弗雷德里克这时正在伦敦大学学院读数学，师从哥哥上学时的老师奥古斯塔斯·德摩根（Augustus De Morgan）。弗雷德里克将他哥哥的发现作为一个猜想向老师德摩根提出。德摩根对此猜想很感兴趣，当天（1852年10月23日）就在通信中将这个问题向爱尔兰数学家威廉·哈密尔顿（William Rowan Hamilton）提出。德摩根的信如今仍然保存在都柏林三一学院中。他在信中简述了自己证明四色定理的设想与感受。一个多世纪以来，数学家们为证明这条定理绞尽脑汁，所引进的概念与方法刺激了拓扑学与图论的诞生与发展。直到1976年，美国数学家阿佩尔

（K.Appel）与哈肯（W.Haken）宣告借助电子计算机获得了四色定理的证明，又为用计算机证明数学定理开拓了前景。自此，一个感性思维的猜想，经过无数数学家的努力证明，变成了一个拓扑学的定理。变成了可以被之后的理性思维、逻辑推理所引用的依据。一个信息从所谓的智慧信息形态转化成了知识形态。

5 文化习俗与价值观

“文化”在汉语中是一个多义词。它可以是指知识、知识系统，例如：文化知识，也可以是说人类族群的风俗习惯、行为意识、宗教信仰，西方更愿意称作价值观。人们也会把文学艺术，尤其是带有历史传承和民族、地域特点的艺术，归入文化范畴。其实，也正是这些艺术载体把那些长期传承的历史、民族文化习俗等信息编码展现出来，使之更加“物化”，更易被今天的人们解读、享受、发展并传承。因而，也衍生出文化产业。

那么这些文化习俗、信仰或价值观是如何形成和传承的呢？如果用一句话总结，文化习俗或曰价值观是人类在长期生长和进化过程中与环境的互动而形成的。这个环境，就是人现实生存的环境，包括物质的和人文的。其中每个人都是其他人的环境，同理在你生活圈子中的其他人、动物、自然环境，以及构成它的所有物质也都是你的环境。

不难想象，人类开始时一定首先是为生存而战的。饿了要吃，渴了要喝，起初甚至都是生物本能的驱使。母乳一定成了婴儿最先“找到”的维持自生成长的食物。出生时的婴儿，不是父母的帮助，也会有生物应激的反应，或许会让他“无师自通”地寻找生命成长的基本食物——母亲的乳汁。古人的孩子多了，或者其他原因母乳不够了，他们就会去寻找替代物，比如其他哺乳动物的乳汁是否可以替代。反复尝试后，或许经过多少代人的筛选，确定牛奶、羊奶、马奶是最佳的母乳替代物。这就逐步形成了相应的婴儿哺育习俗，或曰文化。

游牧民习惯于狩猎，通过与动物互动来发展自己这个“种族”；而海边的渔民，则要靠水吃水，通过捕鱼等活动来获取生活的基本食物；农耕者则好以土地上的作物充当食品，补充维持生命成长的淀粉和蛋白质。这样，就自然形成了地域或民族间的习俗差异。除了食物，当然也包括生活、娱乐的方方面面的各种文化习俗。生活在寒带的族群强壮粗犷，必须有足够的体量和脂肪御寒。地处热带的人群更加精巧细腻，过大的表皮面积或许更容易被烈日灼伤。进化论可以从生物进化的角度做出更深入的解释和讨论，而信息论的原理可以解释精神上的、文化习俗的形成与演进。因为，物质的变化必然伴随着信息的变化。生活习俗、经验等信息都会伴随着人类的生物进化过程，一代又一代地向下传承。

一个人在不幸遇到威胁或侵犯时，他就会自卫或反抗。反抗时是用手还是出脚，第一次时可能是应激式的生理反应，如果他之前没有专门学习过或被教授过。如果第一次实践成功，就会在他的脑子里形成一个遇到此类侵犯时的应对方案。下次，再遭遇类似情况的时候，就会重复这样的应对方案。生活成长中，在他遇到各种各样的事情时，或是自己感悟“创造”，或是接受过教育培训，都会在其大脑中形成相应的解决问题的处置方案。

所有上述这些生活习俗、文化传承、遇见各

“门当户对”的缘由

中国传统相亲的观念之一，是要“门当户对”。从信息论的角度看，这是非常有道理的。当然，并不是说就是你家对门的靓妹或帅哥相貌上最适合你。而是，如果她或他与你有相同或相似的成长环境，对方应该具有与你近似的价值观和生活习惯。因为，一个人的价值观、生活习性是在与他成长环境的长期互动中形成的。具有相同或相近价值观和生活习惯的人更容易长久地走下去，白头偕老。如果两个人价值观差异很大，甚至相冲突，只凭一时的感情冲动，一时的情投意合而结合，未来和谐共处的风险或许会很大。

今天，中国的离婚率增高的一个重要原因是社会环境的变化飞快，多元化的社会替代了过去一元化的简单生存环境。于是，两个相结合的、原本价值观差异不大的个体，在这个变化中，也必将随之产生变化。如果继续同步变化，问题或许还不大。否则，南辕北辙，越走越远，分离也是必然的。

类问题的解决方法……汇集在大脑中，就形成了整套的“方案库—Solution Pool”，也就是知识库。人除了在生活实践中逐步建立个人的知识库外，通过学校学习，读书自习等各种渠道，都可以来补充这个库中的内容，从而构成一个相对完整的生活习惯、文化习俗、工作作风、处事风格等价值观。这些，都是存在我们大脑这个信息系统中的信息。当我们日常生活工作中处理和应对各种事项时，这些信息处事方法，就会通过我们的行为举止展现出来。当环境发生变化时，这些文化习俗，价值观也将有所调整，以期适应新的环境，以期更有效或曰开心地生活，成长。

这套文化、价值观形成与发展传承的逻辑不仅是宽泛的概念，也是小到每一个个体，一个家庭，大到一个组织乃至一个社会的文化习俗和价值观，包括人生观、世界观的形成与发展逻辑。这一切都是非物质的信息，而人则是这些信息的活的载体。

因此，我们可以观察到，每一个家庭都有家风，每个人的生活习惯、处事风格都带有其家风（除非他从小没有随父母生活在一起）。生活在美国的人与生活在中国的人，价值观和文化习俗有很大的差异，因为这是两个完全不同的社会，包括社会制度、价值取向、宗教信仰、人文历史发展变迁。而每个人在这样不同的社会环境中生存与发展，必须适应其文化环境，同时，他也成了这种文化环境的维护者和发展传承者。

在商业环境中，每一个企业，它所提供的产品、服务都会携带着这个企业的价值观和企业文化。是诚信为本的价值提供者，还是唯利是图、私利当头的奸商，通过它提供的商品和服务很容易鉴别。不管其广告宣传如何，名副其实的产品才会有更长的寿命和更好的发展。

近年来，有一个非常时髦的词，也是一项蛮国际化的事务——申遗，即：向联合国教科文组织申请“世界文化和自然遗产”认证并保护。其中细分起来又有：自然遗产、文化遗产、文化景观以及非物质文化遗产。遗产一定是一个固有的，历史的产物。用信息论的角度和观点去看，除了自然遗产是物质的，后三项文化遗产，均属于历史文化信息。只不过，这些历史文化信息有的是“物化”了，如各种文物，承载着历史上的文化信息，是历史的载体。文化景观，不过是把一些历史上，过去的一些文化习俗，以现代的展现形式或方式表现出来。

而所谓“非物质文化遗产”实际上是一个伪类别。文化本身都是信息，信息非物质、非能量。这里的“非物质”，实际上是指难以简单物化。换句话说，不是一种介质可以简单完整地概括其历史文化传承的信息。比如说一些地方戏剧种类。这类文化艺术，是要通过表演来展现的，而表演属于一种智慧信息的展现。不同人的表演，肯定带有这个演员对剧目的理解，以及其自身的表演技能。最终展现给观众，受信者的信息是不可能完全相同的。即便是同一个人去表演同一个戏，也很难保证每次的表演都一模一样。使其生变的因素非常多，比如：演出环境、舞台、布景，观众的互动，表演者本人的身体状况、情绪等等。这也再次证实智慧难以完整复制，能保证的只能是在框架、模式、形式上大体相同。

从信息论的观点出发，因为历史文化实际上属于信息，除非是已经固定物化在某一种介质上，如：绘画书法之类的文物，这些需要保护。而那些非物质文化遗产不存在保护的问题。要传承和发展，只能通过保持信息的“流动”来实现。根据前面章节讨论过的信息的生命周期的定义和特点，我们知道，信息如果沉淀在某处长期不能被唤起，不流动，那就相当于消失、消亡。一种非物质文化遗产和其他文化遗产一样，如果不能够“流动”——传播、展现，就算是你给他列入保护范畴，记录或描绘成文字、书画，甚至影像形式记录下来，也无法发展和传承。如果没人欣赏，只是存放在图书馆、保险箱中，仍然形同“消亡”。信息只有流动，流传才有生命，才有价值。

另外，某种文化遗产能否传承，与它是否被列入保护名单，实际上关系也不大。这更取决于它的那种艺术形式，是否能适应人文社会环境。不适应的，你再怎么保护，也会消亡；适应的新生代的文化艺术形式，你再怎么不接受、反对，甚至限制，也压不住。

比如，流行音乐、流行歌曲，改革开放前在我国是被抑制的。欧美“二战”后就开始风靡了，港台20世纪60年代始也都流行了。而我们，直到改革开放后，还是没再限制住，今天也成了大众的主要娱乐方式。可见，逆潮流的意志可能撑一时，但终将随潮流而动。反之，一些不那么符合现代社会中审美倾向和趋势的古老地方戏种，如果不被新生代们接受和欣赏，你就是再投入保护，一旦你的“维持费”不能为继，仍将被淘汰。